111 GRÜNDE, ÄGYPTEN ZU LIEBEN

Folge deinem Herzen, solange du lebst

Carina Felske

111 Gründe, Ägypten zu lieben

Eine Liebeserklärung an das schönste Land der Welt

SCHWARZKOPF & SCHWARZKOPF

Inhalt

teuer ist · Weil auch Tauchanfänger hier Nemo finden können · Weil
eine Seefahrt in Ägypten immer lustig ist – und charmant noch dazu
· Weil »Walk like an Egyptian« ein Hit ist

eigenen Humor haben · Weil Fälschungen hier kein Problem sind – solange man sie selbst fälscht · Weil Staatsbesuche voller Harmonie sind – wenn das Militärorchester nicht spielt · Weil IBM das Lebensmotto der Ägypter ist · Weil Baurichtlinien hier überbewertet werden · Weil Einfach einfach nicht ägyptisch ist · Weil der Passierschein A 38 in den Fluren des Mogamma zu finden ist · Weil sich die Kreativität der Ägypter auch in Handtüchern ausdrückt · Weil Zusammenhalt hier wichtiger ist als alles andere

Weil man auf Agatha Christies Spuren wandelt · Weil kein Pharao verloren geht · Weil die Schöne nach Berlin gekommen ist · Weil die Kolonialzeit (auch für Altertümer) glücklicherweise vorbei ist · Weil es ein ganzes Dorf mit Grabräubern gegeben hat · Weil man sich hier wie Indiana Jones fühlen kann · Weil man von oben tief in die Vergangenheit blicken kann · Weil Hohlräume ganze Presseseiten füllen können · Weil es hier noch viel zu entdecken gibt

Weil sich um kein anderes Bauwerk der Welt so viele Mythen und Mysterien ranken · Weil die Sphinx das unbekannte Wesen ist · Weil die SOKO Tutanchamun trotz schwacher Aufklärungsrate ein Quotenhit ist · Weil eine englische Dame das größte Mysterium Ägyptens ist · Weil ein Fluch auch ein Lebenselixier sein kann · Weil die Ägypter ein Auge und eine Hand auf die Dschinns halten · Weil wir jedes Jahr zu Ostern erst nach und dann aus Ägypten geführt werden · Weil Totgesagte länger leben · Weil Isis ihre Fußspuren sogar in Europa hinterlassen hat · Weil ägyptische »Bratspießchen« die ganze Welt erobert haben

Ägypten – wo alles begann!

Vorwort

Als der Verlag mit der Frage auf mich zukam, ob ich nicht Zeit und Lust hätte, dieses Buch zu schreiben, fehlten mir zuerst die Worte. Ich fühlte mich natürlich geehrt, dass der Verlag ausgerechnet auf mich zukam, und im zweiten Moment konnte ich es kaum glauben, dass es noch kein *111 Gründe*-Buch über mein Lieblingsland gab. Das musste dringend nachgeholt werden, und so sagte ich gerne zu. Als ich die Themen nach und nach zusammenschrieb, ergriff mich nicht nur Fernweh und die bekannte, stets wiederkehrende Ägyptenbegeisterung, mir wurde auch bewusst, dass ich nicht nur alles aus dem Blick durch eine rosarote Brille erzählen kann, denn leider hat das Land ja auch einige Schattenseiten zu bieten. Aber ich sehe das wie in einer guten Beziehung: auch da ist nicht immer alles rosig, und am Partner gibt es hier und da auch etwas auszusetzen. Trotzdem liebt man ihn, so wie er ist, mit all seinen Ecken und Kanten. So geht es mir auch mit Ägypten. Als ich das erste Mal individuell an den Nil gereist war, war ich überwältigt von all den Dingen, die ich bei unserem einwöchigen Mammutprogramm gesehen hatte, aber mindestens genauso genervt von all den unschönen Dingen. Als Frau hat man es nicht immer leicht in Ägypten, und als Tourist im Allgemeinen braucht man manchmal die sprichwörtlichen »Nerven wie Drahtseile« im Umgang mit den Ägyptern. Man lebt halt in unterschiedlichen Welten. Mittlerweile habe ich mich arrangiert mit all den Widrigkeiten und versuche die Dinge mit einer Prise Verständnis und einem ganzen Eimer voll Humor zu nehmen. Manchmal packe ich mich auch einfach an die eigene Nase und denke mir: Dein Verhalten ist doch typisch deutsch, lebe mal ein bisschen mehr nach dem ägyptischen Motto »IBM« (was das ist, erkläre ich Ihnen in einem der Gründe). Und siehe da, es funktioniert. Ich habe während meiner Reisen wunderbare und gastfreundliche Menschen kennengelernt. Manchmal chaotisch, oft gewitzt und fast immer mit dem Herzen auf dem richtigen Fleck. Die Menschen dort und den völlig unterschiedlichen »Way of Life« in Ägypten möchte ich nicht mehr missen, denn genau das ist es, was dieses wunderbare Land ausmacht und was meine Aufenthalte in Ägypten so spannend werden lässt. Ich wache jeden Morgen durch den Ruf des Muezzin auf und weiß nie genau, was mich erwarten wird. Jeder Tag einer Reise durch dieses zauberhafte und ungewöhnliche Land ist für mich immer wieder ein neues Abenteuer.

Meine besondere Hingabe, das werden Sie sicher auch an der vorliegenden Lektüre merken, gilt der Geschichte dieses Landes. Das geht sicher vielen so, denn die Ägyptomanie ist schließlich auch mehr als 200 Jahre nach Napoleons Ägypten-Feldzug noch in allen Ecken und Winkeln dieser Welt zu finden. Ägypten ist überall präsent in den Medien (sicher nicht immer zu seinem Vorteil), in Filmen, Büchern, in der Spielzeugwarenabteilung und in den Museen. Insbesondere Ägyptens größtes Zugpferd Tutanchamun sorgt nicht nur 100 Jahre nach der Entdeckung seines Grabes für volle Ausstellungen, sondern für jede Menge aufsehenerregende Schlagzeilen. Doch Ägypten ist viel mehr als Pyramiden, Rotes Meer und Nilkreuzfahrt – nicht zuletzt deswegen ist der 5000-jährigen Geschichte ein ganzes Kapitel gewidmet. Man möge mir den Mut zur Lücke verzeihen, denn selbst 111 Gründe reichen nicht aus, die wechselhafte Geschichte dieses Landes zu beschreiben, aber die vorliegenden Gründe repräsentieren einen hoffentlich interessanten Streifzug durch die unterschiedlichsten Epochen Ägyptens.

Ich hoffe, ich kann Ihnen mit diesem Buch nicht nur Land und Leute näherbringen, sondern Sie für eine (weitere) Reise nach Ägypten begeistern und altes oder neues Interesse an der altägyptischen Kultur bei Ihnen wecken. Inschallah!

Ich möchte an dieser Stelle einigen Menschen danken, ohne die das Buch nicht das wäre, was Sie gerade in den Händen halten. Ich danke meinen Freunden Heike und Jolly für ihre Zeit und Unterstützung und ihre motivierende Aufbauhilfe auch in uninspirierten Phasen. Des Weiteren Móni und Andrea für ihre wertvollen Hinweise, Inspirationen und Geschichten aus dem Land am Nil. Ich möchte mich herzlich bei Thomas bedanken, der mir insbesondere bei den altägyptischen Themen mit Rat und Tat zur Seite stand. Und last but not least danke ich meinem Lebensgefährten Chris und meiner ganzen Familie, die mich durch dieses spannende Projekt verständnisvoll wie tatkräftig begleitet haben.

Carina Felske

1. Kapitel

Yallah

Auf nach Ägypten!

Weil jeder Reisender hier seine Passion findet

Kein Land hat für den Reisenden mehr zu bieten als Ägypten. Hier kommen Wissbegierige, Weltenbummler, Wüstenliebhaber, Wanderer, Weltwunderbestauner, Wassersportler, Wellnessfans und Winterflüchter voll auf ihre Kosten. Auch landschaftlich gesehen wird viel geboten: Ägypten bietet Strand, Meer, Wüste, Berge und weitläufige Uferlandschaften.

Entlang des Nils erheben sich die Tempel, Kirchen und Moscheen einer über 5000 Jahre alten Geschichte. Ein Reichtum an Kulturen und historischen Stätten, die in geballter Form so nirgends auf der Welt zu sehen sind. Angefangen von Alexandria im Norden bis in den tiefen Süden zum Tempel von Abu Simbel: Auf 1.000 km entlang des Nils gibt es so viel Historisches zu sehen, dass ein einziges Leben kaum ausreicht, um alles zu bestaunen. Stätten aus dem pharaonischen Ägypten, Spuren und Bauwerke von den Kopten – eine der ältesten christlichen Kirchen der Welt –, bedeutende Moscheen und Paläste der islamischen Epoche sowie Häuser und Hotels aus der Kolonialzeit. Ägypten hat mehr Geschichte zu bieten als die meisten anderen Länder dieser Erde.

Kein Wunder, dass viele Besucher nach einer Nilkreuzfahrt, bei der es täglich eine oder mehrere weltberühmte Stätten zu sehen gibt, noch eine Woche Badeurlaub am Roten Meer zum Relaxen anhängen müssen. So viel Kultur will auch erst mal verdaut werden. Reine Sonnenanbeter kommen in Ägypten aber auch auf ihre Kosten. Die Hotelanlagen bieten Luxus, auch für den kleinen Geldbeutel, was die Ziele am Roten Meer neben traumhaft angelegten Pools und Stränden seit Jahren so ungeheuer beliebt macht.

Feierwütige, die des Relaxens überdrüssig sind, können in kleinen und großen Clubs die Nacht zum Tag machen. Auf Beach- und Poolpartys oder auf Schiffen, die des Nachts an den Küsten des Roten

Meers entlangfahren, kann man abzappeln bis zum Morgengrauen. Shoppingqueens können sich sowohl auf den orientalischen Basaren als auch in großen Shoppingmalls eindecken.

Wasser ist das Element, das die meisten Touristen an das Rote Meer – und natürlich auch an den Nil – lockt. Das Rote Meer ist das Eldorado der Taucher und Wassersportler. Hier befinden sich die schönsten Tauch- und Schnorchelhotspots mit traumhaft schönen Riffen und mit einer atemberaubenden Artenvielfalt. Eine Tauchschule reiht sich neben die andere, und sowohl für Gelegenheitsschnorchler als auch für Tauchprofis finden sich hier die besten Plätze. Kleine und große Wasserratten werden in den zahlreichen Aquaparks jede Menge Spaß haben. Reiter können mit Pferden im Sonnenuntergang am Strand entlangreiten. Wassersportler kommen beim Wind- und Kitesurfen voll auf ihre Kosten. Angler können bei Hochsee-Angeltouren ihre Angelrute auswerfen oder mit einer Jacht oder einem Segelschiff aufs offene Meer hinaus oder den Nil entlangfahren. Oder haben Sie vielleicht doch lieber Lust auf eine Runde Golf? Der weltberühmte Golfplatz-Architekt Karl Litten hat in el-Gouna am Roten Meer mitten in der Wüste mit der Golfanlage Ancient Sands eine grüne Oase für alle Golfspieler geschaffen.

Doch Ägypten ist nicht nur archäologisch-nautisch-sportlich-entspannt schön, sondern ist auch für Naturliebhaber spannend zu erforschen. Nur einen Steinwurf von den paradiesischen Wasserwelten am Roten Meer und den saftig grünen Ufern des Nils entfernt, empfängt einen die unendliche Weite der Wüste.

Ein Hauch von Abenteuer und ein Feeling von Lawrence von Arabien erwartet jeden Wüstenbesucher. Je nachdem, ob man vier Räder oder vier Beine bevorzugt, kann man mit Kamelen durch die Wüste reiten oder mit einer Quad- oder Jeeptour durch die Wüste preschen. Oft verbunden mit einem Ausflug zu den Beduinen, wobei das, was den Touristen dort gezeigt wird, ungefähr so viel mit dem wahren Beduinen-Leben zu tun hat wie das Weihnachtsmanndorf im Einkaufscenter.

Entlang der Oasen im ägyptischen Teil der libyschen Wüste kann man nicht nur grüne Gürtel entdecken, sondern auch Felsformationen von einer rauen, ursprünglichen Schönheit. Glatt geschliffen von zahlreichen Sandstürmen erheben sich die skurrilsten Felsformationen. Ägypten ist nicht nur voll von archäologischen Schätzen, sondern auch von Schätzen der Natur.

Wer gerne bei über 50 Grad einen Berg erklimmen möchte, der kommt in Ägypten – zumindest prinzipiell – ebenfalls auf seine Kosten. Es gibt immerhin zehn Berge in Ägypten über 2000 Meter, der größte mit 2.642 Meter ist der Katharinenberg im Sinai. Der Ort, wo Moses die Zehn Gebote im Empfang genommen haben soll.

Alle, die also nicht gerade Wintersportfans sind – obwohl es im Norden Ägyptens im Winter schon mal schneien kann –, kommen definitiv auf ihre Kosten. Ägypten bietet (fast) alles, was das Urlaubsherz begehrt.

2. *Grund*

Weil Ägypten ein Geschenk des Nils ist

»Ägypten ist ein Geschenk des Nils« – auf diesen berühmten Ausspruch trifft jeder zwangsläufig, der sich mit der Kultur am Nil beschäftigt. Der Satz stammt von dem griechischen Geschichtsschreiber Herodot, der um ca. 450 v. Chr. das Land am Nil bereiste. Man kann von Herodot halten, was man will, und auch den Wahrheitsgehalt dessen, was er hinterlassen hat, anzweifeln oder eben nicht, aber mit dieser Feststellung hat der Grieche den Nagel auf den Kopf getroffen. Der Nil ist die Lebensader des Landes, damals wie heute.

Der Nil, das Wort selbst leitet sich vom griechischen Wort *Neilos* ab, wird von den beiden Quellflüssen Blauer Nil und Weißer Nil gespeist, die in der Hauptstadt des Sudans Khartoum zusammenfließen. Zwischen Khartoum und dem ägyptischen Assuan strömt der Nil durch Stromschwellen und kleinere Wasserfälle, sogenannte Katarakte (griechisch für »Wasserfall«). Kurz vor Kairo teilt sich der Fluss in mehrere Arme und bildet das große Nildelta. Schließlich münden zwei Hauptarme in das Mittelmeer.

Wo die Flüsse entspringen, war viele Jahrtausende ungeklärt. Erst im 18. Jahrhundert machten sich mehrere Abenteurer auf die strapaziöse Reise, die Quellen des Nils zu finden, mit Erfolg! Der Weiße Nil entspringt, wie wir nun wissen, in den Bergen Ruandas und Burundis, in der Gegend des Victoriasees. Der Blaue Nil beginnt seinen Lauf in den äthiopischen Gish-Bergen auf einer Höhe von etwa 2.750 Metern. Jedoch sollte nicht unerwähnt bleiben, dass sich bis heute die Gelehrten streiten, wo genau die Quellen des Nils zu finden sind. Erst 2006 behauptete ein Forscherteam, sie hätten die Quelle des Weißen Nils 100 Kilometer weiter in dem Regenwald Ruandas entdeckt. Genauso umstritten ist die Frage, welcher eigentlich der längste Fluss der Erde ist. Der Amazonas oder der Nil. Eine schwierige Frage, da der Ursprung des Amazonas genauso umstritten ist wie der seines direkten Konkurrenten. Wir sind in einem Buch, Ägypten zu lieben, natürlich Team Nil. Neue Messungen im Jahr 2007 lassen den Nil insgesamt 6.695 Kilometer quer durch Afrika entlang schlängeln.

Obwohl der Weiße Nil ganze zweieinhalbmal so lang ist wie sein kleiner Bruder, führt der Blaue Nil viel mehr Wasser und zudem den fruchtbaren Schlamm, der für den Ackerbau in Ägypten so wichtig ist. Wenn in Äthiopien die Regenzeit beginnt, steigt der Blaue Nil drastisch an und überschwemmte vor dem Bau des Assuanstaudamms zwischen Juni und Oktober Ägypten mit seinem fruchtbaren, schwarzen Nilschlamm, der sogar die Namensgebung für das antike Ägypten beeinflusste. Die alten Ägypter nannten dieses Land Kemet – das schwarze Land – und grenzten es damit von der Wüste ab, die sie Deshret nannten – das rote Land.

Blieb die Nilflut aus oder trat der Fluss zu hoch über die Ufer, war das eine Katastrophe für die damaligen Menschen. Nicht nur

Missernten und Hungersnöte drohten, sondern die wichtigste Verkehrsader lag bei mehreren ausbleibenden Überschwemmungen buchstäblich auf dem Trockenen. Schiffe, die Waren und Menschen transportierten, liefen Gefahr, auf Sandbänke zu laufen. Um zumindest den schlimmsten Hungersnöten zu entgehen, bauten die Ägypter Dämme und künstliche Kanäle. Dennoch betrachteten die Ägypter mit Bangen die mindestens 20 Nilometer und beteten zu den Nilgöttern für eine fruchtbare Nilüberschwemmung. Der Pegel an den Nilometern bestimmte zudem die Höhe der Abgaben. Ein niedriger Pegelstand schwemmte nicht nur weniger Schlamm über die Äcker, sondern auch weniger Einnahmen ins Staatssäckel.

Auch heute, 5000 Jahre später, darf man noch mit Fug und Recht behaupten, dass der Nil die Lebensader Ägyptens ist. Doch heutzutage sind die Menschen nicht mehr abhängig von den Launen des Nils. Ende des 19. Jahrhunderts begannen die Briten mit dem Bau einer Staumauer, die schließlich in den 1960er-Jahren mit dem Bau des Assuan-Staudamms im Süden Ägyptens endete. Das 3,8 Kilometer lange und 111 Meter hohe Bauwerk staut den Fluss in den 500 Kilometer langen Nassersee, benannt nach dem Auftraggeber und ägyptischen Präsidenten Gamal Abdel Nasser. Der Nil ist seitdem gleichbleibend hoch, und die Bauern können das ganze Jahr über ihre Felder bestellen. Zugleich speist der Assuanstaudamm die Bevölkerung mit jeder Menge Strom.

Wie bei den meisten Dingen im Leben, hat auch dieser Eingriff zwei Seiten. Das Ökosystem wird durch den Bau eines solchen Mega-Damms natürlich gefährdet, der Grundwasserspiegel stieg über die Jahrzehnte bis heute erheblich an, was die Altertümer in einer Art und Weise bedroht, die vor 20 Jahren noch niemand so auf dem Schirm hatte. Dazu kommen die ganz offensichtlichen Probleme – die dort lebenden Nubier mussten zu Tausenden umgesiedelt werden, und einige südliche Tempel konnten nur mit massivem Aufwand vor den Fluten gerettet werden (dazu später mehr). Zudem liegt Ägypten zurzeit im ernsten Streit mit Äthiopien, die ebenfalls danach streben, ein dickes Stück vom Nil-Kuchen abzubekommen. Die Äthiopier bauen gerade an dem größten Staudamm Afrikas, und die Ägypter befürchten eine drastische Senkung ihrer Wasserversorgung und rasseln entsprechend mit den Säbeln.

Der Nil plätschert unbeeindruckt von all dem Gerangel um ihn, weiter in seinen ruhigen Bahnen durch das Land, welches ohne ihn nur ein karger Fleck Wüste auf der Landkarte wäre. Die Fischer vollbringen ihr Tagwerk, Kinder spielen mit flatternden Gewändern an den Ufern, während ihre Mütter miteinander schwatzend ihre Wäsche waschen. Als ob die Zeit in den letzten 1000 Jahren einfach stehen geblieben wäre. Am Strom der Zeit, am Nil – der Lebensader Ägyptens.

3. Grund

Weil es nicht weit ist, jemanden in die Wüste zu schicken

Wen würden Sie denn gerne in die Wüste schicken? Ihren Boss? Den oder die Ex? Den Kantinenchef? Oder vielleicht einen Politiker, respektive eine Politikerin? Oder den erfolglosen Trainer Ihres Lieblingsclubs? Eine ungeliebte oder unpopuläre Person aus seinem Sicht- und Umfeld in die Wüste schicken zu können, hat sich wahrscheinlich jeder mal insgeheim gewünscht.

Aus der Kategorie Angeber-Wissen für die nächste Party: Diese Redewendung ist mitnichten eine Erfindung der Neuzeit, sie stammt aus dem Alten Testament, genauer gesagt aus dem 3. Buch Mose. Ein Ziegenbock wurde, beladen mit allen Sünden des israelischen Volkes, in die Wüste geschickt. Der Name Sündenbock kommt übrigens ebenso von dieser Geschichte.

Aber zurück nach Ägypten. Hier ist die Wüste besonders nah und eigentlich überall. Auf der westlichen Seite des Nils die Libysche

Wüste und auf der östlichen Seite die Arabische Wüste, beide gehören zur Sahara, der größten Wüste der Welt.

Das ganze Land umfasst eine Gesamtfläche von insgesamt einer Million Quadratkilometern, fast dreimal so groß wie Deutschland. Davon sind aber nur fünf Prozent fruchtbares Land, das sich hauptsächlich im Nildelta im Norden und in schmalen Streifen entlang des Nils schlängelt. Ansonsten nur Wüste, Wüste, Wüste, so weit das Auge reicht, und so ziemlich alles, was es sonst noch so an kargen Landstrichen gibt: Steppen, Dornensavannen und Halbwüsten.

Jedoch: Jemanden in die Wüste schicken kann hier durchaus zu einem faszinierenden Erlebnis werden. Fruchtbare Oasen, sich ständig ändernde Landschaften und facettenreiche Gebirgszüge machen die Wüste Ägyptens zu einem faszinierenden Ort. Die arabische Wüste zwischen Nil und Rotem Meer ist zerklüftet von solchen Gebirgsketten, die bis zu 2.300 Meter in die Höhe ragen. Zwischen den Gebirgsketten befinden sich die Wadis, kilometerlange Trockentäler. Ägyptens größter Nationalpark liegt in so einem Wadi, dem 7.500 Quadratkilometer großen Wadi el Gemal (»Tal der Kamele«), etwa 50 Kilometer südlich von Marsa Alam.

75 Prozent der Libyschen Wüste im Westen gehören zu Ägypten, der Rest zu Libyen. Hier ist die Heimat der großen Oasen. Bis ins 19. Jahrhundert hinein lebten die Menschen hier in fast gänzlicher Abgeschiedenheit. Doch wer denkt, hier sagen sich der Wüstenfuchs und die Wüstenspringmaus auch heute noch Gute Nacht, der irrt. Richtige Kleinstädte sind in den Wüsteninseln gewachsen. In den zwei Städten der Dachla-Oase leben beispielsweise etwa 75.000 Menschen. Ganz schön viele Menschen, mitten in der Wüste.

Doch die westliche Wüste hat noch viel mehr zu bieten als Oasen, Gebirgsketten und Dünen. Hier finden sich einige faszinierende Launen der Natur. Die Weiße Wüste, etwa 500 Kilometer südwestlich von Kairo, beeindruckt uns mit ihren hellen Kalksteinformationen, die dem Nationalpark ihren Namen gaben. Der Wind hat den Kalkstein in Millionen von Jahren zu bizarren Skulpturen verwandelt, die häufig an Pilze erinnern, weshalb das Areal von den Einheimischen auch passenderweise Mushroom-Valley (Pilz-Tal) genannt wird. Etwas weiter nördlich ändert sich das Bild der Wüste in einem Meer aus schwarzem Gestein. Aus einer Vulkanlandschaft aus kegelförmigen Hügeln, die vor Millionen von Jahren schwarzen Basalt und Dolorit ausgespuckt haben, wurde eine sandig-schwarze Mondlandschaft – die Schwarze Wüste.

Auch andere untypische Orte, die man in einer Wüste eigentlich nicht erwarten würde, finden sich in der Libyschen Wüste. Die Salzsümpfe der 18.000 Quadratkilometer großen (ungefähr so groß wie Sachsen) Qattara-Senke, heiße Quellen in den Oasen, Tropfsteinhöhlen, Muscheln, Fossilien und Korallen aus einer Zeit vor mehreren Millionen Jahren, als dieser Teil Ägyptens noch zum Meer gehörte, und sogar kleine Wasserfälle, die sich im Wadi El-Rayan einige wenige Meter herunterstürzen.

Genug zu sehen und zu staunen für viele Wüstentouren. Mein Resümee: In die Wüste Ägyptens kann man sich wirklich gerne schicken lassen.

4. Grund

Weil es das Land
der magischen Momente ist

Es gibt Momente im Leben, die man nie mehr vergisst. Das Kribbeln der ersten Liebe im Bauch, der erste Kuss, die Geburt eines Kindes oder auch die Zusage für den lang ersehnten Job. Jeder hat diese magischen Momente, in denen die Glückshormone Kirmes spielen. Dann möchte man die ganze Welt umarmen und wünscht sich, die Zeit würde einfach stillstehen, damit man diesen einen, bezaubernden Moment noch länger auskosten kann. So einen Moment hatte ich in jedem einzelnen Ägypten-Urlaub.

Schon als ich bei meiner ersten Ägypten-Reise am Flughafen von Luxor ankam und mich die trockene Hitze wie ein Schlag traf, wusste ich, dass dieser Urlaub etwas Besonderes sein würde. Mir wurde klar, dass ich all die Tempel, Gräber, Statuen und Pylone, die ich bisher aus der Ferne in Büchern und im Fernsehen bewundert hatte, nun mit eigenen Augen sehen und mit allen anderen Sinnen spüren würde. Mein erster magischer Ägypten-Moment – und ich hatte gerade erst einen Fuß auf ägyptischen Boden gesetzt!

Magische Momente passieren natürlich nicht nur in Ägypten. Sie gehören zu jedem Urlaub dazu, wenn man fernab ist von all den Sorgen und Problemen des Alltags, zumindest sollte es so sein. Doch gerade dieses Land löst bei Reisenden eine besondere Faszination aus. Die Besucher, die es zu den alten Stätten entlang des Nils zieht, sind überwältigt von dem, was die Menschen in der Antike geschaffen haben, und selbst Kulturmuffel lassen sich in den Bann des alten Ägyptens ziehen, voller Respekt darüber, was man damals ohne große technische Hilfsmittel schon leisten konnte. Populär sind seit vielen Jahrzehnten Reisen auf einem Nilkreuzfahrtschiff, und das nicht erst seit dem Hercule-Poirot-Film *Tod auf dem Nil*. Man erlebt dort ganz besondere Momente, oben auf dem Deck, wenn dieselbe Kulisse an einem vorübergleitet, wie bereits vor Tausenden von Jahren. Tempel, Hütten, Fischerboote, Palmen und Felder direkt am Rand des Nils und dahinter die sandigen Felsen der Wüste. Leben und Tod, dicht beieinander.

Das Rote Meer wiederum bietet schon vom Flieger aus Ansichten wie aus einem Hochglanz-Reisekatalog. Türkisblaues Wasser, das sich entlang der Wüste schlängelt und das von den dunklen Schatten der Riffe durchsetzt ist. Taucht man ein in diese Riffe, ist man direkt gefangen von dem Wunder, das die Natur im Meer geschaffen hat. Bunte Fische und Korallen in allen Farben, wohin das Auge reicht. Echte Wow-Momente.

Die schönste und damit die magischste Zeit des ganzen Tages ist jedoch der Abend, wenn die Sonne untergeht und alles in ein

Spiel von roten und gelben Farben eintaucht. Das Rote Meer, das die letzten Strahlen in seinem türkisfarbenen Wasser auffängt und glitzernd auf der Wasseroberfläche widerspiegelt. Die sandsteinfarbenen Felsen und die Wüste, die in der untergehenden Sonne in einem weichen, sanften Rot schimmern. Kurz bevor der Horizont die Sonne verschluckt, erheben sich die Vegetation und die Häuser noch einmal in tiefschwarzer Kulisse vor dem bunten Farbenspiel im Hintergrund. Die Vögel zwitschern ihr letztes Lied, und die Muezzins rufen das Abendgebet vom Dach der Minarette. Einfach unvergessliche Momente.

Bricht die Nacht herein, erwartet einen in der Wüste ein in unseren Breitengraden fast vergessener Anblick. Des Nachts erleuchten Zehntausende von Sternen den Nachthimmel, und zwar von einem Horizont bis zum anderen. Dort, wo kein künstliches Licht den Blick in das nächtliche Schwarz trübt, ist die Sicht frei für die vielen Tausend Sterne unseres Sonnensystems. Tief in der nächtlichen Wüste sind das ehrfürchtig machende und tief beeindruckende Momente, von denen mir dieses Land schon so einige geschenkt hat.

5. Grund

Weil der Sog des Souks der Zauber Ägyptens ist

Nichts verbindet man mehr mit dem Zauber Arabiens als die Souks – oder Basare, wie sie im persischen und türkischen Sprachraum genannt werden. Einst waren Souks die Handelsposten für einheimische und exportierte Waren, heute sind die meisten auf dem Geschmack der ausländischen Besucher ausgerichtet. Das Bild einer typischen Souk-Gasse bestimmt heute neben Waren des alltäglichen Bedarfs, wie Gewürze, Obst und Stoffe, Auslagen mit den klassischen Touristen-Mitbringseln. Das Angebot bestimmt die Nachfrage. Der berühmteste aller Souks in Ägypten und natürlich ein Anziehungspunkt für jeden Besucher ist der Khan el-Khalili in Kairo. Benannt wurde er nach einer alten Karawanserei, also einem Rastplatz für Karawanen, die der Emir Djaharks el-Khalili 1380 oder 1382 errichten ließ. Einst boten hier Händler aus dem Mittelmeerraum und Indien die verschiedensten Gewürze und Stoffe an. Heute ist auch dieser geschichtsträchtige Markt mehr auf die touristischen Bedürfnisse ausgelegt und voll von dem typischen Touristenzeugs.

Doch es gibt sie noch in Kairos Khan el-Khalili oder in den angrenzenden Basarvierteln: Alte Handwerkskunst und Handwerkerbetriebe, die schon seit Generationen in Familienbesitz sind. Gold- und Kupferschmiede, Drechsler, Zeltmacher und Teppichknüpfer sitzen vor ihren Werkstätten und stellen die wundervollsten Dinge her. In den Gassen rund um den Khan el-Khalili treffen wir auf bei uns schon fast ausgestorbene Berufe wie den Kesselflicker oder so merkwürdige Professionen wie den Fußbügler. Vor allem Letzterer ist nur noch sehr selten zu finden, und es ist vielleicht nur noch eine Frage der Zeit, bis diese Zunft ausstirbt. Mit einem Becher nehmen die Fußbügler einen Schluck Wasser in den Mund, prusten es auf die Kleidungsstücke und bügeln mit einem mehr als 30 Kilo schweren Bügeleisen über Hemden und Galabiya – und das mit den Füßen!

Obwohl die Konkurrenz groß ist, halten die Händler eines Souks fest zusammen. Hat ein Händler eine Ware gerade nicht vorrätig, z. B. die Größe eines T-Shirts, wird flugs in den nächsten Laden geeilt, um die gewünschte Größe herbeizuschaffen. Dass der Zusammenhalt zwischen den Händlern groß ist, musste ich mal in dem Souk von Luxor erfahren. Mein Objekt der Begierde war eine entzückende kleine Schmuckschatulle mit bezaubernden silbernen und königsblauen Einlegearbeiten. Die musste ich haben! Trotz harten Verhandelns konnte ich sie beim ersten Händler nicht zu meinem, für mich gerechtfertigten, Wunschpreis runterdrücken. Na gut, gehe ich halt zum nächsten. Der hartnäckige Händler prophezeite mir grinsend, dass ich bei niemandem das Kästchen günstiger bekommen würde. Das wollen wir doch mal sehen, dachte ich mir, doch er sollte recht behalten. Wir klapperten mehrere Geschäfte ab, doch keiner blieb beim Preis unter dem ersten. Erst beim letzten fiel die Klappe, nicht bei meinem Schmuckkästchen, sondern bei mir. Ich wüsste doch die Antwort, meinte der letzte Händler am Ende des Souks, als ich in einer letzten Verzweiflungstat darum bat, doch wenigstens etwas vom Preis des ersten runterzugehen. Der Halunke hatte die anderen Geschäfte vorgewarnt, ja nicht unter seinen Preis zu gehen. Und es tat tatsächlich niemand.

Bin ich früher mit Scheuklappen durch den Souk gelaufen, schlendere ich heute gerne durch den Trubel der ägyptischen Gassen, ignoriere die aufdringlichen Verkaufsversuche oder lache mit den Händlern, wenn sie eine besondere kreative Idee haben, mich in ihr Geschäft zu ziehen. In der ägyptischen Nacht vermischt sich der Duft der typischen Gewürze des Orients mit nach Moschus oder Blüten duftenden Parfums und rauchenden Shishas. Dicht an dicht drängen sich die Verkaufsstände und deren Besucher, dazwischen sitzen die Männer in den Cafés beim Tee und spielen Dame, Backgammon oder Domino. Ein buntes Treiben, so vielfältig wie die Auslagen. Im Souk gibt es alles – vom billigen Ramsch bis hin zu wahren Kleinoden der Handwerkskunst, vom frisch geschlachteten Rind oder Huhn über Kuchen bis hin zum Brot. Kleidung, Gold und Silber, Gespräche, nette und un-nette, Gelächter und Geschrei. Die Souks Ägyptens sind so vielfältig wie das Leben – und dafür lieben wir sie.

6. Grund

Weil der Tourismus in Ägypten eine sehr lange Tradition hat

Wer hätte gedacht, dass der Alkoholkonsum der Briten zu der ersten Kreuzfahrt auf den Nil führen würde? Es war das Jahr 1841, als der Laienprediger Thomas Cook seine britischen Landsleute vom Griff zur Flasche abhalten wollte. Nach dem Motto »Weg vom Gin und hinaus an die frische Luft« organisierte er eine Zugfahrt von Leicester nach Loughborough, die mit 500 Menschen so gut ankam, dass Cook sein Angebot auf weltweite Pauschalreisen erweiterte. Der Rest ist die Erfolgsgeschichte eines heutigen Weltkonzerns – Thomas Cook als weltweit tätigen Reiseveranstalter gibt es noch heute.

28 Jahre nach dem bescheidenen Anfang auf den Gleisen von Leicester erfüllte sich Thomas Cook im Jahr 1869 seinen Traum von Ägypten und den biblischen Orten Palästinas. Auf zwei Dampfschiffen, angemietet vom ägyptischen König, fuhren 32 Menschen über den Nil. Es war in Ägypten die Geburt dessen, was wir heute Tourismus nennen. Dass sich daraus mal ein Massentourismus allererster Güte entwickeln würde, konnte damals keiner ahnen – denn im 19. Jahrhundert benötigte man nicht nur ein kleines Vermögen, um so eine Reise zu unternehmen, sondern auch jede Menge Zeit. Die Nilkreuzfahrt von Kairo nach Assuan und zurück dauerte drei Wochen, danach ging es weiter nach Palästina, sodass die Reisenden insgesamt mehr als drei Monate unterwegs waren. Vielleicht war Thomas Cook nicht derjenige, der Pauschalreisen oder zumindest das Reisen nach Ägypten erfunden hatte – schließlich eröffnete schon 1841 in einem ehemaligen Harem von Kairo das legendäre Shepheard's Hotel seine Pforten für die reichen Europäer – aber er war definitiv der Erfolgreichste. In Deutschland organisierte übrigens Carl Stangen, der auch »der deutsche Thomas Cook« genannt wurde, im Jahr 1873 die erste Pauschalreise in das Land am Nil.

Ab den 1880er-Jahren besaß Thomas Cook & Son die Konzessionen für alle Passagierschiffe auf dem Nil. In Hotels wie dem legendären Winter Palace in Luxor und dem Old Cataract Hotel in Assuan sowie in Gästehäusern und Restaurants konnten illustre europäische Gäste ganz im orientalischen Stil speisen und nächtigen, ohne auf den westlichen – zu der Zeit üblichen – Standard verzichten zu müssen.

Die Reisenden versprachen sich nicht nur Kultur im Überfluss, sondern von dem heißen, trockenen Klima auch Genesung oder

Milderung von allerlei Leiden wie Rheuma, Asthma und chronischer Bronchitis. Die Oberschicht flüchtete nur zu gerne vor den kalten, ungemütlichen Wintern ins angenehm temperierte Ägypten.

Dank Thomas Cook konnte sich aber nicht nur eine elitäre Oberschicht das Reisen in ferne Länder leisten, sondern immer mehr Menschen aus der Mittelschicht pilgerten begeistert ins Land der Pharaonen. Die Reisen waren gut durchorganisiert, und durch den Mengenrabatt für eine gesamte Reisegruppe war es auch um einiges erschwinglicher als individuelle Urlaube.

Der Dichter Rainer Maria Rilke erhoffte sich von seiner dreimonatigen Reise auf dem Nil neue Inspirationen und checkte im Jahr 1911 an Bord des Thomas-Cook-Dampfers »Ramses the Great« ein. Gedichte und Auszüge aus Briefen und seinem Tagebuch sind bis heute erhalten. Rilke schrieb an seine Frau Clara: »... ich hatte bei dem liegenden Ramses in der Palmenlichtung von Sakkhâra schon das Gefühl, ich könnte umkehren, jetzt ist alles längst zu viel ...« – dieses Overloading an Eindrücken kann so mancher Reisende sicherlich noch heute nachvollziehen. Obwohl Rilkes Verhältnis zum Reiseland Ägypten, nicht zuletzt wegen einer längeren Krankheit vor Ort, zwiegespalten war, blieb die Faszination für das Land am Nil auch nach seiner Reise erhalten und inspirierte ihn zu Werken wie die *Duineser Elegien* und *Die Sonette an Orpheus*.

Thomas Cook und der Pauschaltourismus haben das Land am Nil nachhaltig geprägt. Heute leben mehr als vier Millionen Menschen vom Tourismus, weitere zwölf Millionen sind abhängig von der Tourismusindustrie. Heute kämpft neben Thomas Cook eine breite Masse an anderen Anbietern um die Gunst der Reisenden. Aus Pauschaltourismus ist Massentourismus geworden. Im Jahr 2010, ein Jahr vor dem Arabischen Frühling, buchten 14,73 Millionen Menschen eine Reise ins Land der Pharaonen. 2017 waren es immerhin wieder 8,3 Millionen Touristen.

Heute stellt der Massentourismus das Land vor vielerlei Probleme. Die Korallenriffe des Roten Meeres leiden unter dem Ansturm der

Taucher, und Ausdünstungen der Besucher greifen jahrtausendealte Malereien in den Gräbern an. Die schiere Menge an Touristen
sorgt durch Abfall und Hinterlassenschaften, die teilweise direkt ins
Meer und in den Nil gespült werden, für tief greifende ökologische
Probleme. Dass die gelöst werden müssen, liegt auf der Hand. Jedoch
gilt früher wie heute vor allem eins: Es wird gutes Geld mit den
Menschen verdient, die das Land besuchen, und je mehr kommen,
desto mehr verdienen mit. Zumindest einige Probleme von damals
sind aber die gleichen wie heute. »Die lärmenden Teutonen nahmen
alle Plätze auf dem Oberdeck in Besitz, und unsere Damen mussten
unter Deck gehen«, eine Beschwerde, mit der Thomas Cook häufiger
konfrontiert war. Also auch die deutsche Unart, die Handtücher über
die Liege zu legen, hat in Ägypten (wie auch in anderen Ländern)
eine sehr lange Tradition …

7. Grund

Weil ein »Bootssteg«, ein »Kräuterboden« und eine Prinzessin am Roten Meer angesiedelt sind

Das Ferienziel Nummer eins der Deutschen in Ägypten ist Hurghada. Die meisten kommen auf der Suche nach Erholung oder Wasser-
sport hierher, doch auch Feierwütigen bietet der Ort am Roten Meer
jede Menge Clubs und Bars.

Hurghada wurde Anfang des 20. Jahrhunderts gegründet und war
in den ersten Jahrzehnten nicht mehr als ein kleines, gemütliches
Fischerdorf. So klein, dass es noch nicht einmal einen Hafen gab.
Die Fischerboote stachen von kleinen Bootsstegen aus in See, wovon
sich auch der ägyptische Name *il-ġurdaga*, was übersetzt »Bootssteg«
heißt, ableitet. In den 1980er-Jahren bauten mehrere Investoren aus
Europa, Arabien und den USA das verschlafene Nest zu einem riesigen Touristenresort aus. Heute streiten sich über 100 Hotels um

die Gunst der Gäste. Mit einem eigenen Jachthafen kann Hurghada mittlerweile ebenfalls aufwarten. An der mit bunten Häusern geschmückten Marina mit dem anschließenden Fischmarkt kann man wunderbar flanieren.

Die Ursprünge von Hurghada liegen heute im nördlichen Stadtteil El Dahar. Hier ist man weitab von der Ruhe der großen Luxushotels. Eine pulsierende Altstadt mit verwinkelten kleinen Gassen, Shops, Bars, Cafés, Restaurants, einem Souk und der Abdel-Moneim-Riad-Moschee, die Anfang der 1970er-Jahre erbaut wurde. In El Dahar wohnen zumeist Einheimische, oft seit mehreren Generationen. Von den 160.000 Einwohnern Hurghadas kommen die meisten jedoch von auswärts. Im Besonderen Oberägypter zieht es auf der Suche nach Arbeit in die Touristenzentren am Roten Meer.

Im Süden von Hurghada befinden sich die neueren Stadtteile, wie der sehr touristisch geprägte Stadtteil Sekalla mit der Sheraton Road, der Hauptverkehrsader in Hurghada, und natürlich jeder Menge weiterer Hotels, die sich wie eine Perlenkette dicht nebeneinander an der Küste des Roten Meeres reihen. Nach etwa 20 Kilometern Strand, Hotels und Vergnügungsmeilen folgt ein Ort mit einem besonders originellen Namen: Sahl Hasheesh, was so viel wie »der Kräuterboden« heißt. Böse Zungen behaupten, Sahl Hasheesh wurde nach einem Schmugglerort für Drogen benannt. An seine etwaige düstere Vergangenheit erinnert jedoch nichts mehr. Die erst im Jahr 2007 aus dem Boden gestampfte Örtlichkeit stellt sogar, was den Pomp-Faktor betrifft, Hurghada in den Schatten. Außergewöhnliche Hotels, inspiriert von arabischen Palästen oder erbaut aus natürlichen Korallensteinen, empfangen hier ihre Gäste. Ein Traum für jeden Instagrammer erwartet einen im Arrival Plaza. Auf dem Platz, von arabischer Architektur umgeben, führt eine künstlich angelegte Wasserstraße mit Springbrunnen Richtung Meer. Ein Ort von berückender Schönheit.

Nur wenige Kilometer von dem »Kräuterboden« entfernt liegt ein 1998 erbauter Ort namens Makadi Bay mit an die 30 Luxus-Resorts und noch mehr Ruhe und Entspannung – hier liegt wirklich der Hund begraben.

In Safaga, dem letzten Ziel unserer Reise, kann man noch einen Hauch alter Geschichte spüren, wovon das Rote Meer nicht allzu viel zu bieten hat. Es ist einer der ältesten bewohnten Orte am Roten Meer. Schon in der Antike gab es einen Hafen, in dem die Expeditionen ins sagenumwobene Punt (das heutige Somalia oder Eritrea) starteten. Unter dem Herrschaftsgeschlecht der Ptolemäer stand hier die Hafenstadt Philotera. Der griechische Pharao Ptolemaios II Philadelphus benannte die Stadt nach seiner verstorbenen Schwester, der Prinzessin Philotera. Nach der römischen Eroberung geriet die Hafenstadt viele Hundert Jahre in Vergessenheit, bis die Briten ihn 1882 wiederentdeckten und ihn als Militärstützpunkt im Zweiten Weltkrieg nutzten. Heute ist die ägyptische Marine hier zu Hause. Safaga ist Umschlagplatz für diverse Im- und Exporte (durch seine Phosphorminen hauptsächlich Phosphor) und Ausgangspunkt für Mekka-Pilger, die per Fähre nach Saudi-Arabien übersetzen.

Das Rote Meer war nach Terroranschlägen in den letzten Jahren in einer großen Krise, doch mittlerweile erlebt die Region wieder einen rasanten Aufstieg. Hurghada & Co brauchen sich nicht mehr vor populären Reisezielen wie Mallorca oder der Türkei zu verstecken. Immer mehr Touristen aus aller Welt zieht es an diese Strände, darunter auch neue Gäste, vor allem aber Wiederholungstäter, die mindestens einmal im Jahr ans Rote Meer fliegen. Ich kenne sogar etliche, die es jedes Jahr in das gleiche Hotel zieht. »Never change a running system« heißt (nicht nur hier) die Devise.

Das Rote Meer ist Luxus pur für den schmalen Geldbeutel. Durch die Gastfreundschaft der Ägypter fühlt sich jeder Gast wie ein König. Hier kann man sich einfach nicht sattsehen an den unglaublichen Unterwasserwelten, gepaart mit dem arabischen Flair, das einem überall wie ein Märchen aus Tausendundeiner Nacht um die Nase weht. Egal ob »Bootssteg«, »Kräuterboden«, ein ehemaliger

Prinzessinnenort oder eine der viele weiteren Städte entlang des Roten Meeres – das Rote Meer ist immer eine Reise wert.

Weil Ägypten sicherer ist, als viele denken

Ja, negative Schlagzeilen bestimmten in den letzten Jahren das Bild über das Land am Nil. Auch in einem Buch über Gründe, Ägypten zu lieben, sollte man vor dieses hässliche Angesicht der Wahrheit treten. Ich kenne viele in meinem Freundes- und Bekanntenkreis, die aus Angst vor terroristischen Anschlägen keinen Fuß in das Land setzen möchten. Da hilft auch keine Überredungskunst oder der Verweis darauf, wie atemberaubend schön und spannend dieses Land ist. Zu viel liest man in der Zeitung und sieht man in den Nachrichten. Manches schlagzeilenträchtig maßlos übertrieben, einiges bittere Wahrheit.

Die Terroristen konzentrieren ihre Anschläge zum großen Teil auf regierungsnahe Einrichtungen, wie Polizei und Militär oder Angehörige der Regierung, um die ägyptische Regierung in ihren Grundfesten zu erschüttern und weiter zu schwächen. Terrororganisationen wie die Gamaa Islamija, die unter anderem für den Terroranschlag am Hatschepsut-Tempel in Luxor 1997 verantwortlich waren, bei denen 62 Touristen und Ägypter ihr Leben verloren, haben sich zum Ziel gesetzt, aus Ägypten einen islamistischen Staat zu machen, und versuchen dies mit aller Gewalt durchzusetzen.

Auch die christliche Minderheit in Ägypten, die Kopten, musste in den letzten Jahren einige Terroranschläge wegstecken, ebenso wie weitere »Nicht-Gläubige«, zu denen natürlich auch die ausländischen Arbeiter oder Touristen zählen.

Durch die unsichere Lage, die nach der Januar-Revolution im Jahr 2011 folgte, schossen die Terrororganisationen wie Pilze aus dem

Boden. Der jetzige Präsident und frühere General Abdel Fatah al-Sisi versucht mit harter Hand gegen die Terroristen vorzugehen. Sein vom Volk geforderter Sturz der Muslimbrüder, die im Jahr 2012 durch eine demokratische Wahl die Regierung in Ägypten übernommen hatte, hat zusätzlich viel zum Hass auf die ägyptische Staatsmacht und zur Gründung weiterer Terrororganisationen beigetragen.

Ägypten kämpft verzweifelt gegen den Terrorismus an. Nach jedem Anschlag folgt ein Vergeltungsschlag. Meistens im Norden des Sinais, in dem sich die Terroristen verschanzt haben. Am 9. April 2017 hat der Präsident den Ausnahmezustand verhängt, der Militär und Regierung mehr Handlungsspielräume gibt – auch im negativen Sinne, denn der Ausnahmezustand trägt natürlich auch zu den willkürlichen Verhaftungen und Repressionen gegenüber Andersdenkenden und Journalisten bei, und das Töten von Menschen durch Militär oder Polizei hat kaum Konsequenzen, wenn wir schon mal dabei sind, Tacheles zu reden.

Wer Ägypten besucht, dem wird die hohe Anzahl an Polizisten, Militär und Sicherheitskräften direkt auffallen. Sie überwachen die Touristenstätten mit ihren schweren Maschinenpistolen, so gut es geht. Vor jeder größeren Touristenstätte werden Taschen und Rucksäcke auf gefährliche Gegenstände durchleuchtet, wobei man hier sagen muss, dass da noch Luft nach oben ist. Die Dinger sind entweder außer Betrieb, oder sie piepsen ständig, und niemanden interessiert es.

Aber immerhin sind die Sicherheitskräfte präsent und wer plant, ganz Ägypten zu Fuß oder mit dem Fahrrad zu entdecken, oder wer touristisch wenig erschlossene Regionen wie Mittelägypten besichtigen will, der wird auf Schritt und Tritt von seinem persönlichen Begleitschutz in Form einiger Polizisten verfolgt. Ob man nun möchte oder nicht. Entlang des Nils und durch die Wüste sind an jeder Ecke Straßenkontrollen, an einigen Straßen dürfen Autos mit Touristen an Bord überhaupt nicht oder nur mit einer Lizenz fahren. Insbesondere am Roten Meer dürfen Autos ohne eine Lizenz nicht einfach in Gegenden mit vielen Touristen fahren, wie z. B. in die von Hotels, Bars und Restaurants volle Naama Bay in Sharm el Sheikh im Sinai.

Die Sicherheitskontrollen an den Flughäfen wurden verschärft, nicht zuletzt auf Druck der russischen Regierung, nachdem im Jahr 2015 eine russische Maschine mit 224 Menschen an Bord mit ziemlicher Sicherheit einem Bombenanschlag zum Opfer fiel. So ganz genau weiß man das bis heute nicht. Ägypten rückt in solchen Fällen ungern mit der Wahrheit raus. Zu viel steht auf dem Spiel. Fehlen die Touristen, leidet das vom Tourismus abhängige Land unter Arbeitslosigkeit und Armut. Ein neuer Nährboden für Terrorismus entsteht und somit ein ewiger Teufelskreis.

Jedem Anschlag auf Touristen folgt ein Absturz bei den Besucherzahlen. Früher schlimmer als heute. Mittlerweile sind wir wegen der vielen Hiobsbotschaften aus aller Welt vielleicht abgestumpfter als noch vor ein paar Jahren. Denn richtig sicher vor terroristischen Anschlägen ist man heutzutage nirgends mehr. Hass und Intoleranz finden sich heute leider überall. Sowohl auf der einen als auch auf der anderen Seite.

Ich bekomme über meine Internetseite und über die sozialen Medien viele Anfragen wie »Ich habe Angst, nach Ägypten zu reisen, ist es dort wirklich so unsicher?«. Ich glaube, diese Menschen wollen das Land und die Kultur wirklich gerne kennenlernen, sonst würden sie sich nicht die Mühe machen, mich zu fragen, oder von mir irgendeine Art des guten Zuspruchs erwarten. Wenn sie so große Bedenken haben und glauben, jeden Tag dort mit der Angst leben zu müssen, sollten sie das Land lieber meiden, so rate ich ihnen. Aber sollte die Angst vor Anschlägen wirklich so sehr unser Leben bestimmen, dass wir uns selbst von Dingen abhalten, die wir lieben oder gerne einmal erleben möchten? Das gilt für Weihnachtsmärkte genauso wie für Urlaubsländer. Wenn wir nur noch mit der Angst leben, haben diese menschenverachtenden Terroristen einen Teilsieg errungen.

Einige sind zu Hause geblieben, andere sind geflogen und haben mir von diesem wunderbaren Land erzählt und wie froh sie sind, ihre Ängste überwunden zu haben. »Ich habe mich die ganze Zeit sicher gefühlt«, so das einhellige Feedback. Viele sehen das mittlerweile genauso wie ich: An den großen Touristenorten am Roten Meer, in Luxor, Assuan oder auf Kreuzfahrtschiffen ist man so sicher wie in jeder europäischen Großstadt. Ägypten boomt erfreulicherweise wieder, und die Zahlen der Besucher steigen kontinuierlich an.

9. Grund

Weil Frau durchaus auch ohne männliche Begleitung reisen kann

»Ihr beiden wollt alleine nach Ägypten?!« – Als ich meiner Mutter von meinem Vorhaben erzählte, mit einer Freundin individuell nach Ägypten zu reisen, stieß dies auf wenig Begeisterung. Es war vor der Revolution 2011, und so war die Sorge, von einem ägyptischen Mann angegrapscht zu werden, größer als die nachfolgende Sorge von ihr, Opfer eines Attentäters zu werden. Meine Mutter war kaum zu beruhigen und ist es bis heute nicht, wenn ich mal wieder mit einer Freundin nach Ägypten fliege. Auch meine anderen Freundinnen haben wenig Verständnis, und eine von ihnen würde genau wegen dieser aufdringlichen Männer nie nach Ägypten fliegen. Die Sorge ist nicht ganz unberechtigt, wie ich leider zugeben muss. Letztens las ich von einer Umfrage unter ägyptischen Männern, in welcher sage und schreibe 79 Prozent der Meinung waren, Frauen wollen von fremden Männern angefasst werden. Die ägyptischen Männer sind Machos pur, und ein kurzer intensiver Blickaustausch könnte den Mann schon dazu animieren, die Initiative zu ergreifen. Nicht als Entschuldigung, vielmehr als Erklärung kann man an der Stelle nur anmerken, dass viele ägyptische Männer es nicht anders gelernt haben. Die Angestellten in den Hotels kommen zudem oft aus ländlichen Gegenden, wo sich die Ansichten gegenüber Frauen in den letzten 100 Jahren keinen Zentimeter bewegt haben. Eine allein reisende Frau kommt für sie einem Marsmännchen auf der Erde gleich. Auch sind viele Ägypter in einer aussichtslosen Lage. Einige von ihnen bekommen nur so viel Gehalt, dass es gerade so zum Leben reicht. Für sie ist eine Frau, die sich in ein Flugzeug setzen und ihren Urlaub in Ägypten verbringen kann, unendlich reich.

Weder eine Hochzeit ist für die ägyptische Familie eine günstige Angelegenheit, noch das Haus bzw. die Wohnung, die der Ehemann in spe seiner Auserwählten bieten muss. So angelt sich so mancher Ägypter lieber eine »reiche« Europäerin, die – seiner Ansicht nach – leichter zu haben ist als eine Landsfrau und dazu noch für ägyptische Verhältnisse einen prall gefüllten Geldbeutel hat. Sex vor der Ehe ist gesellschaftlich nicht akzeptiert, und so hofft so mancher Schlawiner auf das schnelle Abenteuer mit einer Ausländerin.

Es gibt viele Frauen, die dem Charme und den rehbraunen Augen der Ägypter unterliegen und erst zu spät merken, dass die Liebe nur des Geldes wegen vorgespielt ist. *Bezness*, abgeleitet von Beziehung und Business, nennt man diese unglücklichen Verbindungen. Das Internet ist voll von diesen Geschichten. Doch es gibt natürlich auch Beziehungen mit Happy End, bei denen die Liebe so stark ist, dass alle kulturellen Unterschiede überwunden werden konnten. Leider sind diese die Ausnahme.

Neben der Vermeidung von intensiven Blickkontakten gibt es noch weitere Dinge, an die Frau sich halten sollte, um einen entspannten Urlaub in Ägypten zu verbringen. Ganz oben auf der Liste steht die Kleidung. Auch wenn es abgedroschen klingt und man eigentlich meinen könnte, man würde hier von Selbstverständlichkeiten reden, so ist dem mitnichten so. Nein, liebe Mädels, es ist nicht in Ordnung, Hotpants zu tragen, die die Körperformen nicht nur nachzeichnen, sondern auch vollständig preisgeben. Und nein, auch zu kurze Röcke sind keine gute Idee, ebenso wie durchsichtige Teile oder solche, die nicht von selbst dort bleiben, wo sie hingehören. Ja, wir leben im 21. Jahrhundert, aber das heißt leider noch lange nicht, dass der ägyptische Durchschnittsmann das auch weiß. Man bedenke an der Stelle, dass die allermeisten Ägypter noch nicht mal ihre eigene Mutter nackt gesehen haben. Man sollte nicht vergessen, dass man Gast in einem muslimischen Land ist. Und so sollte man sich auch verhalten. Also mindestens Dreiviertelhosen und T-Shirts, die nicht zu eng anliegen und nicht zu tiefe Einblicke gewähren oder gar durchsichtig sind. Am Strand und an den Hotel-Pools sollte man nicht oben ohne oder mit String-Bikini liegen.

Im Taxi sollten sich Frauen nicht neben den Fahrer setzen, sondern hinten auf die Rückbank. In öffentlichen Verkehrsmitteln setzt Frau sich am besten in die Nähe einheimischer Frauen. Will ein Ägypter mit Handschlag begrüßen, sollte Frau freundlich lächelnd einfach gar nicht reagieren und ihn während des Gesprächs am besten auch gar nicht direkt in die Augen schauen oder gar unbewusst in den Flirtmodus umsteigen. Ägyptischen Männern sollte man sachlich und mit Selbstvertrauen entgegentreten. Und wenn die Frage kommt, ob man verheiratet ist, dann wartet der kranke Mann natürlich im Hotel. Eine kleine Notlüge darf hier erlaubt sein.

Sollte doch mal ein Ägypter zu nahe kommen, dann hilft es, laut zu schreien. Sofort kommen etliche andere ägyptische Männer angelaufen, um den Übeltäter von der Dame wegzuziehen. Mir ist so etwas glücklicherweise noch nie passiert, und auch die meisten anderen alleinreisenden Frauen, die ich kenne und die sich die paar einfachen Regeln zu Herzen nehmen, konnten mir nichts Negatives erzählen. Aber natürlich bewahren manchmal auch die beste Kleidung und ein selbstbewusstes Auftreten nicht davor, angeflirtet oder angemacht zu werden. Dann hilft manchmal nur noch eins: auf Durchzug schalten und im Zweifel aufstehen und gehen.

Weil die kleinen Hotels hier am schönsten sind

Ägypten – Land der Pyramiden und 5-Sterne Hotels. Insbesondere am Roten Meer reiht sich Resort an Resort, mit vielen oder wenigen Wasserrutschen, alles recht neu, recht chic und so groß, dass man ohne Probleme sein tägliches 10.000-Schritte-Programm noch vor dem Mittagessen absolviert hat. Doch so nach und nach etablieren sich Unterschiede: Resorts für Familien grenzen sich von denen für Golfspieler ab, und auch Reisende ohne Kinder geraten zunehmend ins Visier der Hoteliers. Wer sich den ganzen Tag ohne quäkende Kinder auf seiner Poolliege aalen möchte, für den gibt es die »Adults only«-Hotels.

Die Versuchung in diesen Luxusanlagen, den ganzen Tag schnarchend oder lesend auf seiner Liege am Strand oder am Pool zu liegen, ist groß. Vor sich hin dämmernd, wird man nur leise aus dem Schlaf gerissen vom Animationsprogramm, den Tauchanbietern, Massageanbietern, Ausflugsanbietern, Melonenverkäufern und 298 anderen Gästen ... Die einzige Bewegung am Tage ist die zur Bar oder zum Buffet. Hier wird der Körper aus seiner Lethargie geholt und durch Rangeln, Ausweichen und An-den-letzten-freien-Tisch-Hetzen wenigstens ein paar Kalorien verbrannt. Es gibt Menschen, die lieben diese Art von Urlaub und sehen zwei Wochen lang nichts anderes als ihre Hotelanlage. Was an den Stränden des Roten Meeres ja vielleicht noch seine Berechtigung hat, macht sich andernorts nicht so gut. Wer mag sich schon ernsthaft solche Riesenanlagen am Nil vorstellen? Zum Glück bislang weder Investoren noch Architekten!

Natürlich bleibt es jedem selbst überlassen, wie er seinen Urlaub verbringt. Für viele ist es die einzige Reise im Jahr, und da soll jeder seinen Urlaub so verbringen, wie er möchte. Aber dass man in seinem Hotelbunker, höchstens unterbrochen von einigen Ausflügen in Einkaufsstraßen oder Cocktail-Bars am Strand, nicht das wahre

Ägypten kennenlernt, liegt auf der Hand. Selbst das Essen ist in den großen Hotelanlagen, die fast immer internationalen Konzernen angehören, auf den europäischen Gaumen ausgerichtet.

Im Gegensatz dazu etablieren sich aber auch mehr und mehr kleine Hotels. Seien es die neugegründeten, die neue Konzepte nutzen, um sich abzugrenzen, oder auch traditionelle Gästehäuser, in denen speziell auch in den Gegenden, in denen Ausgrabungen stattfinden, gern mal ein paar Archäologen unterschlüpfen! Beispielsweise im Marsam Hotel am Westufer von Luxor trifft man auf viele Ausgräber, die gerne bereit sind, über ihre Arbeit zu sprechen. In Assuan auf den Nilinseln gibt es kleine nubische Gästehäuser, in denen der Gast zusammen mit einer nubischen Familie unter einem Dach wohnt.

Da stellt sich doch gleich ein ganz anderes Flair ein als in den oben genannten Resorts! Hier erlebt man Ägypten von einer anderen, bezaubernden und verzaubernden Seite, die einen schnell zum Träumen verleitet: Von großen Abenteuern und Abenteurern, von aufregenden Expeditionen, unvorstellbaren, bis heute verschollenen Schätzen und dem Auffinden der letzten, immer noch verschollenen Pharaonengräber. Da wird Fladenbrot im Hof gebacken, es mit frischen Salaten und Dips serviert, da geht es ursprünglich zur Sache.

Einige kleine Hotels bieten nur auf Nachfrage Abendessen an, man ist also – im positiven Sinne – gezwungen, vor die Hoteltür zu treten und sich in kleinen ägyptischen Restaurants zu verköstigen und die lauen ägyptischen Nächte zu genießen.

Viele kleine Hotels und Ferienwohnungen liegen oft in einer ruhigeren Seitengasse. Sie sind meist besonders liebevoll eingerichtet oder haben einen hübschen kleinen Garten oder eine Dachterrasse, manchmal mit einem kleinen Pool oder mit unbezahlbaren, traumhaften Ausblicken auf Tempelanlagen, Meer oder Nil.

Mit den wenigen anderen Gästen kommt man schnell ins Gespräch, man tauscht sich aus und erzählt von den Erlebnissen des Tages. Es herrscht eine familiäre Atmosphäre in den kleinen Hotels, und jeder, vom Roomboy bis zum Hotelchef höchstpersönlich, ist besonders bemüht, dir deinen Aufenthalt so angenehm wie möglich zu machen (Ausnahmen bestätigen die Regel). Hier ist man nicht eine kleine Biene in einem großen Schwarm, sondern die Bienenkönigin (respektive der König, wenn es den in einem Bienenvolk denn geben würde).

Kleine Hotels in Ägypten lohnen sich. Vor allem wer eine Reise nach Luxor plant, sollte sich mal eins der kleinen Hotels am Westufer anschauen. Hier ist man nahe an den meisten archäologischen Stätten, wie dem Tal der Könige und dem Hatschepsut-Tempel, aber gleichzeitig auch fern des ganzen Trubels von Luxor-Stadt. Auch so kann man einen schönen, entspannten Urlaub verbringen.

11. Grund

Weil die ägyptische Gastfreundschaft legendär ist

Wer auch nur einmal in Ägypten auf eigene Faust unterwegs war, kommt gar nicht drum herum! Denn die ägyptische Gastfreundschaft ist legendär. Um in den Genuss derselben zu gelangen, muss man eigentlich nichts weiter tun, als auf die Straße zu gehen, an einem Stand oder vor einem Geschäft stehen zu bleiben und die Auslagen zu betrachten – und schwupp, der rührige Verkäufer ist umgehend zur Stelle. Die Einladung auf einen Tee folgt in der Regel binnen Minuten.

Der misstrauische Europäer wittert sofort eine Falle – denn, was haben die denn davon? Gut, man kann nun argumentieren, dass sich der Ladenhändler durch ein Gläschen Tee eine bessere Kauflaune des Kunden erhofft, aber bitte worin besteht der Vorteil für einen der vielen Wächter im Tal der Könige oder an einer anderen historischen Stätte, der darauf besteht, mit einem ein Gläschen Tee zu trinken? Auch ein netter Taxifahrer kann eine Einladung aussprechen oder ein Hotelangestellter, der den Gast gerne zum Essen im Kreis der Familie einladen möchte. Die Antwort ist simpel – und doch so gewöhnungsbedürftig – nichts! Es handelt sich um reine Gastfreundschaft, die durchaus von Herzen kommt.

Aber Achtung, wie bei allem lauern auch hier Fallen. Selbst wenn die Ägypter sehr gastfreundlich und herzlich sind, sollten Sie aus Höflichkeit unbedingt zweimal ablehnen, erst wenn der Gastgeber Ihnen gegenüber das dritte Mal auf eine Einladung pocht, wissen Sie, die Einladung war nicht nur reine Höflichkeit, sondern durchaus ernst gemeint.

Unsere erste Einladung ins Haus eines Ägypters kam von unserem Taxifahrer Abdul. Nach einer langen Strecke von Luxor Richtung Süden beharrte er auf seiner Einladung in sein Haus in einem Vorort von Luxor. Wir waren zu Gast in einer bescheidenen Behausung, nur mit einem einfachen unbehauenen Steinboden und grob behauenen, aber bunt bemalten Wänden. Wir nahmen im Empfangsraum auf einer großen mit Kissen bestückten Bank Platz. Unter unseren Füßen lagen etliche Teppiche, und an den Wänden hing ein mit einem Koranvers verziertes Bild. Abdul rannte für uns zum nächsten Supermarkt und kam mit einem riesigen Paket Keksen für seine hungernden Gäste zurück, während uns seine Frau große Gläser Tee zubereitete. Es war uns schon ein bisschen unangenehm, dass wir so einen großen Aufwand verursachten, aber Abdul strahlte uns freudig an, und nach und nach lernten wir seine vielen Töchter und Söhne kennen, die uns herzlich lächelnd begrüßten, so als wäre es das Normalste auf der Welt, dass sein Vater ein paar ausländische Gäste eingeladen hatte. Abdul erzählte uns von seiner Familie, während unser ägyptischer Reiseführer übersetzte. Diese Gastfreundschaft hat uns alle im Herzen tief bewegt, und es waren nicht nur die vielen Tempel und Gräber, die wir in einer Woche besichtigt hatten, sondern diese freundliche Geste, an die wir uns bis heute sehr gerne erinnern.

Nimmt man eine Einladung an, lässt man die deutsche Pünktlichkeit am besten gleich im Hotel. Verspätungen von einer Viertel-, besser einer halben Stunde sind obligatorisch. Ein Gastgeschenk gehört zum guten Ton, immerhin hat der Gastgeber bzw. seine Frau sich mit der Zubereitung der Speisen unendlich Mühe gegeben und stundenlang in der Küche gestanden. Frisches Obst und Süßigkeiten sind immer eine gute Wahl, aber natürlich ohne Gelatine (Achtung Fettnäpfchen – wird vom Schwein gewonnen, das im Islam unrein ist, und ist z.B. in normalen Gummibärchen enthalten). Mit Stiften und Malbüchern für die Kinder ist man jedenfalls immer auf der sicheren Seite.

Gegessen wird normalerweise auf einem Kissen sitzend auf dem Boden. Am besten im Schneidersitz, denn wenn der Gegenüber die Fußsohle des anderes sieht, gilt das als sehr unhöflich. Familie und Gäste nehmen im Kreis vor einem niedrigen Tisch Platz, auf dem etliche Teller und Schälchen voll mit leckeren Spezialitäten des Landes ausgebreitet werden. Alles, was die Küche hergibt, wird vor dem Gast serviert, und das in rauen Mengen. Gegessen wird mit der rechten Hand (die linke gilt als unrein), oder man schaufelt sich mit einem Stück Brot als Gabel- und Löffelersatz die Speisen in den Mund. Reste auf dem Teller signalisieren dem Gastgeber, dass der Gast zufrieden und satt ist. Ein leerer Teller wird immer wieder aufgefüllt, und wenn man zu früh fertig ist, könnten sich die Ägypter dazu aufgefordert fühlen, ebenfalls aufzuhören. Also das Essen langsam zelebrieren, und wenn man doch schon früher satt ist, findet man bestimmt noch irgendetwas, worauf man noch längere Zeit herumkauen kann.

Auch wenn der Abend lang geworden ist, sollte man sich dennoch dankend für das wunderbare Essen verabschieden. Es ist ohne Genehmigung in Ägypten verboten, Touristen in Privathäusern übernachten zu lassen, und für den Gastgeber kann das somit böse enden.

Nach dem reichlichen Essen ist ein gesunder Spaziergang in einer lauen ägyptischen Nacht eh zu bevorzugen.

2. Kapitel

Ägyptomanie!

Faszination altes Ägypten

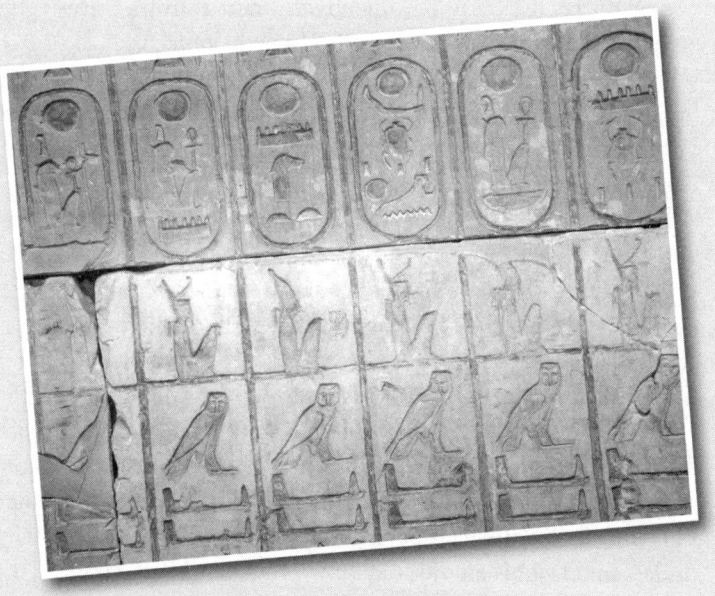

12. *Grund*

Weil Ägypten eine Hochkultur war,
als wir noch im Wald lebten

2500 v. Chr.: Es ist ein raues Leben in dem Gebiet, das wir heute Deutschland nennen. Die Menschen hausen in ihren Langhäusern, die sie mühsam aus einfachen Holzpfosten, Geäst und Gras errichtet haben. Sie leben in losen Stämmen und in den unwegsamen Wäldern des frühen Germaniens und ernähren sich von den geringen Erzeugnissen, die sie der oft unbarmherzigen Natur abtrotzen. Das Leben zu dieser Zeit war in Ägypten vielleicht nicht einfacher – die durchschnittliche Lebenserwartung lag auch in diesen Breitengraden nicht höher als 30 Jahre – aber immerhin hatten die Menschen besseres Wetter, und sie waren schon dabei, erstaunliche Dinge zu erschaffen. Die Zeit der Pyramiden war angebrochen.

Tausende Arbeiter schleppten bis zu 60 Tonnen schwere Steinblöcke in einer Höhe bis zu 147 Metern. 2,3 Mio. Stück insgesamt, im Durchschnitt ist jeder einzelne Block 2,5 Tonnen schwer (mehr als eine Mercedes S-Klasse). Mühsam wurden die Steinblöcke mit weichen Bronzewerkzeugen aus dem Fels geschlagen. Die schwarzen, harten Granitblöcke für die Grabkammer des Cheops kamen auf Holzschiffen den Nil entlang aus dem fast 1000 Kilometer entfernten Assuan im Süden Ägyptens. Insgesamt 45.000 Kubikmeter Granit wurden im Alten Reich in Assuan abgebaut (das entspricht einem Fußballfeld, das 80 Meter hoch gefüllt ist). Die vier Seiten der Pyramiden sind fast bis auf den Zentimeter genau gleich lang. 20 Jahre schufteten die Arbeiter an dieser Pyramide. Pharao Cheops ließ sich ein Grab- und Denkmal erbauen, das alle Superlative der Antike übertraf – und noch weit darüber hinaus. Bis in das 14. Jahrhundert hinein war die Cheops-Pyramide das größte Bauwerk der Welt. Er war jedoch nicht der Erste, der eine Pyramide erschuf. Schon 150 Jahre zuvor präsentierte König Djoser mit der Stufenpyramide von Sakkara den ersten Monumentalbau der Weltgeschichte. Aber diese Pyramide des Cheops toppte Djosers um ein Vielfaches.

Wie haben die alten Ägypter das bloß geschafft? Noch wenige Jahrhunderte zuvor waren die Ägypter Nomaden gewesen, die durch die damals noch fruchtbaren Landschaften in der westlichen und östlichen Wüste zogen. Bis der Klimawandel und die Desertifikation sie dazu zwang, sich entlang des fruchtbaren Nils anzusiedeln. Ein Herrscher namens Menes vereinigte schließlich um 3000 v. Chr. Ober- und Unterägypten, und die Geschichte des pharaonischen Ägyptens nahm ihren Anfang.

Nach der Reichseinigung ging alles ganz schnell. Um die Regierungsgeschäfte eines so großen Landes zu regeln, entwickelten die Ägypter einen gut funktionierenden Verwaltungsapparat und einen Kalender. Eine Gerichtsbarkeit entstand, um den Menschen Recht und Gesetz zu geben, und eine gute medizinische Versorgung sicherte das Überleben der Bevölkerung so gut es ging.

Die wichtigste Errungenschaft war jedoch die Schrift, die schon 200 Jahre vor der Reichseinigung entstand. Die Hieroglyphen sind hinter der Keilschrift aus Mesopotamien die zweitälteste Schrift der Welt. Wo anfangs nur ein paar Zeichen waren, wurde sie beständig weiterentwickelt. Eine Schrift war notwendig geworden, um alles Organisatorische zu stemmen, Steuern einzutreiben (Bauvorhaben verschlingen jede Menge Ressourcen), Vieh zu zählen, religiöse Texte aufzuschreiben und sich selbst zu verherrlichen (was die alten Ägypter besonders gut konnten) – und natürlich auch für die aus-ländische Korrespondenz. Schon früh gab es blühenden Handel und Diplomatie in der Levante, der Region östlich des Mittelmeers. Wo Worte nicht mehr weiterhalfen, gab es Krieg. Die Ägypter hatten ein gut organisiertes Heer, das überall gefürchtet war.

Von 30.000 – 40.000 Einwohnern, die in der Hauptstadt Theben im 2. Jahrtausend v. Chr. lebten, waren wir zu der Zeit meilenweit entfernt. Ein Gewusel aus engen Gassen, zahlreichen Menschen, Ge-schrei auf den Märkten, Gezank in den Straßen, spielenden Kindern,

Dreck überall … So stellt man sich eigentlich eine Stadt im Mittelalter vor. Aber das kam ja erst 3000 Jahre später …

Die Reichseinigung Ägyptens war maßgeblich für den kometenhaften Aufstieg der ägyptischen Kultur. Das Ereignis war auch für die Ägypter von so großer Bedeutung, dass sie die Reichseinigung in der darstellenden Kunst immer wieder aufgriffen. Während die Germanen jahrhundertelang nichts Besseres zu tun hatten, als sich gegenseitig die Köpfe einzuschlagen, schwelgte Ägypten in einer Zeit des inneren Friedens und Wohlstands, die in der Ägyptologie als Altes Reich, Neues Reich und Spätzeit bezeichnet wird. In dieser Zeit entstanden unvergleichliche Bauwerke, Kunst und Literatur erblühte und schenkte uns eine der faszinierendsten Kulturen der antiken Welt. Doch natürlich machte in einer so langen Geschichte auch das Land ein paar Krisen durch, in denen Kriege untereinander sowie Fremdherrscher das Land erschütterten. Die Zeiten werden Zwischenzeiten genannt, insgesamt drei solcher schwierigen Epochen zerrütteten das Land. Doch Ägypten schaffte es, seinen Kopf immer wieder aus den Sumpf zu ziehen. In der letzten Epoche, der griechisch-römischen, geschah unter dem ptolemäischen Herrschergeschlecht das letzte Aufbäumen einer 3000 Jahre alten Kultur. Bis die Römer kamen und dem Land nach Kleopatras Tod um 30 v. Chr. den Todesstoß versetzten. Das pharaonische Ägypten war Geschichte, und ein neues Zeitalter rollte über das Land. Die Glanzzeit des antiken Ägyptens war vorbei, und andere traten in seine Fußstapfen. Doch 3000 Jahre Superlative – das müssen wir erst einmal schaffen …

13. Grund

Weil in Ägypten der älteste Zoo der Welt stand

Vor 7000 Jahren wurde Ägyptens Klima immer trockener. Aus einer fruchtbaren Savanne entstand eine karge und lebensfeindliche Wüste, die wir heute unter dem Namen Sahara kennen. Die Menschen fanden keine Nahrung mehr und ließen sich an den vegetationsreichen Ufern des Nils nieder. Aus Jägern und Sammlern wurden sesshafte Menschen, und eine unvergleichliche Kultur wurde geboren.

Mehr als 1000 Jahre später, wir schreiben das Jahr 5500 v. Chr., bevölkern etwa 5000 Menschen einen kleinen Landstrich direkt am Nil, etwa 90 Kilometer südlich des heutigen Luxors. Dort hat sich Nechen zu einem bedeutenden Ort entwickelt. Die kleine Stadt war Regierungssitz der ersten Könige, die die für einen gut funktionierenden Staatsapparat so wichtige Reichseinigung von Ober- und Unterägypten in die Wege leiteten. Hier stand der einst älteste Tempel des Alten Ägyptens, der einem falkenköpfigen Gott namens Necheni (der bald Horus hieß) geweiht und somit der Ursprung der altägyptischen Religion war – und in ebendieser Stadt entstand der älteste Zoo der Welt.

Archäologen fanden in der Wüste zahlreiche Knochen von insgesamt mehr als 140 Tierarten, von Wildkatzen über Nilpferde bis hin zu Elefanten. Dies ist aber kein Friedhof von massenhaft geopferten Tieren. Die Forscher fanden verheilte Knochenbrüche, die der Mensch sorgsam gepflegt haben muss. Im Mageninhalt eines Elefanten lagen angebauter Weizen und Fischreste, die von den vegetarischen Dickhäutern in freier Wildbahn nicht angerührt worden wären. Zudem gibt es genügend Anhaltspunkte dafür, dass die Tiere hier auch wirklich gehegt und gepflegt wurden. Um die Bedeutung bemessen zu können, muss man wissen, dass einige dieser Tiere in freier Wildbahn nicht mal in der Nähe von Nechen vorkommen. Sie mussten fernab eingefangen und dorthin gebracht werden – ein nicht zu unterschätzendes Risiko, denn so einfach fängt man einen Elefanten ja nicht. Dazu kommt, dass so ein riesiges Kraftpaket ja auch einiges vertilgt: Ein ausgewachsener Elefant verspeist stattliche 300 Kilogramm Nahrung – pro Tag!

Warum um alles in der Welt haben die alten Ägypter also diesen Aufwand betrieben, fragt man sich. Die Wahrheit ist: Wir wissen es nicht mit Bestimmtheit. Vermutungen indes gibt es so einige – das Ansehen des Herrschers wurde durch so einen ungewöhnlichen Tierpark sicher aufpoliert. Wenn Pharao sich solch einen Zoo leisten konnte, dann hatte er wohl auch noch viel mehr auf dem Kasten. Jeder konnte es sehen: Pharao war in der Lage, wilde Tiere zu zähme. Er verwandelte Chaos in Ordnung. Die Einhaltung der Maat (= Weltordnung) und die Vernichtung der Isfet (= Chaos) waren die überlebenswichtigen Hausaufgaben eines jeden Königs, auch noch viele Jahrtausende später.

Starb ein Herrscher, wurden nicht nur seine Mitmenschen mit ihm getötet (eine Sitte, die glücklicherweise noch vor dem Pyramidenzeitalter aufgehoben wurde), sondern auch die Tiere seines Zoos. Die Menschen lagen in der Mitte und um sie herum, wie ein Schutzwall, die mit ihm getöteten und bestatteten Tiere. Nahm in Nechen, der »Stadt des Falken« (die Griechen nannten sie später Hierakonpolis), die Götterwelt mit all ihren Tiergestalten ihren Anfang?

Die Beziehung der Ägypter zu ihren Tieren blieb viele Jahrhunderte lang sehr innig. Während in der Bibel der Mensch das zentrale Wesen ist, wurden in Ägypten Mensch und Tier als gleichwertig angesehen. Der Mensch war im Alten Ägypten nicht die Krone der Schöpfung, sondern Teil eines großen Ganzen. Die Natur mit all ihren Tieren und Pflanzen existierte gleichwertig neben ihm.

In griechisch-römischer Zeit bekam die Tierliebe allerdings einen Dämpfer. Tiere wie Falken oder Katzen wurden nur für den einen Zweck gezüchtet und getötet, um als Opfer für die gläubigen Pilger herzuhalten. Auf mehr als 30 Tierhöfen im ganzen Land wurden etliche Millionen (!) zu Opferzwecken einbalsamierte Tiere gefunden. Nur wenige Jahrzehnte früher war das absichtliche Töten einer Katze, das Tier der Katzengöttin Bastet, noch mit dem Tode bestraft worden.

Heute ist das Land am Nil nun nicht gerade für seine Tierliebe berühmt, eher für Absurditäten, die wohl vor allem die Kreativität der Ägypter unter Beweis stellen. So erzählt man sich gern folgende

Anekdote: Im Kairoer Zoo malten im Jahr 2008 Mitarbeiter des Zoos einfach kurzerhand zwei Esel schwarz-weiß an und verkauften sie den verdutzten Besucher als Zebras! Immerhin – die Tradition der Zoos hat sich über viele Tausend Jahre erhalten!

14. Grund

Weil Hunde ihren Herren zu Füßen lagen

»Er war ein Hund, der stets ein Beschützer für seine Majestät war. Abutj war sein Name. Seine Majestät befahl, dass er bestattet würde. Ihm wurde ein Sarg aus dem Schatzhaus gegeben, außerdem sehr viel Leinenstoff und Weihrauch. Seine Majestät gab Öl, und ein Grab wurde ihm durch den Trupp der Maurer errichtet. Damit er versorgt sei, hat seine Majestät dies für ihn gemacht.« *Inschrift aus dem Grab des Abutj, Gizeh, ca. 2400–2200 v. Chr.*

Vor etwa 4.300 Jahren wurde ein Hund namens Abutj bestattet, der beim damaligen Herrscher anscheinend einen Stein im Brett hatte. Er wurde deshalb auch nicht irgendwo im Wüstensand verscharrt, sondern man ließ ihm extra ein eigenes Grab errichten, bestattete ihn in einem Sarkophag und gab ihm Nützliches für seine letzte Reise mit ins Jenseits. Dieser Hund war wirklich sehr geliebt worden …

Hunde folgen ihren Herrchen oder Frauchen schon seit der Jungsteinzeit und dies natürlich auch im alten Ägypten. Wegen ihrer feinen Spürnase und ihrer Fähigkeit als Apportierhunde waren sie nützliche und gern gesehene Begleiter bei der Jagd. Als die Menschen sich als Bauern am Nil niederließen, folgten ihnen die Hunde, und ihre Aufgaben änderten sich. Sie hüteten Haus und Hof ihrer Herrchen und unterstützten die Viehhirten bei ihrer Arbeit.

Die meisten altägyptischen Hunde aus der Zeit ihrer Domestizierung waren mittelgroß und schlank und erinnern von ihrer

Statur her an die Windhunde, auch wenn sie nicht so dürr waren wie die heutigen. Ohren und Rute waren so unterschiedlich wie bei den heutigen Hunden. Auf Grabwänden abgebildet sehen wir Jagdwindhunde mit Steh-, Kipp- und Schlappohren und mit den unterschiedlichsten Ruten, vom Ringelschwanz bis zur Säbelrute. Es gab aber auch schon kleine »Schoßhunde«, die mit gedrungenen Körpern, kurzen Beinen und Hängeohren unseren heutigen Dackeln recht ähnlich waren. Die Tiere wurden aber keinesfalls gezüchtet, sondern das unterschiedliche Aussehen war einfach nur eine Laune der Natur. Erst in der griechisch-römischen Zeit hatte jede Hundeart ihre eigenen, angezüchteten Vorteile. Jetzt gab es Kriegs- und Jagdhunde, Hunde speziell fürs Viehhüten oder Hunde für Hunderennen und sogar -kämpfe.

Damals wie heute konnte man sich auf gut erzogene Hunde hundertprozentig verlassen; sie taten genau das, was ihr Mensch von ihnen verlangte, waren anhänglich und treu. Diese treu ergebene Art der Hunde taucht daher in mancher Inschrift in weniger schönen Zusammenhängen auf. Eroberte Feinde stehen vor dem Pharao in einer Parade in Aufstellung und werden von den Schreibern mit den Worten »Wir sind in der Tat deine Hunde« zitiert. Würdenträger oder Diener, die ihren Vorgesetzten den Bauch pinselten, waren »wie die Hunde«. Auch entwickelten sich manche Straßenhunde zu einem öffentlichen Ärgernis. Ein Offizier aus der 18. Dynastie, der an der Grenze zu Palästina stationiert war, beschwerte sich in einem Brief bitterlich darüber, dass jeden Tag, sobald er einen Krug guten Bieres öffnet, 200 große Hunde und 300 Schakale an der Tür bereitstünden (wahrscheinlich maßlos übertrieben) und, angelockt durch den Duft des Alkohols, auf ihn warteten (wie man es auch dreht und wendet: er hatte ein Alkoholproblem …). Glücklicherweise hielt er aber einen kleinen Wachhund im Haus, der ihm jedes Mal die Meute vom Hals hielt.

Selbst die in der Wüste frei lebenden Wildhunde und Schakale taten, wenn auch unabsichtlich, etwas Positives für die Menschen.

Sie fraßen Aas und vernichteten damit potenzielle Krankheitsherde und sogar unerwünschte Leichname. So mancher tote »Feind« wurde einfach in der Wüste liegen gelassen, um von den Schakalen gefressen zu werden. Wer so starb, der konnte nicht ins jenseitige Leben gelangen, denn Körper und Name waren verschwunden. Hier liegt der Ursprung des ägyptischen Gottes der Totenriten und der Einbalsamierung: Anubis mit dem Schakalkopf. Ein Tier, das so viel Erfahrung darin hatte, einen Toten verschwinden zu lassen, war der ideale Tiergott für die Mumifizierung und den Übergang ins Jenseits.

Hunde waren im alten Ägypten also mindestens so beliebt wie heute. Sie waren weitaus mehr als nur Nutztiere, die den Menschen bei der Jagd und Viehzucht begleiteten und ihr Haus bewachten. Sie waren geliebte Haustiere, die unter den Stühlen ihrer Herrchen in den Gräbern dargestellt sind oder eben sogar ihre eigenen Gräber erhielten, einbalsamiert wurden und in richtigen Sarkophagen ihre letzte Ruhe fanden. Oder sie lagen ganz in der Nähe ihres Herrchens, damit sie ihn auch im Jenseits begleiten und beschützen konnten. Wir kennen sogar die Namen von solchen Hunden. Sie hießen wie ihre Farben »Schwarzer« (wie wir heute unsere Tiere »Blacky« nennen), oder »Ebenholz«, oder man nannte sie nach ihrem Charakter: »Guter Hirte«, »Zuverlässigkeit« oder »Der Tapfere«. Hunde, die vielleicht sehr geschwind waren, hießen »Nordwind« oder »Antilope«. Oder man benannte sie nach dem Ort, an dem sie geboren wurden: »Die aus der Stadt« (Theben)«. Andere wurden – wenig einfallsreich – einfach durchnummeriert »Der Fünfte«, Der Sechste«, vielleicht nach der Reihenfolge ihres Wurfs. Der Name »Nutzlos« war vielleicht eher als Scherz oder Beleidigung gedacht. Wie dem auch sei, auf Grabwänden verewigt, kennen wir die Namen von ungefähr 80 Hunden. Eine Ehre, die den allermeisten einfachen Ägyptern nie zuteil wurde.

Weil Herren ihren Katzen zu Füßen lagen

Katzen: Süße Stubentiger, eigenwillige Freigeister, wuselige Hausgesellen, niedliche Fellknäuel – wir lieben unsere kleinen Schmusekatzen über alles! Zumindest die Katzenbesitzer unter uns. Katzen und Menschen hatten schon immer eine besondere Beziehung. Wobei man sich als Besitzer einer typischen eigenwilligen Katze schon mal fragt, wer hier eigentlich wen besitzt.

Die Antwort auf diese Frage mag der Grund sein, warum Katzen einige Jahrhunderte später domestiziert wurden als Hunde. Wobei »domestiziert« vielleicht nicht der richtige Ausdruck ist. Sie folgten vornehmlich ihren Futterquellen in die Stadt. Denn es waren ursprünglich Mäuse, die den Menschen in ihre Häuser folgten, die Katzen hingegen folgten den Mäusen.

Die Ägypter erkannten bald den Wert der Tiere, denn nur dank ihrer Hilfe konnten Kornspeicher, Felder und Häuser frei von Nagetieren gehalten werden. Eine Katze hielt aber nicht nur Nagetiere aus dem Haus, sondern auch Schlangen und wurde von den Menschen sogar so weit abgerichtet, dass sie bei der Vogeljagd die Vögel apportieren konnte. Die Katze hatte neben ihrer Rolle als Jäger noch eine weitere wichtige Rolle der etwas anderen Art. Das können wir in den medizinischen Papyri nachlesen, auch wenn einiges dort Geschriebene für unsere heutigen Ohren skurril klingen mag. Katzenfett sollte nach einem altägyptischen Rezept dazu verwendet werden, um Mäuse »davon abzuhalten, an Sachen zu gehen«. Selbst für einige fragwürdige Heilungen, beispielsweise von Verbrennungen oder sogar als ein Mittel gegen graue Haare wurde Katzenfett benutzt.

Die meisten Ägypter bevorzugten die Katze jedoch als lebenden Begleiter. Nirgendwo sonst sieht man eine so intensive Beziehung zwischen Mensch und Katze wie im Land am Nil. Um 1950 v. Chr. sehen wir das erste Mal eine Katze in ihrer Rolle als Haustier. Sie hockt, den starren Blick auf eine sich nähernde Ratte gerichtet, im dem Grab des Gouverneurs Bakhet III. in Beni Hassan. In dieser ältesten Abbildung einer Katze sehen wir sie in einer Szene, wie sie auch heute noch typisch für unsere geliebten Vierbeiner ist. Der Siegeszug unserer kleinen Mäusejäger als Haustier hatte begonnen, und die Katze unter dem Stuhl des Hausherren oder der Hausherrin blieb noch viele Jahrhunderte später ein beliebtes Motiv auf den Wänden der Gräber. Wie den Hund, so finden wir auch Katzen in den Gräbern ihrer Besitzer, mit Grabbeigaben bestattet für ein Leben nach dem Tod.

Natürlich fand ein für die Ägypter so bedeutendes Tier wie die Katze ebenfalls Einzug in die Mythologie. Als Sonnenkatze vernichtet sie den Feind des Sonnengottes Re, eine bösartige Schlange mit Namen Apophis, und sorgte somit dafür, dass die Sonne jeden Morgen wieder auf- und am Abend wieder untergehen konnte.

Wir kennen die Katze im alten Ägypten aber nicht hauptsächlich als Tier, das seine Krallen gegen böse Schlangen ausfährt, sondern als gutmütiges, anmutiges Wesen in Form der Göttin Bastet. Als Frau mit Katzenkopf oder komplett als Katze dargestellt, ist sie Schutzgottheit gegen böse Mächte und hat viele weitere positive Eigenschaften. Sie ist die Göttin der Freude, der Musik und des Tanzes, der Fruchtbarkeit und der Sexualität. Katzen-Amulette waren beliebte Glücksbringer, und die Ägypter stellten sich gerne kleine Statuetten der beliebten Göttin in ihr Haus. Um das 5. Jahrhundert v. Chr. pilgerten die Menschen in Scharen in die Stadt der Katzengöttin. In ihrem Tempel in Bubastis, nordöstlich des heutigen Kairos, hinterließen die Pilger Tausende von kleinen Katzenstatuen und Opfergaben für Bastet.

Obwohl es zu dieser Zeit Ausländern verboten war, die heiligen Katzen zu exportieren, schmuggelten sie die Griechen in ihr Heimatland, von wo aus sie ihren Siegeszug durch Europa begannen.

Heute sind wir der Dosenöffner für unsere entfernten Verwandten der altägyptischen Katzen. Die Ägyptische Mau, die ihren

Namen nach unserer Transkription aus dem altägyptischen Wort für Kater »Mjw« erhielt, wurde in den 1950er-Jahren von einer begeisterten Züchterin von Ägypten nach Europa gebracht. Das schöne Tier hat wie seine direkten ägyptischen Vorfahren ein braunes und mit schwarzen Flecken getupftes Fell, lange Beine und spitze Ohren.

Ihr stolzes und unabhängiges Wesen hat sie sich durch die vielen Jahrtausende bewahrt. Vielleicht weiß sie ja insgeheim, dass die Menschen ihr immer noch zu Füßen liegen, auch wenn sie seit 2000 Jahren offiziell keine Katzengöttin mehr anbeten.

16. Grund

Weil es im alten Ägypten Frauenpower gab

»Kontrolliere nicht Deine Frau in ihrem Haus, wenn Du weißt, daß sie tüchtig ist. Sage nicht zur ihr: ›Wo ist das? Such es!‹, wenn sie es an den richtigen Platz gelegt hat. Laß Dein Auge (sie) still beobachten und Du wirst ihre Geschicklichkeit erkennen. Es ist eine Freude, wenn Du ihr die Hand reichst. Es gibt viele, die das nicht wissen. Wenn ein Mann Streit vermeidet, wird er dessen (des Streites) Anfang überhaupt nicht erfahren. Jeder Mann, der einen Hausstand gründet, sollte ein hitziges Herz zügeln …« *Lehre des Ani um 1450 v. Chr (Übersetzung nach Emma Brunner-Traut, 1985)*

Die Stellung der Frau im alten Ägypten war bemerkenswert. Sie war dem Mann praktisch gleichgestellt – etwas, worum die moderne Ägypterin des 21. Jahrhunderts sie sicher beneidet. Sie verfügte über ihre Besitztümer nach eigenem Ermessen und konnte sowohl erben als auch vererben. Sie konnte Verträge abschließen und Geschäfte tätigen, und wenn sie dabei über das Ohr gehauen wurde, war es ihr gutes Recht, vor Gericht Anklage zu erheben. Die Ägypterinnen hatten in diesen Bereichen nicht nur alle Freiheiten, wie die Männer auch, sondern ihnen standen ebenso sämtliche Berufe offen – prinzipiell zumindest.

Da die Familie bei den alten Ägyptern sehr wichtig war, nutzten nur wenige Frauen diese Fülle von Möglichkeiten, die meisten kümmerten sich um Erziehung und Haushalt. Die Frau war es, die als »Herrin des Hauses« in ihrem Heim das Sagen hatte. War ihre Ehe nicht mehr glücklich, konnte sie genauso die Trennung einleiten wie ihr Ehemann. Für ihre finanzielle Absicherung erhielt sie dann ihre Brautsteuer zurück und Teile ihres gemeinsam erworbenen Vermögens. Obwohl so manche Ehe von den Eltern arrangiert wurde, gab es durchaus Liebesheiraten, und die Tochter hatte zumindest ein Mitspracherecht bei der Wahl ihres künftigen Ehemanns. Sex vor der Ehe war nicht anrüchig, aber Ehebruch wurde – ob von Frau oder Mann – hart bestraft.

Im Vergleich zu Frauen anderer großen Kulturen der Antike, wie Rom und Griechenland, war die Stellung der Frau im alten Ägypten in allen Belangen außergewöhnlich, aber es ginge zu weit, zu behaupten, Mann und Frau wären im Land am Nil wirklich in allen Bereichen gleichwertig gewesen. Wer einmal Statuengruppen oder Bilder auf Stelen oder in den Beamtengräbern, in denen Mann und Frau einträchtig nebeneinandersitzen, näher betrachtet, dem wird es direkt auffallen: Nur in den seltensten Fällen ist die Frau auf altägyptischen Bildnissen so groß wie ihr Mann dargestellt. Meist ist sie ein ganzes Stück kleiner, manchmal kauert sie fast unauffällig klein am Bein ihres Mannes. Emanzipation sieht anders aus.

Dennoch: Es gibt einige Belege für Frauen, die aus der Rolle einer »Herrin des Hauses« ausgebrochen sind und hohe Ämter innehatten. Sie waren Priesterinnen und Schreiberinnen, Ärztinnen und sogar eine Wesirin, das höchste Amt nach dem des Pharaos, ist uns bekannt. Doch die volle Frauenpower entfaltete Frau erst hinter oder sogar auf dem Thron Ägyptens. Wenn der Pharao zu früh verstarb und ein noch zu junger Sohn die Nachfolge antrat, oder Pharao auf den Schlachtfeldern verweilte, wurden die Regierungsgeschäfte in der Regel nicht an den Wesir übergeben, sondern es war die Gattin oder die Schwester des Königs, die das Land offiziell repräsentierte und je nach Talent und Charakter auch regierte. Eine Dame namens Ahmose-Nefertari übernahm um 1500 v. Chr. die Regierungsgeschäfte für ihren noch unmündigen Sohn Amenophis I., und das anscheinend so herausragend, dass sie nach ihrem Tod zusammen mit ihrem Sohn vergöttlicht und noch 400 Jahre später vom Volk verehrt wurde.

Nur wenige Jahrzehnte nach Ahmose-Nefertari tritt eine Sphinx mit dem Kopf der Teje, Gemahlin von Tutanchamuns Großvater Amenophis III., die Feinde nieder. Ihre Schwiegertochter Nofretete ließ sich ebenfalls beim Zerschlagen der Feinde abbilden, ein Abbild, das eigentlich nur dem Pharao vorbehalten war. Ebenso wie ihre Schwiegermutter Teje hatte Nofretete wahrscheinlich großen Einfluss auf die Regierungsgeschäfte ihres Mannes und stand dem Pharao vollwertig zur Seite.

Wir wissen es nicht ganz genau, aber Nofretete könnte nach dem Tod ihres Mannes Echnaton selbst als Pharao regiert haben. Aber das ist, wie vieles aus dieser Zeit, noch ein großes Rätsel.

Fakt ist, dass es insgesamt mindestens vier Alleinherrscherinnen gegeben hat. Darunter natürlich die berühmte Kleopatra, die es hervorragend verstand, die mächtigsten Männer ihrer Zeit um den Finger zu wickeln.

Weniger bekannt sind Nofrusobek (um 1800 v. Chr.), die sich als erste Königin mit der gesamten Königstitulatur ausstaffierte, und Tausret (um 1190 v. Chr.), deren wunderschönes Grab im Tal der Könige einfach von ihrem männlichen Nachfolger Sethnacht usurpiert und deren Andenken zerstört wurde. Diese *damnatio memoriae* (lateinisch für »Verdammung des Ansehens«) scheint bei Frauen eher als bei Männern vorgenommen worden zu sein. Ein weiteres Beispiel dafür ist die Vierte im Bunde unserer Herrscherinnen, Hatschepsut, deren wunderbarer Totentempel in Deir el-Bahari Ziel eines jeden Luxor-Reisenden ist. Auch Hatschepsuts

Namen und Bildnisse wurden nach ihrem Tod von ihrem Nachfolger Thutmosis III. ausgelöscht. Ein schreckliches Vergehen, denn ohne Namen und Bildnis war das Leben nach dem Tod nicht möglich. Es kann nur vermutet werden, dass sich bei so viel Frauenpower einige Männer »auf den Schlips getreten« gefühlt haben. An Hatschepsuts Herrschaft wird es nämlich kaum gelegen haben. Sie war eine Glanzzeit in der Geschichte Ägyptens, die geprägt war von herausragenden Bauwerken, blühendem Handel und Frieden – während die Herrschaft ihres Stiefsohns und Nachfolgers Thutmosis III. geprägt war von Eroberungsfeldzügen. Frauen sind halt doch die besseren Herrscher*innen …

17. Grund

Weil die Totenwelt der Ägypter eine unheimliche Faszination auslöst

Einer der Gründe, warum uns die Kultur der alten Ägypter auch heute noch fasziniert, ist ihre Glaubenswelt, die so völlig von unserer verschieden ist. Ihr Leben scheint sich nur auf den Tod gerichtet zu haben, während bei uns das Thema nahezu tabu ist. Nach dem Tod versuchten die Ägypter mit viel Aufwand, den verstorbenen Körper für die Ewigkeit zu erhalten. Denn die Ka-Seele musste den Körper immer wiedererkennen, damit er auferstehen und im Reich der Toten sein irdisches Leben fortführen konnte.

Doch wie kam es zu diesem Glauben? Lange vor dem Bau der pompösen Pyramiden bestatteten die Ägypter ihre Toten ganz einfach in der Wüste. Durch den heißen, trockenen Wüstensand wurde dem Körper alle Flüssigkeit entzogen. Die Bakterien, die für die Verwesung zuständig sind, bekamen keine Nahrung, und der Körper blieb erhalten – ein Schlüsselerlebnis! Nur ein gut erhaltener Körper kann in das Totenreich einziehen, so die Schlussfolgerung der frühen Ägypter.

Als ihre Toten dann in aufwendigeren Grabbauten bestattet wurden, standen sie vor einem Problem. Ohne den heißen Wüstensand verwesten die Körper. Also machten sie sich an die Arbeit und entwickelten eine Methode, die den Verwesungsprozess künstlich aufhielt. Sie feilten viele Jahrhunderte daran, bis sie diesen Prozess perfektioniert hatten. Das Wissen wurde von Generation zu Generation in den Einbalsamierungsstätten am Westufer des Nils weitergegeben. Es gibt keinerlei schriftliche Zeugnisse, wie die Mumifizierung vonstattenging. Nur der Grieche Herodot, der etwa im 5. Jahrhundert v. Chr. Ägypten besuchte, hat uns den Vorgang überliefert. Da seine Ausführungen immer mit Vorsicht zu genießen sind, helfen moderne Untersuchungen, das Geheimnis der Mumifizierung zu lüften.

Der Anfang des Prozederes ist der bekannteste. Ja genau, es ist der Part mit dem Gehirn, das via Haken durch die Nase herausgequirlt wurde. Die Vorstellung ist wirklich nicht erquickend, aber für die Ägypter war das Gehirn einfach nur eine nutzlose Masse, denn das Herz war für sie der Sitz des Denkens und Fühlens. Also weg mit dem nutzlosen Gehirn! Das Herz hingegen wurde sorgfältig im Körper gelassen, und das hatte einen guten Grund. Der Verstorbene musste sich mit seinem Herzen in der großen Halle vor dem Totengericht des Osiris rechtfertigen. Vor einem Göttertribunal entschied sich sein weiteres Schicksal. Zuvor hatte er schon seine beschwerliche Reise durch die zwölf Stunden der Nacht angetreten, in denen er Zaubersprüche rezitieren und Götter besänftigen musste. Jede Stunde symbolisierte eine Pforte, bewacht von bis an die Zähne bewaffneten Dämonen. Nur wenn er ihre geheimen Namen kannte, durfte er hindurch. Auf Papyrus verfasste Totenbücher halfen den Verstorbenen, diese Gefahren der Unterwelt zu überwinden.

Stand er schließlich vor Osiris, wurde sein Herz auf eine der Waagschalen gelegt, auf der anderen lag die Feder der Maat, Göttin der Wahrheit und Gerechtigkeit. Während die beiden Waagschalen bedrohlich hin- und herpendelten, musste der Verstorbene das »negative Sündenbekenntnis« rezitieren.

»Ich habe kein Unrecht gegen die Menschen begangen,
und ich habe keine Tiere mißhandelt.
Ich habe nichts ›Krummes‹ anstelle von Recht getan.«
Auszug nach E. Hornung: Das Totenbuch der Ägypter
Spruch 125, S. 234

Blieb sein Herz so leicht wie die Feder der Maat, konnte er als
»Gerechtfertigter« in den »seligen Gefilden« sein ewiges Leben antreten. War sein Herz aber voller Sünde und dadurch schwer, ver-
schlang ihn ein Mischwesen aus Nilpferd, Löwe und Krokodil, und
der Sünder landete schnurstracks in einer Unterwelt. Gequält von
abscheulichen Dämonen und verbrannt von lodernden Flammen
waren das Schicksal und der endgültige Tod des Elenden besiegelt.
Wenn der Ägypter auf Nummer sicher gehen wollte, ließ er sich
zwischen den Mumienbinden einen kleinen Herzskarabäus legen,
der dann anstelle seines richtigen Herzens auf die Waagschale gelegt wurde.

Doch nicht nur ein federleichtes Herz war wichtig, sondern
auch der perfekte tote Körper – und damit kommen wir zurück zur
Mumifizierung. Je nach Status und Geldbeutel wurden die inneren
Organe entweder im Körper gelassen oder mit einem Bauchschnitt
auf der linken Seite entfernt und gut entwässert und geölt in Gefäße,
die so genannten Kanopen, gelegt.

Der restliche Körper wurde von vielen kleinen, mit Natronsalz gefüllten Säckchen bedeckt. Nach etwa 40 Tagen war dem Körper auch
noch das letzte bisschen Flüssigkeit entzogen. Ein anschließendes
Balsambad gab dem spröde gewordenen Körper neuen Glanz. Die
Konsistenz des Balsams erklärt übrigens auch die unterschiedlichen Farben der Mumien – von rötlich bis ganz schwarz. Die Ein-
balsamierungsflüssigkeit aus Harzen, Teer und Ölen, Leinen oder
gar Sägespänen gaben dem durch den Wasserentzug ausgemergelten
Körper seine alte Form zurück. Leinenbinden wurden sorgfältig um
den Körper gewickelt, und kleine Schutzamulette zwischen den Bin-

den sollten dem lieben Verstorbenen Schutz für seine gefährliche Reise durch die Unterwelt bieten.

Heute sehen wir in den Museen dieser Welt die erstaunliche Leistung der Ägypter. Den Mumien sieht man ihre Jahrtausende nicht an, selbst Fuß- und Fingernägel sind noch deutlich zu erkennen. Wir sehen die Hakennase und die rot gefärbten Haare von Ramses II. oder blicken in das edle, gutmütige Gesicht von Thutmosis IV. Wir wissen, an welchen Krankheiten sie gelitten haben, und DNA-Tests zeigen uns, wie sie in Verwandtschaft miteinander standen. Es sind für uns nicht irgendwelche Namen in irgendeinem Geschichtsbuch, sondern greifbare Personen, die wie wir gelebt und geliebt haben. Bei dem Besuch der nächsten Mumien-Ausstellung sollte man das nicht vergessen – trotz all der Faszination, die Mumien in uns auslösen.

18. Grund

Weil der Ursprung unseres Alphabets auf die ägyptischen Hieroglyphen zurückgeht

Haben Sie sich einmal gefragt, wie eigentlich unser Alphabet entstand? Ebenjene so willkürlich erscheinenden, nur aus Strichen, Bögen, Kreisen und Punkten zusammengesetzten Zeichen, die es Ihnen überhaupt erst ermöglichen, die vorliegende Lektüre genießen zu können? Sie ahnen es schon: Der Ursprung unseres Alphabets führt uns wieder einmal ins alte Ägypten!

Neben dem alten Mesopotamien, China und Mesoamerika (und noch einigen wenigen mehr) ist Ägypten bekanntlich einer der wenigen Orte auf dieser Welt, an dem unabhängig eine Schrift erfunden wurde. Diese frühen Schriftsysteme zeichnen sich allesamt durch zwei Gemeinsamkeiten aus: Sie sind erstens bildhaft – ihre Zeichen zeigen beispielsweise Menschen, Tiere, Pflanzen oder Gegenstände des Alltags – und bestehen zweitens nicht ausschließlich aus Lautzeichen wie das Alphabet, sondern zu einem beträchtlichen Teil aus Wortzeichen (das Bild einer SONNE steht auch tatsächlich für »Sonne«). Vermutlich bestanden sie ursprünglich sogar nur aus Wortzeichen, doch im Laufe der Zeit erkannte man, dass es schwierig ist, Wörter wie »wie«, »noch«, »aber« oder die Namen von Fremden lediglich mit reinen Wortzeichen zu schreiben. So entstand die Idee, einige der bekannten Wortzeichen (sowie neu erfundene Zeichen) nicht mehr als Wörter zu lesen, sondern nur noch als die Laute, die sie darstellen.

Wie könnte man also mit Bildern meinen Vornamen, Carina, schreiben, wenn man seine Bedeutung nicht kennt? Wir entwickeln jetzt einfach mal unsere eigene Sprache und vereinbaren dafür, nur die erste Silbe eines Wortes zu sprechen: ein KAMEL (lies *ka*!), ein RIESE (lies *ri*!) und eine NASE (lies *na*!). Insgesamt lesen wir also *ka-ri-na* = Carina! Ganz schön raffiniert, nicht wahr?

Ach, so was kommt Ihnen bekannt vor? Richtig! Es funktioniert genauso wie die beliebten Rebusrätsel, und tatsächlich nennen die Schriftforscher diesen Vorgang »das Rebusprinzip« (lat. *rebus* = »mit den Dingen/durch Dinge (darstellen)«).

Auf ebenjene Art funktioniert auch die ägyptische Hieroglyphen-schrift, außer dass sich die Ägypter nicht für Vokale interessierten, sondern lediglich die Konsonanten schrieben. In der Hieroglyphen-schrift gibt es reine Wortzeichen, wie unsere gerade erwähnte Sonne, und etliche Zeichen, die nur noch als Lautzeichen eingesetzt werden und die für einen oder mehrere Konsonanten stehen konnten. Eine SCHLANGE stand dann eben nicht mehr für »Schlange« sondern für den Konsonanten *f*.

Dennoch sind nicht die Ägypter die Erfinder des Alphabets – sie benutzten ihre Wort-Laut-Schrift, ihre Hieroglyphen, noch lange bis in die Zeit hinein, die wir als klassische griechisch-römische Antike bezeichnen. Zu der Zeit nutzten diese Römer aber bereits genau das Alphabet, das wir (mit kleinen Änderungen) noch heute verwenden. Wer also erfand das Alphabet? Jetzt doch etwa die Römer?

Um dem auf den Grund zu gehen, müssen wir zurück in den feinen Sand Ägyptens, Pi-mal-Daumen in das Jahr 2000 vor Christus. Die Ägypter bauen bereits seit einigen Jahrhunderten ihre beeindruckenden Monumente und sind äußerst fleißige Schreiber: Ihre Hieroglyphen sind allgegenwärtig, in Akten, Bibliotheken und sogar auf den Außenwänden ihrer Tempel. Auf Fremde muss das einen wahnsinnigen Eindruck gemacht haben (und macht es auch heute noch).

Tatsächlich lebten zu jener Zeit einige Fremde in Ägypten, semitische Arbeiter (die Bibel lässt grüßen), und wann immer Menschen unterschiedlicher kultureller Herkunft miteinander in Kontakt kommen, passieren spannende Dinge. Da werden Wörter entlehnt, Werkzeuge übernommen und angepasst, Ideen abgekupfert, Essensgewohnheiten ändern sich (Stichwort Pizza und Döner) – kurzum: So ein interkultureller Austausch kann gegenseitig durchaus Früchte tragen. Eine dieser Ideen, die die Semiten übernommen haben, war die Schrift. Aber da die Ägypter diesen fremden Arbeitern sicher keinen Zugang zur Schreiberausbildung gewährten, hatten die Semiten eigentlich keine Ahnung, wie diese Technik überhaupt funktionierte. Sie erkannten zwar, dass die Ägypter diese »Bilder« lasen, aber eben auch, dass, wenn da eine Schlange steht, das noch lange nicht bedeutet, dass dieses Kriechtier auch damit gemeint ist.

Getreu dem allzu menschlichen Motto »So was wollen wir auch!« übernahmen die Semiten also die Zeichenformen, die sie zuhauf auf den Tempelwänden bestaunt hatten, aber statt den ägyptischen Lautwert (den sie vermutlich ohnehin nicht kannten) gleich mit zu übernehmen, verknüpften sie das Zeichen einfach mit einem passenden Wort aus ihrer eigenen Sprache und lasen nur noch den Anfangskonsonanten dieses Wortes. Der STIERKOPF, im Ägyptischen noch ein Wortzeichen für »Rind«, wurde damit ein Konsonatenzeichen für /ʔ/ (ein Konsonant, der auch im Deutschen vorkommt, aber nicht bedeutungstragend ist und deshalb nicht geschrieben wird; z.B. wird Spiegelei nicht Spiege-lei gesprochen, sondern Spiegel-ei, das heißt zwischen Spiegel- und -ei wird ein weiterer Konsonant gesprochen, eben jenes ʔ), denn »Rind« hieß in der Sprache dieser Arbeiter ʔalp. Das HAUS beispielsweise, bei den Ägyptern ein Wortzeichen für »Haus« und sogleich ein Lautzeichen für die beiden Konsonanten pr, stand dann für den Konsonanten /b/, denn »Haus« hieß in ihrer Sprache bayt. Den WURFSTOCK, der verschiedene Lautwerte bei den Ägyptern hatte, aber auch zum Beispiel die Bedeutung »werfen« andeuten konnte, adaptierten die Semiten als Konsonant für /g/, denn »Wurfstock« hieß gaml.

Die allerfrühesten Beispiele dieser adaptierten Schriftzeichen fand man in nur zwei Inschriften in einem Wadi nahe Luxor, doch wirkliche Verbreitung fand diese Schrift erst um 1700 v. Chr. auf der Sinai-Halbinsel, weshalb dieses protosemitische Alphabet auch unter dem Namen Sinai-Schrift bekannt ist. Aus ihr gingen unter anderem die hebräische und die arabische Schrift hervor und über die Schrift der seefahrenden Phönizier schließlich auch die griechische Schrift.

Übrigens waren es auch die Griechen, deren Sprache im Vergleich zu den semitischen Sprachen eine gänzlich andere Lautstruktur hatte, die zuerst einige dieser Zeichen als Zeichen zur Schreibung von Vokalen nutzten: Ein Zeichen für /ʔ/ brauchten die Griechen in ihrer Sprache nicht, aber passend zur Aussprache von (ʔ)aleph konnte es doch wunderbar für den Vokal /a/ verwendet werden. Die Römer schlussendlich übernahmen eine auf ihre Bedürfnisse angepasste Version dieser griechischen Schrift.

Wenn auch die Zeichen im Laufe ihrer Geschichte einige Veränderungen erfuhren, so lassen sich einige unserer Buchstaben doch tatsächlich auf die Hieroglyphen der alten Ägypter zurückführen.

Wenn Sie also die nächste SMS oder Ihren Einkaufszettel schreiben, denken Sie mal daran: Das A war mal ein Rinderkopf und das B ein Haus! Ihre Linien, Bögen und Kreise, die Sie zu unserer heutigen Schrift niederkritzeln oder eintippen, haben ihren Ursprung im alten Ägypten.

Weil alte Märchen heute noch verzaubern

In Ägypten sind die ältesten Geschichten der Weltliteratur geschrieben worden. Altägyptische Märchen von der Ägyptologin Emma Brunner-Traut (1911–2008) war eins meiner ersten Bücher über das alte Ägypten. Ich war verblüfft, wie modern die Geschichten klangen. Einige sind uns noch komplett auf Papyri erhalten, während wir andere nur in Auszügen kennen, aber dennoch hatte ich beim Lesen oft das Gefühl, als hätte ich ein Märchenbuch der Gebrüder Grimm in meinen Händen.

Wobei das Wort »Märchen« in der Ägyptologie nicht gerne gehört wird. Märchen sind ja mehr volkstümliche Geschichten, die sich die einfachen Leute erzählten und die irgendwann einmal aufgeschrieben wurden – eben in unseren Breitengraden von den Gebrüdern Grimm. Ob die altägyptische Literatur überhaupt je vorgetragen wurde zu ihrer Zeit, wissen wir nicht, und aufgeschrieben wurde sie vermutlich nur von der Elite, denn nur die war des Schreibens und Lesens mächtig. Und hatte diese Elite ein solches Interesse an den einfachen, volkstümlichen Geschichten, dass sie diese verschriftlichen ließ? Sind diese Geschichten einfach nur politischer Natur, Propaganda oder literarisch ausgeschmückte Mythen? Oder sind sie doch Unterhaltungsliteratur der höheren Gesellschaftsschichten?

Mit unseren Sagen und Märchen gemein hat die altägyptische Version, dass auch hier der moralische Zeigefinger erhoben wird und es Gestalten aller Art gab, von sprechenden Tieren bis hin zu überdimensionalen Schlangen und anderen Fabelwesen.

Auf so ein übernatürliches Wesen trifft unser Held in einer meiner Lieblingsgeschichten. Es ist die *Geschichte des Schiffbrüchigen*: »Dann hörte ich ein Donnergrollen. Ich glaubte, es war eine Welle des Meeres. Bäume knickten um, und die Erde erzitterte. Ich enthüllte mein Gesicht und erkannte, dass es eine Schlange war, die da auf mich zukam. Sie war 30 Ellen lang und ihr Götterbart! – Er war größer als zwei Ellen. Ihr Körper war mit Gold bedeckt, ihre beiden Augenbrauen waren aus echtem Lapislazuli. Sie hatte sich aufgerichtet. Sie öffnete ihr Maul in meine Richtung, und ich war auf meinem Bauch vor ihr.«

Welche Dramatik! Der Schiffbrüchige landet auf einer Insel und trifft dort auf ein riesiges Schlangenmonster. Doch das vermeintliche Monster entpuppt sich als hilfreicher Freund unseres Schiffbrüchigen und weissagt ihm seine baldige Rettung. Die im ersten Moment so furchterregende Schlange öffnet dem »Wicht«, wie sie ihn nennt, ihr Herz und erzählt ihm von einer Zeit, als sie zusammen mit ihrer Familie die Insel bewohnte. Bis ein Stern vom Himmel fiel und alle tötete, außer ihr. Schließlich geht die Prophezeiung der Schlange in Erfüllung, und ein Schiff rettet den Schiffbrüchigen, und aus Dank für seine vielen Gaben, die er von der Insel mitbringt, wird er vom Pharao mit reichen Geschenken und einer Beförderung belohnt. Ende gut, alles gut. Oder »Es ist vollendet vom Anfang bis Ende«, wie die ägyptischen Schreiber unter ihre Geschichten schrieben.

Ein Schiffbrüchiger, der auf einer Insel landet? Kommt einem irgendwie bekannt vor. Es gibt weitere Geschichten aus dem alten Ägypten, die uns bekannte Märchenmotive aufgreifen. Weise Frauen, die die unglückliche Zukunft eines Kindes vorhersagen, oder Prinzessinnen, die in einem hohen Turm leben und von einem Prinzen gerettet werden (*Der verwunschene Prinz*), oder die Geschichte von einem, der in die weite Welt hinauszog.

Dies ist auch die bekannteste aller altägyptischen Geschichten. Es ist die des Beamten Sinuhe. Der finnische Autor Mika Waltari veröffentlichte 1945 seinen Bestseller *Sinuhe, der Ägypter*. Das Buch ist eine freie Erzählung der Originalgeschichte, die als eines der ältesten Literaturwerke der Weltgeschichte gilt. Die älteste uns bekannte Papyrus-Abschrift stammt aus dem 20. Jahrhundert v. Chr., doch es existieren noch weitere Abschriften aus späterer Zeit, und angehende

Schreiber nutzten Teile daraus für Schreibübungen. Die Geschichte des Sinuhe war also schon vor 4000 Jahren ein Bestseller. In der Ich-Form berichtet uns Sinuhe seine (wahrscheinlich fiktive) Geschichte. Nach dem unnatürlichen Tod des Pharaos Amenemhet I. flieht er grund- und kopflos nach Palästina. Hier wird Sinuhe schließlich sesshaft, und sein Aufstieg von einem Flüchtling zu einem Stammesfürsten ist beispiellos. Im Zweikampf besiegt er einen heldenhaften Kämpfer, der ihn zum Kampf herausgefordert hatte. Doch Heimweh plagt Sinuhe, und der neue Pharao Sesostris I. ruft ihn zurück in sein Heimatland. Wieder lässt er alles hinter sich – seine Frau, seine Familie und sein Volk – und kehrt heim nach Ägypten. Dort wandelt sich der, »der als Asiat zurückgekehrt ist, als ein Geschöpf der Beduinen«, wieder zurück in einen Ägypter, in Kleidung und Aussehen. Die Geschichte endet mit der Bestattung Sinuhes. Ein Happy End für die Ägypter, denn in fremdländischer Erde bestattet zu werden, fernab von ägyptischen Riten und Kulten, war für die Ägypter ein Graus.

Sinuhe, der Schiffbrüchige und die vielen weiteren Märchen sind mehr als nur einfache Geschichten. Sie spiegeln das Leben, die Religion und Moralvorstellungen der damaligen Menschen wider. Zauberhafte kleine Erzählungen, die uns berühren und uns tief eintauchen lassen in die Kultur des alten Ägypten.

20. Grund

Weil die Ägypter toten Statuen und Bildnissen eine lebendige Seele einhauchen konnten

Keine Kunst des Altertums ist so leicht zu erkennen wie die ägyptische. Nirgendwo sonst sind die Darstellungen so einprägsam. Obwohl die abgebildete Person seitlich steht, sind ein Auge, Schultern, Brust und beide Arme frontal zum Betrachter gerichtet. Auf den ersten Blick sieht eine Person wie die andere aus, auch wenn jeder

Künstler seinen eigenen Stil mit eingeflochten hat. Das liegt an dem strengen quadratischen Raster, nach dem die Ägypter malten. Eine Person musste aus insgesamt 18 Rasterfeldern bestehen, wobei jedes Körperteil seine eigene Anzahl an vorgegebenen Rastern hatte.

Es gibt vieles, was uns an der ägyptischen Kunst fasziniert. Zum Beispiel die vor allem in Gräbern auch nach Jahrtausenden noch kräftig leuchtenden Farben. Manche Szenen sind noch immer so gut erhalten, als wären keine 3000 oder mehr Jahre vergangen, seit die Priester die Gräber verschlossen haben. Die Hingabe, mit der die Künstler die Wände ausstaffiert haben, wird in vielen Szenen sichtbar. Perücken, in denen jede einzelne Haarsträhne sorgfältig gemalt oder gemeißelt wurde, oder Gewässer, die nicht einfach blau angemalt wurden, sondern sorgfältig mit senkrechten Wasserlinien versehen wurden. Was mich am meisten an der ägyptischen Kunst berührt, sind die Augen. Durch den typischen schwarzen Kajalstrich heben sie sich deutlich vom Rest des Körpers ab, auf manchen Bildnissen ist das auf den Betrachter gerichtete Auge extra groß gemalt. Es ist, als ob sie einen genau beobachten oder verklärt in eine andere Welt hineinschauen würden. Man sagt nicht umsonst, die Augen seien das Fenster zur Seele, und manchmal habe ich das Gefühl, ich könne genau in diese hineinblicken.

Diese »Lebensnähe«, obwohl die Menschen und Gegenstände nicht naturalistisch, sondern idealistisch dargestellt wurden, wollten die Künstler damals erreichen. Reliefs und Statuen würden auf magische Weise lebendig werden, so der tiefe Glaube der Ägypter – und dabei war auch Vollständigkeit besonders wichtig, denn nur so konnte das Abgebildete »belebt« werden. Das erklärt, warum wir das Auge und den Oberkörper der Personen von vorne, also vollständig, sehen. Aber besonders deutlich wird dies bei den Teichdarstellungen, bei denen man das rechteckige Gewässer von oben sieht, während ringsherum die Bäume in Frontaldarstellung gezeichnet wurden. Der Grabbesitzer konnte sich dank dieser Perspektive in seinem jenseitigen Leben im Teich erfrischen und im kühlen Schatten der Bäume ein Nickerchen halten, so der feste Glaube der Ägypter.

Nicht nur ein Teich, sondern auch all die anderen Bilder in einem Grab sind nicht einfach nur hübsche Zier, sondern jedes einzelne hatte seine Bedeutung und seinen Platz. Sie waren wichtig für das Leben nach dem Tod, welches ja schließlich ewig andauern würde.

Sitzen auf einem Bildnis Freunde und Verwandte bei einem Fest zusammen, erhoffte sich der Verstorbene, auch noch nach seinem Tod mit ihnen dort zu sitzen und Wein zu trinken. Jagdszenen – ein häufig vorkommendes Motiv ist der Grabbesitzer bei der Vogeljagd – sollten für einen reich mit Geflügel und Fisch gedeckten Tisch sorgen und symbolisierten gleichzeitig den Kampf und Sieg der Ordnung gegen das Chaos. Ein weiterer wichtiger Bestandteil des Weltbilds der alten Ägypter.

Wir sehen auf Grabwänden oft den Grabinhaber, wie er über alle Maßen groß vor Bauern, die Getreide ernten, oder Handwerkern, die verschiedenste Dinge herstellten, thront. Seine exquisite Stellung sollte auch Teil seines jenseitigen Lebens werden, und die Bauern und Handwerker sollten ihn mit alldem versorgen, was er in den »schönen Gefilden«, wie die Ägypter die Unterwelt nannten, brauchte. Nicht nur das Gemalte war wichtig, sondern auch das Gemeißelte. In Statuen, die in Gräbern und Tempeln aufgestellt wurden, konnte die Ka-Seele nach ihrem Tod hineinschlüpfen und sie so zum Leben erwecken – das war die Hauptaufgabe dieser steingewordenen Bildnisse. Die Ägypter glaubten so fest an die Belebung ihrer Bildnisse, dass sie gefährliche Tiere, wie Schlangen, die in den Hieroglyphen ja auch vorkamen, entweder verstümmelt oder gleich mit einem Messer durchstochen abgebildet haben. Sicher ist sicher.

Obwohl die altägyptische Kunst einem strengen Kanon folgt, ist sie doch modern und zeitlos. Trotz aller Steife hatten die Ägypter bei Bildnissen sowie bei Statuen ein Talent dafür, ihnen Seele einzuhauchen. Ein Charakteristikum der ägyptischen Kunst, das uns bis heute berührt.

Weil Grabwände das antike Instagram waren

Für alle, die Instagram nicht kennen sollten: Instagram ist eine Online-Plattform, bei der Stars, Sternchen, und auch der nicht unbeträchtliche restliche Teil unserer Spezies, andere an ihrem Leben teilhaben lassen können. Auf ihren Pinnwänden posten Hinz und Kunz, oder der hippe Influencer, Hochglanzfotos von fein angerichtetem Essen, der Arbeit (oder was manche so Arbeit nennen) und nehmen uns mit – ob wir wollen oder nicht – zu den traumhaftesten Orten dieser Welt. Beliebt sind auch Bilder der engsten Begleiter in Form von schnuckeligen Haustieren oder dem Lebensabschnittsgefährten und weitere Momentaufnahmen aus dem persönlichen Umfeld (das bestenfalls aus weiteren Stars und Sternchen besteht). Natürlich zeigt der Instagrammer uns auch Fotos seiner eigenen Wenigkeit, mal in Gedanken versunken (ganz nach Rodins *Le Penseur*), mal zwinkernd mit kessem Kussmund (#duckface), mal sehnsuchtsvoll in die Ferne blickend im Elfentraumland ... Also zusammengefasst: Auf Instagram teilt man alles über sich und sein aufregendes oder langweiliges Leben, je nachdem.

Das war in Ägypten nicht anders, nur gab es bekanntermaßen noch kein Internet. Grab- und Tempelwände waren die persönliche »Instagram«-Pinnwände des alten Ägypten. Hier postete jeder, der etwas auf sich hielt – im alten Ägypten waren das die Würdenträger –, seine Königsbuddys und Götterkumpel, prunkvolle Speisen in Form von #foodporn-Opfergaben, fette (Toten-)Partys und #furry Schmusetiger. Aus seinem Berufsleben ließ er Szenen seiner Arbeit und seiner sagenhaften Erfolge auf schmucke Bilder bannen oder zeigte sich ganz privat im Kreis seiner #lovelyfamily oder auf Schilfboot-Reisen. Natürlich verewigte man sich am allerliebsten selbst. Also so unterschiedlich sind wir gar nicht zu unseren Alter Egos aus Ägypten.

Statt Zoom und Selfie-Stick setzte sich der Grabherr dann halt mit malerischen Mitteln imposant in Szene. Mit strammem Schritt voranschreitend oder ganz #swag auf dem Stuhl sitzend, zeigt er sich, wie in seinem persönlichen #photooftheday, in Übergröße vor seinen Arbeitnehmern, die wie kleine Playmobil-Männchen vor ihm hin- und her wuselnd ihre Arbeit verrichten oder ihm seine Opfergaben hinterhertragen. Nur die Götter und Pharaonen waren größer als er dargestellt. Auf Augenhöhe mit einem (Halb-)Gott traute man sich bei all der Pos(t)erei dann doch nicht. #Rofl

Damals wie heute stellte man sich natürlich auf seinem Account/ seiner Grabkammer im besten Licht dar. Wo heute gephotoshoppt wird, erstrahlten früher die Menschen faltenfrei in #amazing Schönheit auf den Wänden. Gekleidet in feinstem Leinen und in aufwendig frisierten Perücken – die Haarextensions der Antike – präsentierten sich die Herren und #Fashionistas gleichermaßen in ewiger Eleganz. Sogar den antiken Fotofilter gab es schon. Um seine Grabwände etwas aufzupeppen, ließ mancher Grabherr seine Ruhestätte in nur ein oder zwei Farben bepinseln, gerne in Gelb und Schwarz, wobei gelbstichige Bilder heute zugegebenermaßen eher in der Kategorie #epicfail einzuordnen sind.

Dafür sind aber die Reisen damals wie heute das Trendthema schlechthin. Heutzutage erreicht man schon innerhalb weniger Stunden traumhafte Strände und beeindruckende Städte. Aber im alten Ägypten reisten die Menschen mehrere Monate, und zum reinen Vergnügen schon mal gar nicht. Nur wenige hatten die Gelegenheit, über den eigenen Tellerrand hinauszuschauen, und natürlich war es eine große Ehre, wenn man von seinem #Babo-Pharao in die weite Welt hinausgeschickt wurde. So ein Ereignis musste wahrhaftig auf der Grab-Pinnwand verewigt werden. Voll fame!

Mit seinen persönlichen Erfolgen brüstet man sich heute wie damals gerne. Auf Instagram könnte das ein gutes Abschlusszeugnis, die abgespeckten Pfunde oder ein besonders gutes Schminkergebnis sein. Im alten Ägypten rühmte man sich mit Titel und Epitheta und zeigte damit jedem seine engen Verbindungen zu Hof und Staat. Die Ägypter waren geradezu besessen von Titeln und sammelten sie, wie manche heute Achievements in Assassins Creed sammeln. Ellenlang, wie die Kommentarspalte von den Kardashians, sind ihre Titel in den Gräbern verewigt.

Manche Beamte führten diesen Titelwahn ad absurdum. Ein Mann namens Kenamun (nein, er war nicht mit Barbieamun liiert), der zur Zeit Amenophis' II. Im Neuen Reich lebte, häufte über 80 Titel und Epitheta an (#facepalm). Darunter Titel, die im alten Ägypten üblich waren, die man heute auf Instagram – außer mit bewusster Absicht – aber besser nicht posten sollte: »Vertrauter Gefährte« (des Königs) oder »überaus geliebter Gefährte« (des Königs). Weiter ergänzt durch zahlreiche Aufseher-Titel. Vielleicht hätte einer seiner Titel »Vorsteher aller Arten von Arbeiten« (also im Prinzip »Mädchen für alles«) seine Tätigkeitsfelder gut umschrieben, aber nicht mit Kenamun! Der musste kleinlichst jede noch so wichtige und unwichtige Stellung aufschreiben. Das Sprichwort »Bescheidenheit ist eine Tugend« kannte Kenamun nicht (wie die meisten anderen Ägypter auch nicht). In seinem Grab verewigte sich Kenamun, der sich weiterhin als »Dem König beseelend mit perfekten Vertrauen« bezeichnete, wie er dem König, seinem #bestfriend, sein Neujahrsgeschenk überreicht. Wer der Hieroglyphen mächtig war und ist, kann die Schleimspur bis heute vor seinem geistigen Auge über Kenamuns Grabwände rinnen sehen. Doch der »Hauptgefährte der Höflinge« war vielleicht dann doch nicht so populär bei seinen »Followern«. Kenamun büßte seine Prahlerei mit einem antiken »Shitstorm«. Fast überall war sein Name in dem Grab von irgendeinem »Hater« ausgemeißelt worden. Hochmut kommt ja bekanntlich vor dem Fall.

Unter den Höflingen waren nicht nur Menschen der Kategorie #Grafgroßkotz unterwegs, sondern auch echte Influencer, die zu allergrößtem Ruhm und Ehre kamen und posthum vergöttlicht wurden. Das hat zumindest heute noch kein Instagram-Star geschafft. Oder etwa doch? #smile

Weil der Superstar Ägyptens 3.350 Jahre alt wird

Now when he was a young man,
He never thought he'd see
– King Tut –
People stand in line to see the boy king.
– King Tut -
Songtext von »King Tut«, Steve Martin, 1978

Wer hätte vor 3.350 Jahren gedacht, dass die Leute einmal Schlange stehen würden, um ausgerechnet *ihn* zu sehen: Tutanchamun, von manchen liebevoll Tut genannt. Allein sein Name zieht heute noch die Massen in die Museen. Innerhalb weniger Tage wurden alleine 130.000 Tickets für eine Tutanchamun-Wanderausstellung 2019 in Paris verkauft. Die meisten Museen und Ausstellungen können von solchen Zahlen nur träumen.

Als Tut um 1323 v. Chr. mit nur 19 Jahren starb, zeichnete es sich jedoch nicht im Geringsten ab, dass er einmal der berühmteste Pharao Ägyptens sein würde. Geboren in einer wirren Zeit und nachdem er mit nur acht Jahren den Thron Ägyptens bestiegen hatte, wurde sein Andenken bereits kurz nach seinem frühen Tod nahezu völlig ausgelöscht. Ein dramatisches Kapitel in der Geschichte Ägyptens, und alles nur, weil er dummerweise der Sohn eines Ketzers war. Dabei hatte Tut nach Echnatons Tod dessen 1-Gott-Religion nicht weitergeführt und brav die alten Götter wieder ins Pantheon zurückgeholt – mit tatkräftiger Unterstützung seines Beraters Eje und des Generals Haremhab. Seiner Regierungszeit den eigenen Stempel aufzudrücken blieb aber keine Zeit. Tutanchamuns Tod mit nur 19 Jahren kam plötzlich und unerwartet. Die auch heute noch deutlich zu sehenden Schimmelflecken in seinem Grab stammen aus der Zeit seines Todes. Die Farbe an den Wänden war noch nicht getrocknet, als die Priester das Grab mit Tut und seinen Schätzen verschlossen. Die für einen Herrscher seltsam kleine Grabstätte muss in aller Eile fertiggestellt worden sein. Tutanchamun stirbt ohne Nachfolger. Sein Berater und Vielleicht-Großonkel Eje schwingt sich mit seinen alten Knochen auf den Thron Ägyptens. Nach kurzer Regierungszeit greift der General Haremhab nach der Macht. Er und seine Nachfolger radieren alle Namen und Bildnisse von Tutanchamun und seiner Familie aus der Geschichte. Sie alle verschwinden aus den Königslisten und aus dem kollektiven Gedächtnis. Tutanchamun wird zu »Der, dessen Name nicht genannt werden darf« – zum (unweit sympathischeren) Voldemort Ägyptens. Sein Grab im Tal der Könige gerät in Vergessenheit – bis zum 4. November 1922, als der Brite Howard Carter Tutanchamun aus dem Dornröschenschlaf holt.

Als Carter mit seiner Kerze durch ein kleines Loch in Tutanchamuns Grab späht, fragt ihn sein Mäzen Lord Carnarvon ungeduldig: »Können Sie etwas sehen?« – »Ja, wunderbare Dinge«, lautet die Antwort Carters, die in die Geschichte einging – er hatte maßlos untertrieben. In den nächsten zehn Jahren holten Carter und sein Team über 5000 Gegenstände aus dem Grab. Einen prachtvolleren Grabschatz hatte die Welt bis dato nicht gesehen. Die *New York Times* verglich Tutanchamuns Grab mit der bis an die Decke mit Juwelen gefüllten Räuberhöhle Ali Babas, die dagegen nur wie ein billiger Trödelladen wirke. Presse und Touristen belagerten die Arbeiten Carters an dem Grab. Zu einer Zeit, als man nicht mal eben schnell mit dem Flieger nach Ägypten düsen konnte, mussten Hotels in Luxor Zelte aufstellen, um des Andrangs der Besucher Herr zu werden. Es war der Anfang einer beispiellosen Tutmanie.

Als in den 70er- und 80er-Jahren die Tutanchamun-Wanderausstellung durch Amerika und Europa tourte, gab es einen riesigen Hype um Tut und die 55 Schätze aus seinem Grab, die hier gezeigt wurden. Wie bei einem Rockkonzert campierten die Menschen für eine der begehrten Karten vor den Museen. Dem Superstar Tutanchamun und dem sensationellem Erfolg seiner Ausstellung widmete der Komiker Steve Martin in *Saturday Night Live* einen ganzen Song. *King Tut* schaffte es 1978 auf Platz 17 der US Billboard Charts.

1980/1981 tourte Tut durch fünf deutsche Großstädte. Die Ausstellung gilt bis heute als eine der erfolgreichsten in Deutschland. Im Hamburg lockte Tutanchamun 620.000 Besucher in die Hallen des Museums für Kunst und Gewerbe. Der Katalog zur Ausstellung wurde alleine in Deutschland mehr als 1,5 Millionen verkauft, und die Besucher rissen sich um die Souvenirs mit dem Konterfei des Pharaos. In Washington DC konnte der Tut-Shop über 100.000 US-Dollar Einnahmen pro Woche (!) verbuchen – und das wohlgemerkt 1976. Ein Teil der Einnahmen ging damals an das Ägyptische Museum in Kairo. Heute ist es das neue Grand Egyptian Museum in Gizeh, das von den Einnahmen der seit 2018 laufenden Wanderausstellung mit Tutanchamuns Schätzen profitieren wird. Im neuen Megamuseum sollen zum ersten Mal alle über 5000 Grabschätze Tuts gleichzeitig ausgestellt werden. Tutanchamun wird auch in seinem neuen Zuhause das Zugpferd sein.

Das Kind, das König wurde, begeistert und beschäftigt seit fast 100 Jahren die Massen. Immer neue Untersuchungen und neue Spekulationen halten die Welt in Atem, zuletzt die Theorie um geheime Kammern in seinem Grab. Der Pharao, dessen Name von seinen Nachfolgern ausgelöscht wurde, ist heute, 3.350 Jahre später, in aller Munde und der Superstar Ägyptens. Ironie der Geschichte.

23. *Grund*

Weil sonst niemand als Kleopatra zum Karneval gehen könnte

Karneval und Fasching – der Frohsinn greift um (zumindest für manche). Für andere ist es die Gelegenheit, in eine Rolle zu schlüpfen, die man in seinem biederen Leben sonst nicht ausfüllen kann.

Sei es als geheimnisvolle Hexe, als wilde Piratin oder als elegante Königin. Oder vielleicht doch lieber als Lieblingsfigur aus Buch, Film und Fernsehen oder als historische Persönlichkeit?

Gleich drei Charaktere auf einmal – Königin, historische Persönlichkeit und Filmstar – bietet das Kostüm der wohl berühmtesten Königin Ägyptens. Kleopatra (lateinisch mit einem »C« am Anfang) hat etwas magisch Schillerndes an sich. Sie ist die Frau, die mit Julius Caesar und Marcus Antonius zwei der mächtigsten Männer der damaligen Zeit verführt hat. Wobei sie nach heutigen Maßstäben noch nicht einmal eine Schönheit war, wie Bildnisse aus ihrer Zeit zeigen. Aber sie soll sehr klug und sprachgewandt gewesen sein. Mehr als acht Sprachen soll die Griechin gesprochen haben, unter anderem sogar Ägyptisch – was man über ihre griechischen Vorfahren auf dem Thron Ägyptens nicht sagen kann.

Unser Bild der heutigen Kleopatra orientiert sich vor allem an der großartigen Elizabeth Taylor in ihrer Glanzrolle von 1963. Es war vor allem das ganze Drumherum, das den Film so populär machte. Zuallererst natürlich Elizabeth Taylors Verhältnis zu ihrem Filmpartner Richard Burton. Beide verheiratet mit anderen Partnern, verliebten sie sich noch während der Dreharbeiten und lösten damit einen der größten Skandale der 1960er-Jahre aus. Die Produktionszeit zog sich wegen Taylors schwacher Gesundheit und diverser Querelen von Darstellern und Regisseuren viele Monate in die Länge. Dadurch schnellten die Produktionskosten von anvisierten zwei Millionen US-Dollar auf 44 Millionen US-Dollar hoch. Das sind heute inflationsbereinigt in etwa 300 Millionen US-Dollar, und damit war *Cleopatra* bis zum Erscheinen von *Avatar* im Jahr 2009 der teuerste Spielfilm aller Zeiten. Die Produktionsfirma 20th Century Fox schlitterte nur knapp am finanziellen Ruin vorbei. *Cleopatra* läutete damit das (vorläufige) Ende des »Sandalenfilms« ein; niemand traute sich mehr, Geld in das noch vor wenigen Jahren sehr populäre Genre zu investieren.

Der Film übertraf dann glücklicherweise doch alle Erwartungen. Schlechte Publicity ist halt auch Publicity. Bis heute ist er einer der wirtschaftlich lukrativsten Filme aller Zeiten. An der oftmals zähen Handlung hat dies sicher nicht gelegen. Eher an der pompösen Ausstattung und vor allem an Elizabeth Taylors Kostümen – beides Zucker für die Augen! Vom grünen Kleid mit goldenen Schlangen-applikationen bis hin zur ihrer berühmten goldenen Federrobe, als sie mit Protz und Prunk ihren eigenen kleinen Triumphzug durch Rom feierte. Da tritt die Tatsache, dass die Kleider der Fantasie der Kostümbildner entsprungen sind, in den Hintergrund. Die ägypti-schen Damen kleideten sich bei der Hitze lieber in weißes, luftiges Leinen als in schwere Roben oder liefen einfach unbekleidet oder oberkörperfrei, je nach Belieben. Ganz so luftig sind die heute zu erwerbenden Kleopatra-Kostüme natürlich nicht, aber in Gold und Lack und Leder schon eher dem Film als der Realität nach-empfunden. Der Partner hat zumindest eine leichte Wahl und kann gleich das passende Römer-Kostüm miterwerben. Notfalls reicht dafür aber auch einfach ein Bettlaken über der Schulter.

Wer lieber als »moderner« Ägypter gehen möchte, der hat weniger Auswahl an ansehnlichen Kostümen. Eigentlich ist ja die Galabiya das traditionelle Kleidungsstück der heutigen Ägypter. Die alten Ägypter trugen dagegen meist nur einen einfachen weißen Schurz. Aber wer will im Februar schon so Karneval feiern? Natürlich kann man(n) auch einfach ein blau-weiß gestreiftes Geschirrtuch um den Kopf legen – als pharaonisches Nemes-Kopftuch fällt es dann beid-seitig über die Ohren des Trägers auf die Schulter. Übrigens trugen dieses Kopftuch nur die Könige und nicht, wie oftmals in Film, Fernsehen und sogar in manchen Dokumentationen gezeigt, die ägyptischen Untertanen! Aber das ist so wenig aus unseren Köpfen herauszubekommen wie die schöne Elizabeth Taylor als Kleopatra.

Aber zu Karneval ist sowieso alles egal. Wie sagt man so schön: Jeder Jeck ist anders. Und der Fantasie sind hier einfach keine Gren-zen gesetzt. Denn Kleopatra ist wohl in jeder Epoche einfach ein Hingucker!

3. Kapitel

Göttliches, Königliches, Weltgeschichtliches

Ein Streifzug durch die ägyptische Geschichte

Weil selbst der erste Rebell
der Weltgeschichte ein Ägypter war!

Che Guevara, Spartacus, Marlon Brando, James Dean ... Fällt das
Stichwort »Rebell«, fallen jedem die unterschiedlichsten Namen
ein. Wohl kaum einer denkt an einen ägyptischen Pharao, die sich
doch immer so selbstherrlich vergöttlicht, ohne Fehl und Makel,
dargestellt haben. Stellen Sie sich vor, ein Staatsoberhaupt würde
den 2000 Jahre alten christlichen Glauben abschaffen, die Kirchen
einreißen, die Bibeln verbrennen, Ostern und Weihnachten aus dem
Kalender streichen und seinem Volk einfach einen anderen Gott vor
die Nase setzen, den es von nun an zu verehren gilt. Auch wenn es
einigen Staatsoberhäuptern dieser Zeit durchaus zuzutrauen wäre,
ist so ein radikaler Bruch einer über Jahrtausende gewachsenen Tradition heute undenkbar.

Aber in der ägyptischen Geschichte gab es einen, der sich dem
Altbekannten widersetzt und eine bis dahin ebenfalls schon mindestens 2000-jährige Religion einfach umgekrempelt hat. Um 1350
v. Chr. besteigt ein Mann namens Amenophis IV. den Thron, und
von da an ist nichts mehr, wie es vorher war. Diesen Mann kennen
die meisten unter dem Namen Echnaton, dessen Gattin Nofretete
verewigt als zeitlos schöne Büste im Neuen Museum Berlin steht.

Irgendwann wurde es Amenophis IV. einfach zu bunt. Die Priester
des Amun besaßen bald mehr Macht als der Pharao selbst. Während
sein Vater Amenophis III. noch behutsam versucht hatte, die Priester
in die Schranken zu weisen, machte sein Sohn gleich Nägel mit Köpfen: Von nun an sollte Aton verehrt werden – eine Sonnenscheibe,
die mit ausgestreckten Armen dem Pharao und seiner Familie die
lebensspendenden Ankh-Zeichen vor die königlichen Nasen hält.

Die alten Götter mussten weg und deren Priester erst recht. Die
Tempel der alten Götter wurden geschlossen und der Name Amun

überall zerstört. Selbst vor seinem eigenen Vater machte der Pharao nicht halt und ließ das Amun in dessen Namen rücksichtslos ausmeißeln, wie man auch heute noch auf manchen Architraven des Luxor-Tempels sehen kann. Natürlich ging er mit gutem Beispiel voran und änderte in seinem fünften Regierungsjahr auch seinen eigenen Namen. Von da an hieß er nun Echnaton – Diener des Aton.

Echnaton rebellierte aber nicht nur gegen die althergebrachte Religion, sondern auch gegen das bisherige, über Jahrtausende gewachsene Kunstverständnis. Der idealisierte, gut gebaute und alterslose Pharao in der Kunst war passé. Der mächtigste Herrscher der damaligen Zeit zeigte sich nun als langgesichtiger Pharao mit schwulstigen Lippen, Brüsten einer Frau und breiten Hüften. Abbildungen zeigen den Pharao im vertrauten Umgang mit seiner Frau und seinen Töchtern (das Paar hatte insgesamt sechs), die ebenfalls in grotesken Darstellungen mit lang gezogenen Köpfen gezeigt wurden. Der Pharao als Privatmann – das hatte es in der bis dahin 1.500-jährigen pharaonischen Geschichte noch nicht gegeben. Alle Welt konnte und sollte sehen, dass Ägypten sich verändert hat.

Echnatons Wandel schlug sich auch in der darstellenden Kunst nieder. Die Natur wurde so lebendig und ausdrucksvoll dargestellt wie nie zuvor in der ägyptischen Geschichte. Sein selbst verfasster Hymnus an die Sonne ist so lebendig, wie die Bilder dieser Zeit, und weit weg von den immer wiederkehrenden statischen Opferformeln und persönlichen Lobhudeleien seiner Vorgänger. Der »Sonnengesang Echnatons« beschreibt in fast schon poetischen Zeilen das Sonnenlicht seines Gottes Aton, das die Erde berührt und Menschen, Tieren und Pflanzen Leben schenkt. Durch seine Strahlen schafft Aton die Welt neu und erhält sie am Leben. Der Hymnus hat erstaunliche Parallelen zum Psalm 104 der Bibel. Einige glauben sogar, dass Echnatons Revolution die späteren monotheistischen Religionen beeinflusst hat.

Man kann sich wahrscheinlich vorstellen, was der neue Glaube in den Köpfen der Menschen damals ausgelöst hat, und mancher mag sich verwundert die Augen reiben, warum das Volk nicht gegen den Rebellen rebellierte. Den kleinen Leuten waren ihre Götter doch das Wichtigste. Sie konnten nun aber nicht mehr die nilpferdgestaltige Toeris um eine leichte Geburt bitten, oder die löwengestaltige Sachmet um eine schnelle Genesung von ihrer Krankheit. Es gab nur noch die Sonnenscheibe. Abstrakt und wenig greifbar. Und was sollte mit den Menschen nach ihrem Tod werden? Osiris und sein Totenreich gab es nicht mehr. Wo Sonne ist, da ist kein Platz für Dunkelheit.

Doch niemand begehrte gegen den Rebellen auf. Zu mächtig war die gottgleiche Institution des Pharaos. Und so sammelte sich das Volk und baute auf Befehl Echnatons in einer Rekordzeit von nur drei Jahren eine neue Hauptstadt – auf einem von den alten Göttern unbefleckten Stückchen Erde in Mittelägypten, mitten im Nirgendwo. Achetaton – der Horizont des Aton. Und wir können in zehn Jahren noch nicht einmal einen Flughafen bauen!

In Achetaton entstanden Tempel, die so ganz anders waren als bisher. Es waren nicht die bisherigen dunklen Heiligtümer, in denen goldene Götterstatuen vor den Blicken der allermeisten Menschen geschützt waren, sondern offene Tempelanlagen, durch die Aton mit seinen Strahlen jede noch so kleine Ecke berühren konnte.

Echnatons Rebellion in der Religion war aber schnell dem Untergang geweiht. Seine Revolution kam nämlich bei seinen Untertanen in Wirklichkeit weniger gut an. In den Privathäusern fanden die Archäologen Statuen der alten Götter, die die Bewohner – gut versteckt – weiterhin heimlich anbeteten. Die Zeit war noch nicht reif für eine neue Religion, das Volk musste mit jeder Menge neuem Input klarkommen, und alles ging dazu noch viel zu schnell. Eine 2000-jährige Tradition kann eben nicht von heute auf morgen umgekrempelt werden.

Warum Echnaton diese religiöse Beinahe-Kehrtwendung machte, darüber streiten sich die Gelehrten noch heute. Echnaton machte nicht viele kleine Schritte, sondern mehrere ganz große – und geriet darüber ins Straucheln. Dazu kam nämlich noch ein Hauch von Größenwahn, als er sich und seine Familie als einzigen Vermittler zwischen Aton und dem Menschen sah. Das Volk musste sich kleine Stelen mit Aton und der Königsfamilie ins Haus stellen und diese auch noch anbeten.

Manche glauben deshalb, er war einfach nur wahnsinnig, andere sehen in ihm einen verträumten Visionär. Die Wahrheit liegt wahrscheinlich irgendwo dazwischen. Zumindest darf man davon ausgehen, dass er seine neuen Ideale mit aller Macht durchsetzte. Im Jahr 2015 fanden Archäologen auf dem Nordfriedhof seiner alten Hauptstadt auffällig viele sterbliche Überreste von Kindern und Jugendlichen, die von harter Arbeit schwer gezeichnet waren. Achetaton wurde auf den Schultern von Kindern erbaut.

Nach seinem Tod in seinem 17. Regierungsjahr verließen die Menschen in Scharen Echnatons Hauptstadt, und sein Traum von einem neuen Glauben war Geschichte. Sein junger Sohn und Nachfolger Tutanchaton änderte in einer seiner ersten Amtshandlungen seinen Namen in Tutanchamun und setzte mit tatkräftiger Unterstützung seines Beraters Eje und des Generals Haremhab, die sich später selbst zum Pharao proklamieren sollten, die alten Götter wieder ein. »Das Land machte eine Krankheit durch«, so steht es auf einer von Tutanchamun gestifteten Restaurationsstele, und von nun an war es nicht Amuns Name, der verfemt und ausgemeißelt wurde, sondern der Echnatons. Manchmal schlägt das Schicksal einfach zurück.

Obwohl Name und Erinnerung Echnatons ausgelöscht werden sollten, seine Hauptstadt und Tempel abgetragen wurden, blieben Spuren zurück. Echnatons Reformation der Schrift, die wir heute als Neuägyptisch kennen, blieb Standard. Obwohl Aton nur als kleiner unbedeutender Gott in das Götterpantheon zurückkehrte, hatte der Sonnenkult unter den späteren Ramessiden eine höhere Bedeutung als vor Echnatons Zeit (Ramses = Re ist der, der ihn geboren hat). Einflüsse seiner neuen Kunstform lassen sich ebenfalls noch viele Jahre nach seinem Tod erkennen.

Echnatons Revolution ist nicht ganz gescheitert. Die Geschichte von dem Mann, der sein Land und den Glauben revolutionieren wollte, wirkt bis in die Gegenwart fort. Heute ist Echnaton eine der faszinierendsten und umstrittensten Figuren des alten Ägyptens. Ein echter Rebell eben.

25. Grund

Weil der erste Friedensvertrag der Weltgeschichte hier unterzeichnet wurde

Warum gibt es eigentlich Krieg? Aus purer Streitlust, Rachegelüsten oder aus finanziellen Interessen? Nein, bei den meisten Kriegen geht es einfach nur um Ruhm und Ehre, wie Ned Lebow, Professor für politische Theorie am Londoner King's College, in seinem Buch *Why Nations Fight* darlegt – und um Macht natürlich. Von insgesamt 92 Kriegen in den letzten 350 Jahren ging es bei 62 nur um diese niederen Beweggründe. In der Antike war das Streben nach Macht und Anerkennung besonders ausgeprägt.

Ägypten führte im Laufe seiner 3000-jährigen pharaonischen Geschichte zahlreiche Kriege, deren Schauplätze die Pharaonen nur zu gerne dazu nutzten, um sich als große Krieger und Helden bildlich und schriftlich auf den Tempelwänden zu präsentieren. Die meisten kriegerischen Auseinandersetzungen konzentrierten sich gen Süden, ins »elende Kusch«, den heutigen Sudan. Okay, zumindest hier ging es tatsächlich hauptsächlich um Ressourcen. Das auch Nubien (nub = Gold) genannte Land war wegen seiner Goldminen und Steinbrüche wichtig für Ägypten, und es gehörte fast zum guten Ton eines jeden Pharaos, mindestens einmal in dieses Land einzufallen und den Kuschiten zu beweisen, dass es vor Pharao zu kuschen galt (die Wortgleichheit ist nur zufällig). Doch das Karma schlägt ja bekanntlich gerne mal zurück. Um 750 v. Chr. drehten die Kuschiten den Spieß um und setzten sich für die nächsten 100 Jahre selbst auf den Thron Ägyptens.

Neben dem Süden gab es auch im Westen, in Libyen, einige Scharmützel, aber die wichtigsten Kriegsschauplätze waren im Norden Richtung Vorderasien. Unter dem »Napoleon Ägyptens« Thutmosis III. (um 1486–1425 v. Chr.) war Ägypten ein Weltreich, wie es die damals bekannte Welt noch nicht gesehen hatte. Ägypten war auf dem Höhepunkt seiner Macht.

Etwa 200 Jahre später betrat ein anderer Pharao die Weltbühne, der mindestens genauso ambitioniert war wie Thutmosis III. Um 1274 v. Chr. stürmte Ramses II. in seinem fünften Regierungsjahr Richtung Kadesch, nahe der heutigen syrisch-libanesischen Grenze, um sich dem Hethiterkönig Muwattalli II. entgegenzustellen. Die Hethiter hatten in den Jahrzehnten zuvor ein beträchtliches Reich aufgebaut, zu dem weite Teile Anatoliens und die nördliche Hälfte des heutigen Syriens gehörten. In der Vergangenheit hatte es schon einige Kriege und Scharmützel um die Vorherrschaft in der Levante gegeben. Jetzt war es an Ramses II., dem Eroberungsdrang der Hethiter Einhalt zu gebieten und Ägypten wieder an die einzige Position zu rücken, an die es seiner Meinung nach gehörte: an die Weltspitze.

Die Schlacht bei Kadesch tobte: Bogenschützen mit ihren Langbögen dezimierten die feindlichen Linien, Fußtruppen und Streitwagen prallten aufeinander. 20.000 ägyptische Kämpfer in je vier Divisionen stießen auf beinahe doppelt so viele auf der hethitischen Seite – also zusammen eine unfassbar große Menschenmenge von 60.000 Kriegern! Die Übermacht der Hethiter war groß – für Ramses, der sich tapfer gegen den Feind stemmte, fast zu groß. Um ein Haar sah er schon der Niederlage ins Auge – doch die Götter Ägyptens verlassen keinen ihrer todesmutigen Kriegerkönige. In seinen Annalen beschreibt Ramses später, dass Amun selbst an seiner Seite war. Als seine Armee im Angesicht der Niederlage Hals über Kopf vor der Niederlage flüchtete, stellte er sich auf seinem Streitwagen heldenhaft dem Feind entgegen. Dass Ramses einfach nur großes Glück hatte, kommt der Wahrheit vermutlich näher. Wären nicht im allerletzten Moment weitere Truppen zu Hilfe gekommen, wäre Ramses der Große vielleicht nur eine kleine Randnotiz in der Geschichte geworden. Kurz vor einer verheerenden Niederlage gelang es ihm, dem Schlachtgetümmel zu entfliehen.

In der Heimat ließ sich Ramses dennoch in heroischen Worten auf den Tempelwänden als Held seines Sieges feiern. Doch hethitische Quellen berichten von einem anderen Ablauf der Schlacht, die bestenfalls als Patt gewertet werden kann.

Ramses' Pseudo-Sieg und sein von der Schlacht bei Kadesch stark dezimiertes Heer hatten sich in den Vasallenstaaten im heutigen Süden Syriens herumgesprochen. Sie tanzten den Ägyptern gehörig auf dem Kopf herum, bis sich Ramses genötigt fühlte, ihnen mit Strafexpeditionen gehörig denselbigen zu waschen. Die Hethiter kämpften derweil mit Problemen innerpolitischer Art. König Muwatalli starb, und es entbrannte ein Machtkampf um die Thronfolge zwischen seinem Sohn Mursili und seinem Onkel Ḫattušili III. Und dann waren da auch noch die Assyrer – die indes gierig auf das durch die Thronstreitigkeiten geschwächte Großreich der Hethiter schauten. Es lag erneut Kriegsgeflüster in der Luft.

Ramses und Ḫattušili hatten weder die Mittel, noch die Ambitionen, ein weiteres Mal gegeneinander anzutreten. Beide brauchten den Frieden, um ihre anderen Probleme in den Griff zu bekommen. Also kam es zu einem Ereignis historischen Ausmaßes. 15 Jahre nachdem sich die Ägypter und Hethiter bei der Schlacht von Kadesch gegenübergestanden hatten, unterzeichneten sie eine Vereinbarung, die den Frieden auf beiden Seiten sichern sollte. Der erste Friedensvertrag der Weltgeschichte war geschlossen.

»So bin ich als großer Fürst des Hethiterlandes mit Ramses, von Amun geliebt, dem großen Herrscher von Ägypten, in einem guten Frieden und im guten, brüderlichen Verhältnis. Die Kindeskinder der großen Fürsten des Hethiterlandes sollen in Brüderlichkeit und

Frieden sein mit den Kindeskindern von Ramses, von Amun geliebt, dem großen Herrscher von Ägypten, ... und keine Feindseligkeiten dürfen zwischen ihnen entstehen, ewiglich nicht.« *Auszug aus dem Friedensvertrag nach Hermann A. Schlögl, Das alte Ägypten. Geschichte und Kultur von der Frühzeit bis Kleopatra, S. 285*

Es wurden Geschenke ausgetauscht und Ehen geschlossen – hethitische Prinzessinnen zogen ein in Pharaos Harem. Ägyptische Herrscher indes überließen keine einzige ihrer Schwestern und Töchter dem ehemaligen Feind – vielleicht ihre Art, sich dennoch als die endgültigen Sieger zu fühlen. Wie auch immer – beide Seiten hielten sich an den Vertrag. Aus bitteren Feinden wurden Verbündete, bis das Reich der Hethiter nur ein Jahrhundert später erlosch.

Der Friedensvertrag zwischen Ramses und Ḫattušili war ein Meilenstein der Weltgeschichte. Zwei Supermächte, die sich kurz zuvor noch auf dem Schlachtfeld bekriegt hatten, überwanden ihren Hass und ihre kulturellen Barrieren und sicherten sich und ihren Völkern den Frieden. Ramses II. konnte sich nun seiner Bautätigkeit widmen und drückte dem Land mit einer nie da gewesen Flut von Bauwerken bis heute seinen Stempel auf. Wie Ägypten ohne diese Einigung heute aussehen und welchen Weg die Geschichte dann genommen hätte, kann niemand sagen. Eine Kopie dieses Friedensvertrages ist heute noch – viele Jahrtausende später – als Symbol des Friedens im UNO-Hauptquartier in New York ausgestellt.

26. *Grund*

Weil »Game of Thrones« nichts gegen die ptolemäische Dynastie ist

Normalerweise tritt man seinen Eroberern eher skeptisch gegenüber. Ein fremder Mann aus einer fremden Welt, der weder mit der Religion noch mit den Gebräuchen vertraut ist, setzt sich auf den Thron eines stolzen Landes – wer wäre von so einem Usurpator schon begeistert? Doch wenn ein Fremdherrscher einen anderen absetzt, ist es doch noch etwas anderes. Vielleicht ist das neue Übel ja nicht so schlimm wie das alte.

Als Alexander der Große im Jahr 332 v. Chr. den verhassten persischen Herrscher vom Thron Ägyptens jagte, bejubelte ihn das Volk und feierte ihn als großen Befreier. Alexander war von Anfang an beliebt. Der Makedonier ging das aber auch geschickt an. Er ließ sich vom Amun-Orakel in der Oase Siwa als Sohn des Gottes Zeus (-Amun) bestätigen und in der alten Stadt des Sonnengottes Heliopolis zum Pharao krönen. An der Nordküste gründete er eine neue Hauptstadt und benannte sie in aller Bescheidenheit nach sich selbst – Alexandria. Die neue Hauptstadt war neben Rom die größte Stadt der Antike, eine der größten Handelsmetropolen der damaligen Zeit und Ort der Wissenschaft und Künste. Die Große Bibliothek, in der alle schriftlichen Zeugnisse der antiken Welt aufbewahrt wurden, und der Leuchtturm von Pharos, ein 120–160 Meter (die Experten streiten sich darüber) hohes Prachtstück und eines der Weltwunder der Antike, brachten Alexandria und seinen Herrschern Ruhm und Ehre ein.

Alexander hätte Alexandria gefallen. Leider hat er den Aufstieg seiner Stadt nicht mehr erlebt. Er starb am 10. Juni 323 v. Chr., neun Jahre nach seiner Eroberung – Verzeihung – Befreiung Ägyptens.

Sein Freund und Weggefährte, Ptolemaios, übernahm die Herrschaft in Ägypten und läutete das Zeitalter der Ptolemäer ein. Auch den Ptolemäern gelang eine geschickte Gratwanderung zwischen ihrer eigenen und der ägyptischen Kultur. Es entstand ein Stilmix aus beiden.

Eifrig bauten die Ptolemäer Tempel, um sich mit dem Volk und vor allem mit den immer noch mächtigen Priestern gutzustellen. Die meisten noch heute zu besichtigenden Tempel stammen aus dieser Zeit, wie der Horus-Tempel von Edfu, der am besten erhaltene Tempel Ägyptens und Etappe einer jeden Nilkreuzfahrt. Auf den

Tempelwänden ließen sich die Ptolemäer ganz im pharaonischen Stil mit ihrem von einer Königskartusche umrahmten Namen in Hieroglyphen vor den ägyptischen Göttern opfernd abbilden.

Doch ihren eigenen Göttern wollten sie dennoch huldigen, so wurde die griechische Götterwelt kurzerhand in die ägyptische integriert. Auf diese Art wurde man sowohl den Griechen, die in großer Zahl in die verheißungsvolle neue Hauptstadt Alexandria auswanderten, gerecht, als auch den alten Herren Ägyptens. Der Hauptgott Amun wurde mit Zeus gleichgesetzt, die Göttin der Schönheit Hathor mit Aphrodite, Apollon mit Horus und so weiter und so fort.

Keine Fremdherrscher zuvor waren so darum bemüht, es den Ägyptern in allen Belangen recht zu machen. Leider nahmen es die Ptolemäer mit ihrer Auslegung der ägyptischen Kultur etwas zu genau. Für sie war es das Allerwichtigste, das Blut ihrer Linie rein zu halten. Also heirateten sie innerhalb der Familie. Schwestern heirateten ihre Brüder und Onkel ihre Nichten. Zumindest die Geschwisterehe war eine Praxis, die auch unter den Pharaonen durchaus vorkam, ganz nach dem Vorbild der Götter Isis und Osiris, die sowohl Geschwister als auch Eheleute waren, sie war aber nicht die Regel.

Dieses Anbändeln innerhalb der Familie führte zu einigen Spannungen – gelinde gesagt. Krieg, Mord, Inzest und Intrigen ziehen sich wie ein blutroter Faden durch die gesamte 300-jährige Geschichte der ptolemäischen Dynastie. In einem großen Familienclan mit reichlich Macht ist dem ein oder anderen die Macht zu Kopf gestiegen. Die Frauen standen ihren Männern übrigens in nichts nach – ganz im Gegenteil.

Kleopatra II. (nein, nicht DIE Kleopatra – die war die VII. ihres Namens) heiratete nach dem Tod ihres ersten Bruders und Gemahls Ptolemaios VI. ihren jüngeren Bruder Ptolemaios VIII. Der wiederum heiratete in zweiter Ehe noch die Tochter von Kleopatra II. und Ptolemaios VI. – also seine eigene Nichte und Stieftochter. Verwirrend, oder? Also aufs Wesentliche reduziert: Mutter und Tochter waren mit dem gleichen Mann verheiratet. Dieser Zustand führte zu einer gewissen Gereiztheit der beiden Damen untereinander und endete schließlich in einem Bürgerkrieg zwischen den beiden Frauen.

Die Versöhnung folgte zwar, aber nur, um in einem erneuten Machtgeplänkel zwischen Mutter und Tochter nach dem Tod des Herrschers zu enden. Ich will Sie gar nicht mit Details langweilen, daher folgt die Kurzfassung: Nach dem Tod ihrer Mutter herrschte Kleopatra III., von der Macht geradezu besessen, als eine der berüchtigtsten Frauen auf dem ptolemäischen Thron. Es folgten weitere Eifersüchteleien, Verbannungen und Kriege gegen ihren ältesten Sohn. Schließlich schaffte es Kleopatra III., ihren jüngsten und liebsten Sohn Ptolemaios X. auf den Thron Ägyptens zu setzen. Der dankte es ihr schließlich mit ihrer Ermordung – angeblich um ihr selbst zuvorzukommen. Der 300-jährigen Ära der Ptolemäer könnte man eine ganze Serie à la *Game of Thrones* widmen. Inzest, Krieg, Gewalt, die Gier nach Macht, das Ableben der Hauptprotagonisten und die Frage, wer am Ende auf dem Thron sitzt – nur die Drachen fehlen.

Schließlich strebte Kleopatra VII. (ja, genau die) ganz in der Rolle ihrer Vorfahren nach noch mehr Prestige und Einfluss und legte sich mit Rom, der größten Weltmacht der damaligen Zeit, an. Doch sie ging einen Schritt zu weit, ihr Ableben ist bekannt. Ein Abschluss wie in einem Serienfinale und das tragische Ende des einst so stolzen pharaonischen Ägyptens!

27. *Grund*

Weil ein biblischer Heiliger
den ägyptischen Glauben revolutionierte

Kennen Sie die Geschichte von Paulus? Bestimmt! Der Jünger Jesu, der nach Rom kam und dort recht erfolgreich die Menschen zum Christentum konvertierte, wurde schließlich von den heidnischen

Römern, die in der neuen Religion eine Gefahr sahen, gekreuzigt. Die Geschehnisse um einen der wichtigsten Heiligen in Ägypten sind ganz ähnlich. Auch er missionierte in einem heidnischen Land, wurde von den Andersgläubigen verfolgt und starb unter schrecklichen Qualen – und er ist ebenfalls der Stammvater und Begründer einer Religion in einem Land, das vorher viele Jahrhunderte (in Ägypten sogar Jahrtausende) eine Vielzahl von Göttern verehrt hatte.

Es ist die Erzählung einer der ältesten christlichen Gemeinschaften der Welt. Die Geschichte der Kopten – der Name bedeutet einfach »Ägypter« – begann im Jahr 49 n. Chr. an der Küste Alexandrias.

Markus war schon den ganzen Tag auf den Beinen, um vor den Menschen zu predigen und ihnen Leben und Wirken von Jesus näherzubringen. Da riss plötzlich ein Streifen seiner Sandale, und Markus machte sich auf zu einem Schuster – ein schicksalsschwerer Besuch. Als sich der Schuster mit dem Namen Anianus an einem Schusterwerkzeug verletzte, rief er schmerzhaft aus: »Oh einziger Gott«. In Ägypten zu der Zeit nichts Ungewöhnliches. Es gab jüdische Gemeinden, und die Göttervielzahl von einst hatte sich zumindest unter den griechisch-römischen Gläubigen bereits auf das Wesentliche reduziert. Götter wie Isis oder der griechisch-ägyptische Gott Serapis gaben jetzt den Ton an. Aber zurück zu unserer Geschichte. Markus war sich nach dem Aufschrei sicher, mit seinen Lehren bei dem Schuster auf fruchtbaren Boden zu stoßen. Er heilte die Wunde Anianus, indem er etwas Lehm nahm, draufspuckte und das Gemisch auf seine Wunde strich, die daraufhin zu heilen begann. Nun hatte er Anianus' ungeteilte Aufmerksamkeit, und der Schuster lauschte seinen Erzählungen von Jesus und dem christlichen Gott.

Mit offenen Armen nahm er Markus bei sich auf und ließ seinen gesamten Haushalt von ihm taufen. Anianus' Vorbild folgten viele Menschen, und die Zahl der Anhänger des neuen Glaubens stieg unaufhörlich. Die Gläubigen der alten Religion wollten natürlich nicht so einfach kampflos das Feld räumen und drohten Markus mit seiner Ermordung. Er konnte nur noch fliehen. Doch vor seinem Aufbruch aus Ägypten hinterließ er ein weitreichendes Erbe. Den Schuster Anianus setzte er als Bischof ein und mit ihm weitere Priester und Diakone, die das Christentum in Ägypten erfolgreich verbreiteten.

Die Geschichte des heiligen Markus endet, wie so viele Heiligengeschichten, in einem Martyrium. Als er einige Jahre später nach Ägypten zurückkehrte und eine wachsende Gemeinde vor sich sah, bekamen die Heiden Wind von seiner Rückkehr. Am Osterfest des Jahres 68 n. Chr. ergriffen sie ihn beim Beten in der Kirche. Die wütende Meute zog ihn mit einem Seil gefesselt durch die Straßen. Er überlebte nur knapp, und Jesus erschien ihm in seinem Gefängnis und versprach ihm die Märtyrerkrone (der Preis für die Überwindung der Christenverfolger). Am nächsten Tag holte ihn der heidnische Mob aus seinem dunklen Gefängnis und zog ihn am Hals durch die Straßen, so lange, bis sein Kopf sich vom Körper trennte. Doch als der Pöbel den Leichnam verbrennen wollte, kamen urplötzlich Sturm und Regen auf. Seine Anhänger konnten ihn durch dieses Wunder retten und betteten seine Gebeine in eine Kirche.

Damit war das Kapitel Christen vs. Heiden in Ägypten aber natürlich längst noch nicht abgeschlossen. Die Anhänger der altägyptischen Religion waren weiterhin alles andere als erfreut darüber, dass ihre alten Götter von dem Christengott verdrängt wurden, und die Christen wollten mit aller Macht ihre neue Religion durchsetzen. Als dies schließlich geschah, mussten sich die Christen auch noch untereinander mit Unstimmigkeiten herumärgern. Nach dem Konzil von Chalcedon im Jahr 451, in dem über grundlegende religiöse Fragen diskutiert wurde (z.B. ob Jesus sowohl eine göttliche und eine menschliche Natur (noch heutige katholische Sichtweise) oder eine einheitliche Natur hat (von den Kopten vertreten)), kam es zum Bruch. Die Christen in Ägypten spalteten sich von ihren Glaubensbrüdern ab und gründeten die koptische Kirche.

Die Verbreitung der Lehre Christi wurde schließlich von einer weiteren Religion ausgebremst. Im Jahr 642 fiel Alexandria unter den arabischen Eindringlingen. Die Muslime verlangten von den

Kopten eine Kopfsteuer oder die Konvertierung zum Islam. Viele ließen sich bekehren.

Heute leben schätzungsweise zwischen sechs bis acht Millionen Kopten in Ägypten (ungefähr sechs bis zehn Prozent der Gesamtbevölkerung). Die Kopten gründeten ihre Gemeinden auch außerhalb von Ägypten in Amerika und Europa, so auch in Deutschland. Sogar zwei koptische Klöster sind hier ansässig – im ostwestfälischen Höxter-Brenkhausen und in Waldsolms-Kröffelbach bei Frankfurt am Main.

Die Geschichte des heiligen Markus endet übrigens nicht in einer kleinen Kirche in Ägypten. Im Jahr 828 n. Chr. stahlen die Venezianer dreist seine Gebeine und nahmen ihn mit in ihr Heimatland. Markus hatte während seiner Abwesenheit aus Ägypten in dieser Gegend von Italien missioniert und wurde dort entsprechend hoch verehrt. Erst im Jahr 1968 wurden seine Gebeine zurück an die koptische Kirche gegeben. Seitdem liegen sie in der Markuskathedrale in Kairo, einer der größten Kirchen in ganz Afrika. Die koptischen Päpste, seit 2012 hat Tawadros II. dieses Amt inne, sehen sich bis heute als Nachfolger des heiligen Markus.

Noch heute kann man die Spuren des heiligen Markus auch in Venedig sehen, denn als Markus' Gebeine schließlich die Stadt erreichten, sollten sie natürlich einen gebührenden Platz finden. Also errichteten die Venezianer eine Kirche, die bis heute jeden Venedig-Besucher anzieht: den Markusdom auf dem Markusplatz. Sein Tier – der geflügelte Löwe mit Buch und erhobener Pranke – ist zudem quasi überall in Venedig zu sehen. Der Apostel Markus hat also auch in Europa Spuren hinterlassen, aber vor allem in Ägypten, wo er durch sein Wirken in Alexandria als Gründer der koptischen Kirche verehrt wird.

Weil hier der erste christliche Mönch lebte und das erste Kloster überhaupt gegründet wurde

»Ich sah alle Schlingen des bösen Feindes über die Erde ausgebreitet. Da seufzte ich und sagte: ›Wer kann ihnen entgehen?‹ Da hörte ich eine Stimme, die zu mir sagte: ›Die Demut.‹« *Antonius der Große (251–356 n. Chr.)*

Wir leben in einer Welt des Internets und der Kommunikation, in der andere Ideale Vorrang haben, als sein Leben einem geistlichen Ziel zu widmen. Kaum einer möchte in Zeiten des Überflusses mehr ein asketisches Dasein in stiller Einkehr führen. Immer weniger Menschen streben danach, Nonne oder Mönch zu werden, und etliche Klöster mussten hierzulande schon ihre Pforten für immer schließen. In Ägypten sah es in den vergangen Jahren zunächst ähnlich aus, doch der Wandel gelang. Die Sehnsucht nach einem entschleunigten Leben in unserer schnelllebigen Zeit führte immer mehr Kopten in die Mauern eines Klosters. Die koptischen Klöster haben zurzeit jedenfalls keine Nachwuchssorgen. In den etwa 50 Klöstern leben heute zwischen 5000 und 6000 Mönche und Nonnen. Sie alle leben nach dem Vorbild zweier Männer, die in Ägypten geboren wurden:

Antonius, 251 n. Chr. als Sohn wohlhabender christlicher Bauern geboren, ist der erste Protagonist dieser beiden Influencer, wie wir heute sagen würden. Seine Eltern starben früh, doch statt den gut gehenden Hof seiner Eltern weiterzuführen, hatte er ganz andere Ziele. Er entschied sich für ein asketischen Leben abseits der Zivilisation.

Der Gesellschaft den Rücken zu kehren, war zu Antonius' Zeiten kein neuer Gedanke und nannte sich »Anachoret« (aus dem griechischen »sich zurückziehen«). Wehrpflicht, Steuereintreiber oder Ärger mit dem Gesetz – es gab einige weltliche Gründe, warum man sich für ein einsames Leben in der Wüste oder in den unwegsamen Marschlanden des Nildeltas entschied.

Bei Antonius spielten jedoch allein geistliche Gründe eine Rolle. Er verteilte all sein Hab und Gut und zog in ein zerfallenes Gebäude am Rande der Stadt. Die meiste Zeit seines 105-jährigen irdischen Daseins verbrachte Antonius als Einsiedler. Sein Leben in asketischer Einkehr zu verbringen war dank Antonius auf einmal total trendy – wie wir heute sagen würden. Es folgten ihm etliche Anhänger in die Abgeschiedenheit der Wüste, der Höhlen oder Gräber Ägyptens.

Antonius der Große gilt in der christlichen Welt als Begründer des Mönchtums, sogar ein Orden gründete sich nach dem Vorbild dieses Asketen. Der Antoniter-Orden wurde 1095 n. Chr. in Südostfrankreich gegründet, und die Antoniterklöster verteilten sich von dort aus über ganz Europa. In Ägypten gründeten seine Anhänger jedoch schon kurz nach seinem Tod im Jahr 361 n. Chr. das Kloster des Heiligen Antonius. Etwa 335 Kilometer südöstlich von Kairo ist es heute noch zu besichtigen.

Obwohl dieses Kloster eines der ältesten der Welt ist, war es ein anderer, der als Gründer der ersten christlichen Klöster bis heute in der gesamten Christenheit verehrt wird. Pachomios (290–347 n.Chr.) war als heidnischer Soldat geboren. Als eine Gruppe von Christen ihn und sein Heer nach einem langen Marsch uneigennützig mit Nahrung und Wasser versorgte, war er von diesem Beispiel christlicher Nächstenliebe so beeindruckt, dass er sich taufen ließ. Doch er wollte einen anderen Weg gehen als Antonius, der zur gleichen Zeit abgeschieden in losen Zusammenschlüssen von Gleichgesinnten abseits der Zivilisation lebte. Also versammelte er Menschen, die wie er ein asketisches Dasein führen wollten, und gründete eine Community, wie wir heute sagen würden. Um 325 n. Chr. formierte sich die erste klosterähnliche Gemeinschaft in der Nähe des heutigen Dendera. Seine Schwester ernannte er später übrigens zur Leiterin des ersten Frauenklosters der christlichen Welt. Von da an hieß es »Gemeinsam statt einsam«. Die Mönche – und im

Frauenkloster auch die Nonnen – lebten von da an nicht außerhalb der Hörweite der anderen, sondern saßen zusammen beim Gebet und den Mahlzeiten und verrichteten einträchtig ihre Arbeit.

Als Pachomios am 14. Mai 347 starb, hinterließ er der Nachwelt neun Männer- und ein Frauenkloster sowie Klosterregeln, die das Zusammenleben der Mönche und Nonnen in einer strikten hierarchischen Gemeinschaft bestimmten.

Diese »Engelreden« – einer Legende nach soll ihm ein Engel die Regeln überbracht haben – wurden einige Jahrzehnte später aus dem Koptischen übersetzt und hielten in erweiterter Form Einzug in die Klostergründungen des Römischen Reiches im 4. und 5. Jahrhundert n. Chr. Die christlichen Kirchen in aller Welt verehren Pachomios bis heute, unter anderem mit einem oder sogar mehreren Gedenktagen.

Die ägyptische Geschichte hat nicht nur machtbesessene Pharaonen hervorgebracht, sondern auch zwei bescheidene Männer, deren Wirken das christliche Abendland nachhaltig geprägt haben. Die Wurzeln des christlichen Mönchtums und seiner Klöster liegt nämlich überraschenderweise in einem nordafrikanischen Land: in Ägypten!

29. *Grund*

Weil ein Mann auf einem Esel ein ambivalenter Herrscher gewesen ist

Die Regentschaft des Kalifen al-Hakim begann blutig. Al-Hakim, der Sohn einer christlichen Konkubine, war noch sehr jung, als sein Vater Al-Aziz starb. Die Einsetzung eines minderjährigen Kalifen löste ein Machtgerangel aus, das sein treuer Lehrmeister, der Eunuch Bardschawan, aber schnell unterbinden konnte. Doch mit 15 Jahren war al-Hakim der Einfluss des Eunuchen zu groß. Er wollte kein Leben mehr als Marionette und lieber selbst die Macht in der Hand halten. Mit eigener Hand lynchte er seinen Begleiter von Kindestagen an.

Ein gewisses Misstrauen gegenüber seinen Beratern und Militärs blieb. Niemand konnte vor seinen Launen sicher sein. Stand jemand an einem Tag noch in seiner Gunst, konnte schon am nächsten Tag sein Kopf rollen. Er schreckte weder vor Wesiren zurück – durch seine 25-jährige Regierungszeit zitterten sich 14 Wesire – noch vor hochrangigen Generälen, noch vor seiner eigenen Verwandtschaft.

Bei seinen Untertanen jedoch war der Herrscher durchaus beliebt. Verkleidet nahm er an den Festivitäten der Muslime und Kopten teil, und während der Palast jeden Tag mit der Angst vor rollenden Köpfen leben musste, mischte er sich als Kalif zum Anfassen gut gelaunt unter das Volk. Doch im Jahr 1004 wurde aus dem feierwütigen Kalifen ein frommer, asketischer Mann. Warum, weiß man nicht, aber es passte irgendwie zu diesem Mann, der in so vielen Dingen ambivalent wie kaum ein anderer war. Auf einem Esel ritt er in hagerer Gestalt und schlichten Gewändern durch die Souks von Kairos Altstadt. In seiner neu gewonnenen Frömmigkeit sah er es als seine Pflicht an, sein Vermögen unter das Volk zu verteilen. Mit offenen Armen empfing er Bittsteller, verteilte Almosen, spendete für alte und neue Moscheen und schenkte den Klagen seiner Untertanen stets Gehör. Für seine Untertanen öffnete er sogar die Pforten seines neu gegründeten »Hauses der Weisheit« in Kairo. Wo in anderen islamischen Ländern nur auserwählte Gelehrte studieren durften, konnte hier jedermann in der wissenschaftlichen Akademie ein und aus gehen.

Al-Hakim hätte als großer Herrscher in die Geschichte eingehen können, wenn, ja wenn nicht doch ein fader Beigeschmack seine Herrschaft begleitet hätte. Mit seiner Frömmigkeit und seinem Hang, die Welt zu verbessern – so wie er es für richtig hielt –, übertrieb er es nämlich ein bisschen. Er verbot den Frauen, des Nachts, und später sogar tagsüber, ihre Häuser zu verlassen und zudem noch jedwede bildliche Darstellung von Frauenkörpern. Wein und Bier, Letzteres schon seit der Pharaonenzeit Grundnahrungsmittel, wurden verboten. Tanzen, Musik und Schachspiel waren auch nicht mehr erlaubt – also quasi alles, was Spaß machte. Er erließ Gebote, die für eine Verbesserung der hygienischen Umstände in Kairo sorgen sollten. Er ließ Straßen kehren und verbot, Brotteig mit den Füßen zu kneten (Igitt!), er verbannte Pferde aus den Straßen der Altstadt und ließ herumstreunenden Hunde töten. Alles sollte sauberer und sicherer werden.

Christen, die zu seiner Zeit hohe Ämter innehatten und von al-Hakims Großvater noch in ihrer Religionsausübung respektiert worden waren, beschnitt er nun in ihrer Macht. In der Öffentlichkeit mussten Christen wie Juden schwarze Turbane tragen und mit einem Kreuz bzw. einem Glöckchen ihren Glauben öffentlich zeigen. Christliche Gebräuche und Feiern wurden verboten, Kirchen wurden für den Bau von Moscheen zerstört, und selbst das Eigentum seiner christlichen Familie mütterlicherseits konfisziert. Das schlimmste Verbrechen aus Sicht der Christen war jedoch die Abtragung der Grabeskirche in Jerusalem am 27. September 1009, was sogar einer der Auslöser für die darauffolgenden Kreuzzüge war. Hinterher bereute der Kalif seine Taten, und im Jahr 1019/20 folgte der Sinneswandel. Die Christen durften ihre Feste wieder öffentlich feiern, Zwangsbekehrte zu ihrem alten Glauben zurückkehren und abgerissene Kirchen sogar teilweise wieder aufgebaut werden. Unter al-Hakims Sohn wurde gar die Grabeskirche wieder aufgebaut.

Auch unter seinen muslimischen Anhängern hatte al-Hakim kein glückliches Händchen. Zunächst schwankte er zwischen dem ismailitischen (Religionsgemeinschaft im schiitischen Islam) und dem sunnitischen Islam hin und her wie ein Betrunkener auf einer seiner verbotenen Tanzveranstaltungen, bis er schließlich beim ismailitischen Islam landete, was ihm die Sunniten sehr übel nahmen.

Im Alter von 36 Jahren verschwand al-Hakim, als er von einem seiner einsamen Ausritte nicht zurückkehrte. Seine blutigen Kleider wurden gefunden, sein Körper blieb verschollen. Seine Schwester

Sitt al-Mulk nahm die strengen Sittengesetze nach seinem Tod wieder zurück, und in Ägypten kehrte wieder der liberale Alltag ein.

Die Religionsgemeinschaft der Drusen, die sich von den Ismaeliten abgespalten haben, verehrt al-Hakim heute noch als Manifestation Gottes auf Erden. Christen und Sunniten wiederum stigmatisierten ihn noch Jahrhunderte später als geisteskranken Bösewicht. Strenggläubige verehren ihn für seine konservative Ausrichtung des Islam, während ihn die Forscher als depressiven und unzurechnungsfähigen Fanatiker sehen, oder eben einfach nur als Kalifen seiner Zeit. Jeder hat seine Sicht der Dinge bei diesem ambivalenten Herrscher der Fatimiden, dessen Leben zwischen Wohltäter des Volkes und Tyrann schwankte.

30. Grund

Weil in Ägypten Sklaven zu Herrschern werden können

Sklaven, die nach mehr streben, haben ihren eigenen Stellenwert in der Geschichte. Viele werden jetzt vielleicht an Spartacus denken, der das mächtige Rom viele Jahre ärgerte und marodierend durch Italien zog, bis schließlich doch die Römer die Oberhand gewannen und Spartacus am Kreuz endete.

In Ägypten ist es die Geschichte der Mamelucken, die im 9. Jahrhundert n. Chr. ihren Anfang nahm. Ihr Name stammt vom arabischen »Mamluk«, was so viel wie »beherrschen« heißt. Beherrscht wurden sie von dem Kalifen in Bagdad, der ein Heer aus ebendiesen Kriegern aufstellen wollte. Er kaufte Kinder und Jugendliche aus der Türkei und dem Kaukasus und verschleppte sie nach Ägypten. Dort waren sie dem Sultan oder den großen Emiren unterstellt. Mamelucken waren ausschließlich Nichtmuslime, die islamisch und streng militärisch zu Elitesoldaten erzogen wurden und schließlich konvertierten. Ihre Kinder, als Muslime geboren, konnten daher nicht in die Fußstapfen ihrer Väter treten. Immerhin wurden sie nach ihrer Ausbildung und Konvertierung freigelassen, ihrem Herrn und Haushalt waren die aus ihren Familien entrissenen und entwurzelten jungen Menschen jedoch weiterhin treu ergeben.

Wer das Schwert so gut schwingen kann, genießt schnell Macht und Ansehen. Schon bald gehörten die Mamelucken zu der militärischen Elite. Als im Jahr 1249 der Sultan von Kairo as-Salih starb und sein Sohn ermordet wurde, ergriff der Mameluckengeneral Aybak seine Chance und heiratete zur Festigung seiner Macht die Witwe des Sultans. 1250 begann das Zeitalter des Mameluckenstaats in Ägypten, und im selben Jahr hatten die Kreuzritter unter dem französischen König Louis IX. den Kriegern nichts entgegenzusetzen. Zehn Jahre später stellten sie sich mongolischen Reiterhorden in den Weg. Bei Palästina wurde das damals als unbesiegbar geltende Reiterheer besiegt, und die Mamelucken wurden als Retter der islamischen Welt gefeiert. Die ehemaligen Militärsklaven, die selbst kaum arabisch sprachen, waren die gefeierten Helden.

Ihr Stern sank Ende des 15. Jahrhunderts, als die Portugiesen den Seeweg nach Indien entdeckten und Ägypten als ehemaliger Knotenpunkt zwischen Europa und Südostasien an handelspolitischer Bedeutung verlor. Es kam zu Krisen und machtpolitischem Geplänkel. Leere Staatskassen, Hungersnöte und Pestepidemien taten ihr Übriges. Die neuen Feuerwaffen hielten die Mamelucken für »unehrenhaft«, was die Türken zum Anlass nahmen, sie genau mit diesen zu überrennen.

1517 wurde Ägypten dem Osmanischen Reich einverleibt. Doch dies war noch nicht der Untergang der einstigen Militärsklaven, denn die Mamelucken zogen weiterhin die Fäden in Ägypten. Die Vasallen zahlten ihre Abgaben, und das Osmanische Reich ließ sie gewähren.

Im Jahr 1798 begann der Niedergang der Mamelucken durch einen Franzosen namens Napoleon Bonaparte. Das Reiterheer stemmte sich zunächst gegen den Eroberer, doch die einstige Elite-einheit konnte den gut ausgerüsteten Franzosen bei der berühmten Schlacht an den Pyramiden nichts entgegenstellen. Während Napoleons Armee nur 30 Tote und circa 300 Verwundeten beklagen musste, wurden beim Gegner über 20.000 Soldaten getötet oder verwundet.

Ein Mann namens Muhammad Ali, der vom einfachen Soldaten bis zum Gouverneur aufstieg, versetzte den einst so glorreichen Kriegern den endgültigen Todesstoß. 1811 lud er die Elite zu einer Militärparade in Kairos Zitadelle ein. Als sie nach einem guten Gespräch für die Parade nach draußen gingen, wurden sie hinterrücks erschossen. Die aufgestachelte Bevölkerung tötete anschließend über 400 Mamelucken.

Nach 560 Jahren war dies das Ende der ehemaligen Sklaven, die das Land am Nil beherrschten.

Weil ein kleiner General das alte Ägypten ganz groß rausbrachte

»Soldaten, seid euch bewusst, dass von diesen Pyramiden vierzig Jahrhunderte auf euch herabblicken.« *Napoleon Bonaparte*

Es ist das Jahr 1798. Napoleons Gier nach Ruhm führt ihn schnurstracks nach Ägypten. Im Land am Nil sollte er den Briten ein Schnippchen schlagen und die wirtschaftlich so wichtige Verbindung vom Roten Meer nach Indien kappen – zudem war die französische Regierung froh, den machtbesessenen General erst einmal beschäftigt zu wissen.

Als der nur 1,68 Meter kleine Napoleon am 1. Juli 1798 in Ägypten landete, hatte er nicht nur 400 Schiffe und 40.000 Soldaten, sondern auch 167 Forscher, Ingenieure und Künstler im Schlepptau. Ägypten sollte nicht nur militärisch erobert werden, sondern auch kulturell. Nur Letzteres gelang auf ganzer Länge.

Schon Napoleons Landung stand unter keinem guten Stern. Es war Sommer in Ägypten und dementsprechend brütend heiß. Seine Soldaten waren unklugerweise in dicken Wolluniformen, ausgerichtet auf mitteleuropäische Winter, unterwegs. Die Armee schleppte sich durch die flirrende Hitze der Wüste, immer weiter Richtung Kairo, wo Napoleon und seine Armee bereits vom Reiterheer der Mamelucken erwartet wurden. Gegen die schlecht ausgerüsteten Reitersoldaten gewann Napoleon seine erste Schlacht in Ägypten, direkt am Fuße der Pyramiden. Doch schon kurze Zeit später gab es einen herben Rückschlag. Gegen die Engländer und ihren Admiral Lord Nelson verlor Napoleon die Seeschlacht bei Abukir. Die Franzosen kamen weder raus, noch kam Nachschub rein. Sie waren gefangen und zogen sich nach Kairo zurück.

Der Anfang vom Ende aller verheißungsvollen Hoffnungen auf einen Sieg. Napoleon, der bisher immer so ein glückliches Händchen in der Kriegsführung hatte, war im Land am Nil vom Pech verfolgt. Gegen Aufstände in Kairo und das Osmanische Reich, das ihm unter dem Druck der Briten den Krieg erklärte, konnte er sich noch wehren. Aber die Briten sollten weiterhin das Haar in seiner französischen Suppe sein. In Palästina gelang seinen Erzfeinden mit ein wenig Hilfe ihrer neuen osmanischen Verbündeten und der unter Napoleons Soldaten grassierenden Pest ein wegweisender Sieg. Napoleon eilte zurück nach Kairo und von da aus direkt nach Frankreich. Nur ein Jahr nach seinem Einzug in Ägypten verschwand er klammheimlich durch die britische Seeblockade. Er ließ nicht nur Ägypten, sondern auch sein gesamtes Heer zurück.

Napoleon hatte in Ägypten seine halbe Armee verloren, aber ließ sich in seinem Heimatland feiern wie ein Held. Am 2. Dezember 1802 krönte er sich selbst zum Kaiser von Frankreich. Die Welt staunte indes über die nun wiederentdeckte Kultur am Nil.

Napoleons Forscher reisten durch das Land und zeichneten und schrieben begierig alles auf, was das Land am Nil für sie bereithielt – und das war eine ordentliche Menge. Eine 23-bändige *Déscription de l'Egypte* mit 837 Kupferstichtafeln und mehr als 3000 Abbildungen sammelten die fleißigen Gelehrten und entführten den Leser in eine bisher fast völlig unbekannte Welt. Eine artenreiche Flora und Fauna wurde katalogisiert, Karten gezeichnet, Leben, Sitten und Gebräuche der modernen Ägypter festgehalten sowie die Gräber, Statuen und noch halb im Sand begrabenen Tempel der alten Ägypter skizziert. Bis zu 1,40 Meter hohe und 78 Zentimeter breite Bildtafeln, so-genannte Mammutfolios, brachten bis ins kleinste Detail den Zauber des Nils in das von Napoleons Kriegen zerrüttete Europa.

Die kriegsmüden Menschen sogen die alte Kultur, die sie bisher nur von Caesar, Herodot und in Ansätzen aus der Bibel kannten, begierig in sich auf. Pharaonenköpfe zierten plötzlich Geschirr, Uhren und Kerzenleuchter, und in Schlossgärten und Wohnzimmern wachten geheimnisvolle Sphinxen über die Bewohner. Plötzlich war halb Europa verrückt nach Ägypten.

Doch die wichtigste Hinterlassenschaft von Napoleons Ägypten-Expedition war ein großer, schwarzer Stein. Bei Bauarbeiten an den Grundmauern einer Festung entdeckt, zierte ihn eine Inschrift in Demotisch, Griechisch und Ägyptisch. Der Stein von Rosette war der Schlüssel für die Entzifferung der Hieroglyphen, auch wenn das noch 20 weitere Jahre dauern sollte. Doch dann gelang einem anderen Franzosen, Jean François Champollion, der Durchbruch, und die rätselhaften Zeichen gaben die Geheimnisse einer längst vergangenen Zeit preis.

Im Jahr 1801 endete für die Franzosen das Abenteuer in Ägypten, als sie in einer letzten Schlacht von den Briten geschlagen wurden. Abenteurer, Archäologen und die ersten Touristen würden ihnen folgen. Infiziert vom Virus, den Napoleon und seine Männer in die Welt getragen haben.

Weil die Freiheitsstatue beinahe am Suezkanal gestanden hätte

Es war das größte und wichtigste Projekt des 19. Jahrhunderts. Ein neuer Schifffahrtsweg sollte das Mittelmeer im Norden mit dem Roten Meer im Süden verbinden. Kamelkarawanen durch die Wüste oder der langwierige Schiffsweg um Afrika herum sollten endlich der Vergangenheit angehören.

Der Bau des 164 Kilometer langen Suezkanals war von so einer weltgeschichtlichen Tragweite, dass die UNSECO im Jahr 1997 eine Sammlung von Schriften, Zeichnungen und Fotografien von dem Bau zum Weltdokumentenerbe erklärte.

Dabei griff Napoleon Bonaparte die Idee eines Kanals zwischen Mittelmeer im Norden und dem Roten Meer im Süden schon während seiner Ägypten-Expedition 1799 auf. Doch seine Ingenieure berechneten die Meereshöhe des Roten Meeres rund zehn Meter höher als die des Mittelmeeres. Ein falsches Ergebnis, wie sich hinterher herausstellte. Napoleon vertraute den Berechnungen seiner Ingenieure aber und ließ den Plan fallen. Doch die Franzosen bekamen eine neue Chance.

Im Jahr 1859 entschlossen sich die beiden Jugendfreunde Said Pascha, Vizekönig von Ägypten, und der französische Unternehmer und Vizekonsul Ferdinand de Lesseps zu einem neuen Anlauf. Sehr zum Ärger der britischen Kolonialherren, die sich ihrer Vormachtstellung beraubt fühlten und versuchten, das Projekt zu unterbinden. Sie legten Veto bei den osmanischen Herrschern ein, die zu der Zeit noch über Ägypten regierten. Als 1866 endlich die Genehmigung aus der Türkei kam, waren die Bauarbeiten am Kanal schon in vollem Gange.

Die größte Herausforderung für die Bauherren bestand nicht darin, den britischen und osmanischen Machthabern den Hintern zu pudern, sondern war hauptsächlich logistischer Natur. Alle Maschinen, Werkzeuge und Materialien mussten aus Europa herangeschafft werden. Für die Trinkwasser- und Nahrungsversorgung waren bis zu 1.800 Lastenkamele im Einsatz. Die Arbeiter, hauptsächlich ägyptische Zwangsarbeiter, schufteten unter schwersten Bedingungen und mussten per Hand den Wüstensand in ihre Binsenkörbe schaufeln, bevor das schwere Gerät anrücken konnte. Viele desertierten oder starben an der Cholera.

Auch Said Pascha erlebte die Fertigstellung des Suezkanals zehn Jahre nach Baubeginn nicht mehr. Ihm zu Ehren ernannte man die am ersten nördlichen Bauabschnitt gegründete Stadt Port Said nach ihm. Am 17. November 1869 konnte das Megaprojekt feierlich eingeweiht werden. Alles, was in Frankreich und Ägypten Rang und Namen hatte, gab sich zur Eröffnung ein Stelldichein. Eigentlich sollte auch Giuseppe Verdi mit einer ägyptischen Oper zu der Einweihung des Suezkanals beitragen, doch *Aida* wurde nicht rechtzeitig fertig und erst zwei Jahre später in einem Opernhaus in Kairo uraufgeführt.

Zu gerne hätte auch ein Franzose namens Frédéric-Auguste Bartholdi seinen Beitrag geleistet. In Port Said wollte er einen Leuchtturm nach seinen Entwürfen errichten. Inspiriert von seiner mehrmonatigen Ägypten-Reise, stellte er sich jedoch keinen einfachen Leuchtturm vor, sondern eine gewaltige Statue. Etwas in der Art »Koloss von Rhodos«, nur mit mehr Ägyptiness. Eine in ein antikes Gewand gekleidete Fellachin (Bäuerin) mit einer Fackel in der Hand und dazu der passende Schriftzug »Ägypten bringt das Licht nach Asien«. Eine tolle Idee – doch das Projekt fiel bei den ägyptischen Verantwortlichen durch. Vielleicht, weil das Loch im Staatssäckel durch den kostenintensiven Bau mittlerweile so tief wie der Suezkanal selbst war.

Doch Bartholdi verwarf seine Idee von einer in antike Gewänder gehüllten Frau mit einer Fackel in der Hand nicht und griff sie ein paar Jahre später wieder auf. Dann nämlich präsentierte er die alten

Entwürfe in einem für die neue Zielgruppe angepassten Gewand. Frankreich schenkte den USA im Jahr 1886 die Freiheitsstatue. Im New Yorker Hafen steht seitdem eine ursprünglich ägyptische Fellachin. Aus »Ägypten bringt das Licht nach Asien« ist »Freiheit erleuchtet die Welt« geworden.

Ein Friedenssymbol hätte dem Suezkanal gut zu Gesicht gestanden. Der ägyptische Präsident Nasser ließ den Suezkanal am 26. Juli 1956 verstaatlichen, woraufhin Ägypten von den Briten, Franzosen und Israelis angegriffen wurde. Dieser Suezkrise, die nur durch Intervenieren der Amerikaner beendet werden konnte, folgte zehn Jahre später der Sechstagekrieg, und auch im Jom-Kippur-Krieg 1973 wurde der Kanal Schauplatz von Gefechten israelischer und ägyptischer Truppen.

Nach anfänglichen Startschwierigkeiten wurde der Suezkanal dann doch zu einem der wichtigsten Handelswege der Welt. In den Jahren 2014 und 2015 wurden Teile des Suezkanals vertieft und verbreitert, und auf einer Strecke von 35 Kilometern wurde eine zweite Spur angelegt. Aus der Einbahnstraße, durch die mehrere Schiffe im Konvoi nur an Ausweichstellen aneinander vorbeifahren konnten, ist eine mehrspurige Wasserstraße geworden. Der erhoffte finanzielle Erfolg bleibt zwar noch hinter den Erwartungen zurück, aber immerhin herrscht mittlerweile hier ein einigermaßen stabiler Frieden, auch ohne Freiheitsstatue.

33. Grund

Weil ein Keim der Hoffnung aus dem Arabischen Frühling entstanden ist

Der 25. Januar 2011 war ein Wendepunkt der ägyptischen Geschichte. Millionen Menschen gingen auf die Straße, um gegen die Militärdiktatur des Präsidenten Hosni Mubarak zu demonstrieren. Es war die Zeit des Arabischen Frühlings, jener Protestbewegung, die wie eine Welle durch den gesamten Nahen Osten schwappte. Die Ägypter hatten genug von den Militärs, die seit dem Armeeputsch von Gamal Abdel Nasser 1952 an der Macht waren. Sie stemmten sich gegen die brutale Unterdrückung, Korruption und Amtsmissbrauch und erhofften sich Freiheit, Gerechtigkeit und ein besseres Leben.

Die großen Nachrichtensender liefen zu der Zeit bei mir in Dauerschleife. Ich starrte mit Entsetzen auf die Bilder des gewaltsamen Vorgehens gegen friedliche Demonstranten und freute mich mit den Ägyptern, als die Revolution mit dem Rücktritt Mubaraks am 11. Februar 2011 glückte. Endlich würde es die ersten demokratischen Wahlen in Ägypten geben. Die Zeit für eine neue Ära der Demokratie war gekommen. Umso fassungsloser war ich, als die strenggläubigen Muslimbrüder an die Macht kamen. Sollte eine Säkularisierung des Staates Ägyptens Weg in eine verheißungsvolle Zukunft sein? Doch die Wahl kam eigentlich nicht überraschend, wie ich mir selbst eingestehen musste. Jahrelang hatten die Ägypter unter einer strengen Diktatur gelitten, nun wollten sie einen Präsidenten fürs Volk – und die Muslimbrüder waren volksnah. Während sich Hosni Mubarak größtenteils einen feuchten Kehricht um sein Volk geschert hatte, war die Muslimbruderschaft immer vor Ort, und sie war die einzige gut organisierte Organisation, die Parlamentserfahrung hatte und sich gegen alte Machtdünkel durchsetzen konnte.

Die Muslimbruderschaft wurde 1928 von dem Grundschullehrer und Imam Hassan al-Banna gegründet. Zu der Zeit herrschte König Faruk, zumindest auf dem Papier, über das Land am Nil. Die eigentlichen Herren im Lande waren aber die Engländer. Im Schatten der dekadenten Kolonialherren drohte ein Identitätsverlust der Ägypter, so al-Bannas Überzeugung. Er sah die Hoffnung für eine bessere Zukunft in der Säkularisierung der Gesellschaft. Al-Banna, der 1949 in Folge eines Anschlags starb, gründete »dawa«-Missionen, die vor allem die Armen tatkräftig unterstützten, und stellte sich gegen die britische Kolonialherrschaft. Nur zwei Jahrzehnte nach ihrer Gründung hatte die Muslimbruderschaft schon eine halbe Million Mitglieder. Sie gründeten Moscheen, Unternehmen und Fabriken sowie Krankenhäuser und Schulen.

Die nächsten Jahre waren ein ewiger Kreislauf von Attentaten, Gefangenschaften und Verboten der Muslimbruderschaft. Nachdem die Bruderschaft zuerst noch gemeinsam mit Nasser gegen die britische Kolonialherrschaft und das Königshaus gekämpft hatte, trennten sich die Wege des Militärs und der islamisch-fundamentalistischen Bewegung kurze Zeit später wieder. Ein Anschlag auf Nasser misslang, und Tausende Muslimbrüder landeten hinter Gittern. Die Muslimbrüder flüchteten außer Landes und gründeten dort neue Muslimbruderschaften und mehrere andere Ableger, unter anderem die gefährlichsten islamistischen Gruppierungen wie Hamas und Al-Qaida.

Der nächste Militär-Präsident Anwar al-Sadat reichte den Muslimbrüdern die Hand, doch radikalere Mitglieder verachteten die politische Ausrichtung der Muslimbrüder und gründeten neue Gruppierungen in Ägypten. Sadat wurde 1981 von einer Splittergruppe der Muslimbrüder namens »Islamischer Dschihad« getötet.

Unter Präsident Mubarak verfolgten die Muslimbrüder einen zunehmend gemäßigten Kurs, schworen der Gewalt nun komplett ab und konzentrierten sich auf soziale Gerechtigkeit. Muslimbrüder, die unter Nasser ins Ausland geflohen waren, kamen mit vermehrtem Reichtum wieder ins Land und investierten in Unternehmen und Arbeitsplätze. Die Muslimbrüder waren beliebt wie nie zuvor, und so übernahmen sie im Sommer 2012 nach der ersten demokratischen Wahl Ägyptens folgerichtig die Macht.

Ihr Wahlsieg war also erklärbar, und nach meiner ersten Skepsis machte sich auch bei mir Hoffnung breit. Mohammed Mursi, der gewählte Präsident aus der Muslimbruderschaft, schien ein kompetenter und freundlicher Mann zu sein – der Typ »netter Onkel«. Doch wir sollten uns alle täuschen. Eine neue Verfassung wurde ausgearbeitet, die unverkennbar die Handschrift eines islamischen Staates trug, und Bündnisse mit militanten, terroristischen Kräften geschlossen.

Zwei Jahre nach der Januarrevolution sitze ich im Juli 2013 wieder gebannt vor dem Fernseher und sehe auf dem Tahrir-Platz im Herzen Kairos Feuerwerke und jubelnde Menschen. Der erste demokratisch gewählte Präsident Ägyptens ist schon wieder abgesetzt worden. Es schlägt die Stunde des Generals Abdel Fatah al-Sisi. Wieder ist die Freude groß, und wieder vergehen mir Freude und Hoffnung so schnell, wie sie gekommen sind. Al-Sisis brutales Vorgehen gegen die Muslimbruderschaft und ihre Anhänger ist nur der Anfang eines neuen Militärregimes, das noch brutaler als das alte sein wird.

Heute gibt es weder Meinungsfreiheit noch Menschenrechte im Land am Nil, und der Herrscher sitzt mit nahezu uneingeschränkten Machtbefugnissen erneut auf seinem ägyptischen Thron wie ein Pharao. Ägypten, wie andere arabische Staaten, scheint ein Faible für starke Herrscher mit undemokratischen Ansichten zu haben. Zumindest ist al-Sisi beim einfachen Volk beliebt, auch wenn seine ikonenhafte Popularität die letzten Jahre nachgelassen hat. Dabei sind es weniger die antidemokratischen Verhaltensweisen, sondern mehr die enorme Inflationsrate und der damit verbundene Kaufkraftverlust, die seiner Popularität zu schaffen machen. Das stolze Volk nimmt dem Präsidenten zudem das Anbandeln mit dem superreichen Saudi-Arabien übel.

Was ist also von der Revolution geblieben? Nicht viel, es gibt zwar noch demokratische Wahlen, um den Schein zu wahren, aber es mangelt an passenden Bewerbern, oder passende Bewerber werden, wie in Russland, gleich im Keim erstickt. Der einzige Gegenkandidat, der bei der letzten Präsidentschaftswahl im Jahr 2018 noch übrig blieb und seine Kandidatur in letzter Minute einreichte, war ein Mann namens Moussa Mustafa Moussa von der Ghad-Partei, dessen Facebook-Seite ein ikonenhaftes Bild von al-Sisi als Hintergrund zierte.

Was von der Revolution weiterhin geblieben ist, ist ein kleines bisschen Hoffnung. Noch nie in der Geschichte Ägyptens hat ein so großer Teil des Volkes gegen seinen Herrscher aufbegehrt. Weder gegen den Pharao, der all ihre Götter abschaffte, noch gegen griechische Herrscher, Römer, Perser, einen wahnsinnigen Kalifen, Araber, Türken oder Kolonialherren. Erst nach 5000 Jahren wechselhafter Geschichte begehrte das Volk auf und kämpfte für seine Rechte. Ein Keim der Hoffnung, der aus dem Arabischen Frühling entsprungen ist.

4. Kapitel

Salam

Ein Streifzug durch
das heutige Ägypten

Weil der morgendliche Wecker
der Ruf des Muezzins ist

Es ist kurz vor Sonnenaufgang. Das Land erwacht, die ersten Sonnen-
strahlen kämpfen sich durch die Dunkelheit. Von ferne hört man
einen leisen Ruf, dann noch einen. Immer mehr Stimmen hallen
durch die morgendliche Stille. Wie das Brausen des Meeres ertönt
ihr Schall und ebbt schließlich langsam wieder ab. Es ist das 1. Gebet
zum Sonnenaufgang – el Fugr.

Den Gebetsruf Adhān, der mit dem Ruf *Allahu akbar* – Gott ist
groß – beginnt, ruft die Muslime fünf Mal am Tag zum Gebet auf.
Einmal bei Sonnenaufgang, dann am Mittag, am Nachmittag, zum
Sonnenuntergang und am Abend. Während des Ramadans wird
durch den Gebetsruf zum Sonnenuntergang zugleich das Fastenbrechen eingeleitet.

Früher musste der Muezzin zu den fünf Gebetszeiten des Tages
noch auf das Minarett (von arabisch »Manara« = Leuchtturm) steigen und sein Gebet in alle vier Himmelsrichtungen verkünden.
Heute verrichten in der Regel vier Lautsprecher auf dem Minarett
diesen Dienst, während der Muezzin unten vor einem Mikrofon das
Gebet intoniert. Übrigens nicht nur zu den fünf Gebetszeiten, sondern auch, wenn ein Mensch im Dorf oder im Bezirk verstorben ist.

Der erste Muezzin soll der aus Abessinien (heutiges Äthiopien)
stammende Bilāl ibn Rabāh gewesen sein, ein freigelassener Sklave
und Freund des Propheten Mohammed mit einer atemberaubend
schönen Stimme. Er stach damit den zweiten Kalifen aus, dessen
Stimme Mohammed zu rau gewesen sein soll. Standesdünkel waren
bei dem »Gebetsrufer des Propheten« fehl am Platze. Bis heute darf
jeder Muslim das Amt des Muezzins bekleiden, es bedarf weder
einer geistlichen noch einer gesanglichen Ausbildung – Letzteres
ist auch gar nicht vonnöten, denn obwohl manchmal zu lesen ist,

dass der Muezzin vom Dach »singt«, tut er nämlich genau das nicht. Der Muezzin ruft – und muss nur mit kraftvoller und melodischer Stimme die richtigen Betonungen treffen. Die einzige Voraussetzung für einen Gebetsrufer ist also eine schöne, volle Stimme – eigentlich. Manchmal krächzt es wie ein Rabe vom Dach des Minaretts, weshalb einige Muezzins in der Vergangenheit öffentlicher Kritik ausgesetzt waren. Für weitere Misstöne sorgte im Jahr 2015 ein Muezzin in einem kleinen Dorf nördlich von Kairo, der statt des morgendlichen Aufrufs »Das Gebet ist besser als der Schlaf!« kurzerhand die Worte in »Das Gebet ist besser als Facebook« umgewandelt haben soll. Damit mag er so einigen Ägyptern aus der Seele gesprochen haben, aber die Beamten des Ministeriums für religiöse Angelegenheiten fanden das ziemlich unpassend, und obwohl der Muezzin den Vorwurf abgestritten hat, wurde er kurzerhand suspendiert.

Die Lautstärke der Rufe war in der Vergangenheit ebenfalls des öfteren Gegenstand der Kritik. Wer direkt neben einer Moschee wohnt, arbeitet oder zur Schule geht und fünf Mal am Tag mit 130 Dezibel beschallt wird, kann dies sicher nachvollziehen. Im Jahr 2010 sollten deswegen alle 4000 Moscheen von Kairo an einen Radiosender angeschlossen werden, in denen 20 ausgewählte Scheichs im Wechsel ihre Gebete rufen. Die auf den 45 000 (!) Minigebetsräumen, Zawayas genannt, aufgebauten Lautsprecher sollten gänzlich schweigen. Diese Lautsprecher, die den Hauseigentümern einige Steuervorteile einbringen, sind sogar oft noch größer als die auf den Moscheen und haben dementsprechend noch mehr »Wumms«. Natürlich stieß der Vorstoß auf wenig Gegenliebe, doch immerhin ertönt der Ruf des Muezzins von staatlichen Moscheen jetzt per Radioübertragung.

Egal ob vom Lautsprecher oder aus dem Radio: Mir läuft immer ein Schauer über den Rücken, wenn ich den Ruf des Muezzins höre. Dann halte ich kurz inne und sauge diese feierliche Atmosphäre in mich auf wie ein Schwamm. »Das Gebet ist besser als der Schlaf!« – reißt mich aus demselbigen. Doch für diesen magischen Moment liege ich gerne wach in meinem Bett – sogar um vier Uhr morgens.

Weil die Häuser und Straßen bunt wie das Leben sind

Die Ägypter hatten schon immer ein Faible fürs Malen. Nicht nur in ihren letzten Ruhestätten haben die alten Ägypter eindrucksvolle Szenen aus Religion und Alltag wiedergegeben, sondern auch ihre Häuser und Privatpaläste würden heute noch seitenweise das Magazin *Schöner Wohnen* füllen. Die Häuser waren dekoriert mit floralen und tierischen Motiven – aus Papyrusdickichten hervorflatternde Vögel waren ein beliebtes Motiv – und geometrischen Figuren in kräftigen Farben. Zu Tausenden malten und ritzten die Ägypter Graffiti auf die Felsen der Wüste und auf Ostraka, die Scherben von Tongefäßen. Diese von Privatpersonen verewigten Bilder und Inschriften haben in Ägypten eine lange Tradition. Angefangen mit den für die Jungsteinzeit typischen Bildern von Menschen und Tieren über religiöse Motive und hingekritzelte Namen wurden im öffentlichen Raum verewigt. Sogar politische Spitzen gegen den gottgleichen Pharao konnten sich die alten Ägypter nicht verkneifen. Eine berühmte Szene auf einem Ostrakon zeigt einen Mann mit einer Pharaonenkopftuch tragenden Frau in eindeutiger Szene. Hier hat jemand das Stelldichein der Pharaonin Hatschepsut mit ihrem Chefarchitekten Senenmut verewigt. Eines der ältesten Beispiele für politische Satire.

Politisch ist auch die heutige Street-Art-Szene in Ägypten, die während und nach dem Arabischen Frühling politisch motivierte Bilder an die Mauern malte. Bilder von Bürgern, die vom Regime getötet wurden, kritische Parolen gegen Polizei und Militär und von altägyptischer Kunst inspirierte Szenen der Revolution prägten das Bild ganzer Straßenzüge, vor allem in Kairo, dem Zentrum der Revolution. Leider wurden viele Street-Art-Kunstwerke, die dem Militärregime nicht schmeckten, mittlerweile überpinselt.

Wie vielen Alleinherrschern ist dem Präsidenten al-Sisi die Street-Art-Szene offenbar nicht geheuer. Gegen mehr Farbe in den Städten hat er hingegen nichts einzuwenden, sorgt es doch für ein besseres Prestige. Anfang 2019 forderte der Präsident, dass alle Einwohner mit roten Ziegelhäusern ihre Häuser farbig streichen sollten. Nicht in irgendeiner Kolorierung, sondern in jedem der 27 Gouvernements in einer ganz bestimmten Farbe. In Kairo sollten die Häuser sandfarben wie die Wüste angemalt werden und in den Küstenstädten wie Alexandria in Blau. Bei schätzungsweise mehr als zehn Millionen Häusern ein Riesenaufwand, dem freiwillig wahrscheinlich die wenigsten Folge leisten. Daher droht als mögliche Strafe allen anmal-unwilligen Hausbesitzern die Abschaltung vom Stromnetz.

Private Initiativen wie »Paint Cairo«, die versuchen, das Stadtbild der Slums – in Kairo leben mehr als 60 Prozent der Einwohner in diesen oftmals illegal hochgezogenen Wohnvierteln – mit Farbe ein bisschen freundlicher zu gestalten, kommen schon sympathischer daher. Eine weitere populäre Initiative ist »Cairo Dish-Painting«, die wenigstens den schnöden Satellitenschüsseln, die wie Furunkel aus den Häusern von Kairo schießen, einen knalligen Anstrich verpassen.

Auf Privathäusern sehen wir am häufigsten das Bild der Hadsch, der großen Wallfahrt nach Mekka. Ein untrügliches Zeichen dafür, dass hier ein Hādsch wohnt, also jemand, der die Pilgerfahrt schon hinter sich hat. Im Zentrum dieser Bilder steht der Kaaba-Würfel. Das Gebäude, das die Pilger sieben Mal gegen den Uhrzeigersinn umrunden müssen. Transportmittel wie Flugzeuge, Lastwagen, Kamele oder Pferde begleiten die Szene. Natürlich spielt künstlerische Freiheit auch bei den Pilgerfahrten immer eine Rolle. Ein Kamel, das den Hādsch zur heiligen Stätte gebracht hat, ist allemal dekorativer, als ein in die Jahre gekommener Bus. Geübte Maler werden für die Bilder beauftragt, oder ein einigermaßen talentiertes Familienmitglied dekoriert die Außenwände des Familienhauses mit diesen Szenen.

Doch nicht immer muss es einen Grund geben oder eine An-weisung von oben kommen, damit die Ägypter ihre Häuser mit farbenfrohen Bildern ein bisschen schöner machen. Auf den Außenmauern oder an den Wänden in den Innenräumen finden sich arabeske Schnörkel und geometrische Figuren, typisch für die islamische Kunst, oder Tiere und Pflanzen und Fußballstars zie-ren die Häuser. Kalligrafische Inschriften mit Bezug zur Familie, Segenswünsche oder Koraninschriften sind dort ebenfalls verewigt. Papyrus- oder Alabasterfabriken, in denen die Touristen ein und aus gehen, sind natürlich mit altägyptischen Szenen bemalt, denn das ist es ja, was die meisten Besucher sehen wollen. Die nubischen Häuser ganz im Süden Ägyptens sind hingegen nicht für die Tou-risten verziert, sondern nach alter nubischer Tradition mit Tieren, Gesichtern und Dingen des nubischen Alltags und in den buntesten Farben koloriert.

Es sind künstlerisch nicht immer anspruchsvolle Bilder, manch-mal stimmen weder Perspektive noch Proportionen. Aber in jedem dieser Bilder steckt eine Passion, die Liebe zu ihrer Religion, zu ihrem Land und ihrer Geschichte. Es können einfache Bilder von einfachen Menschen sein oder auch bildgewaltige Statements, die oft mehr sagen als 1000 Worte. Doch eines haben sie alle gemeinsam: Die Bilder sind so bunt und vielschichtig wie das Leben in Ägypten.

36. Grund

Weil Ramadan in Ägypten ein Fest mit vielen Werten ist

»It's the most wonderful time of the year …« In Ägypten ist sie das ganz bestimmt. Die Muslime in aller Welt feiern einmal im Jahr den Ramadan. Doch in Ägypten ist die Atmosphäre einzigartig. Rama-dan wird immer im neunten Monat des islamischen Kalenders gefeiert. Weil der sich nach dem Mond richtet, ist er jedes Jahr um zehn oder elf Tage kürzer als der Sonnenkalender, daher findet der Ramadan jedes Jahr zu einer anderen Zeit statt. Der Tag beginnt morgens mit dem Sohour, der letzten Mahlzeit vor Sonnenaufgang. Bis heute ersetzt in manchen Gegenden noch der Mesharati den Wecker, der trommelnd durch die Nachbarschaft zieht und die Gläubigen zum Sohour aufruft. Danach heißt es bis zum Sonnenuntergang: kein Essen, kein Trinken oder andere Vergnügungen wie Rauchen und Beischlaf. Wer körperlich und geistig nicht in der Lage ist zu fasten – Schwangere, chronisch Kranke oder auch Kinder gehören beispielsweise dazu –, ist vom Fasten ausgenommen.

In dieser anstrengenden Zeit wird in Ägypten wenig gearbeitet, meist nur fünf bis sechs Stunden, und das auch nur auf Sparflamme. Den Frauen gehört in dieser Zeit der meiste Respekt. Sie stehen stundenlang in der Küche und bereiten das Festmahl für den Iftar, das Fastenbrechen, vor, das mit dem Gebetsruf bei Sonnenuntergang eingeleitet wird. Es folgt, getreu der Tradition »wenn du dich konzentrieren kannst, bete erst und iss dann« das Fastenbrechen. Manche machen es auch umgekehrt, und andere bevorzugen einen Kompromiss und nehmen vor dem Gebet nur etwas Wasser und ein paar Datteln zu sich, wie es auch schon der Prophet Mohammed, der erste Fastende, getan hat. In seiner Fastenzeit wurde ihm der Koran offenbart, so heißt es, weshalb die Zeit des Fastens zu den fünf Säulen des Islams gehört. Die anderen vier sind das Glaubensbekenntnis (»Es gibt keinen Gott außer Allah und Mohammed ist sein Prophet«), das fünfmalige Beten am Tag, die Unterstützung von Bedürftigen und die Pilgerfahrt nach Mekka.

Früher oder später beginnt der gemütliche Teil mit der ganzen Familie, mit Freunden oder mit den Nachbarn. In den Häusern, im Freien oder in Zelten mit den folkloristischen Farasha-Stoffen in kräftigen Farben und mit typischen islamischen Mustern feiert man zusammen das Fastenbrechen mit einem üppigen Mahl. Typisch für Ramadan sind Süßspeisen. Was bei uns Spekulatius und Lebkuchen zu Weihnachten, sind zu Ramadan Kunafa und Kahk. Letztere sind runde Butterkekse, die es schon in der pharaonischen Zeit gegeben haben soll. Auch die Kopten essen sie übrigens zu Ostern. Zusammen mit der Familie werden typische Ramadan-Filmklassiker geschaut oder traditionelle Ramadan-Lieder gehört und gespielt. Am beliebtesten sind jedoch die Soap Operas, die extra für die Zeit des Ramadans gedreht wurden. Jeden Tag dürfen sich insbesondere die Damen an einer neuen Folge voller Herzschmerz erfreuen.

Einer weiteren Säule des Islams folgend, werden die Bedürftigen in dieser Zeit nicht vergessen. Essenspakete, die es auch schon fix und fertig in den Supermärkten zu kaufen gibt, werden geschnürt und an die Armen verteilt. Fleisch ist eine beliebte Gabe, da es sich die Armen normalerweise nicht leisten können. In Ägypten haben die Tafeln der Nächstenliebe (Ma'idat al-Rahman) eine lange Tradition. Im Jahr 2019 wurde sogar der Weltrekord für die längste Iftar-Tafel der Welt gebrochen. Über 3000 Meter lang speiste sie über 7000 Menschen und hat damit einen Eintrag im *Guinness Buch der Rekorde* verdient.

Die Fastenzeit endet am 29. oder 30. Tag des Fastenmonats mit dem Eid al-Fitr, dem ägyptischen Zuckerfest. Dieser Zeitpunkt, wenn Süßigkeiten verteilt, Geschenke getauscht und die Kinder in neuen Festtagsgewändern herausgeputzt werden, richtet sich nach dem Mond. Ist die Mondsichel am 29. Tag noch nicht zu sehen, wird noch ein Tag länger gefastet.

Ramadan in Ägypten ist immer ein ganz besonderes Fest. Die Atmosphäre ist spürbar anders als in den restlichen Wochen des Jahres. Nach einem schon fast gespenstisch ruhigen Tag ist es abends in den Straßen und Häusern Ägyptens umso quirliger. Überall hängen bunte Lichter und Fanoos, Ramadan-Laternen, die seit der Fatimidenzeit Tradition in Ägypten sind. An jeder Straßenecke feiern die Menschen ausgelassen das Ende einer kargen Zeit.

Doch Ramadan besteht nicht nur aus Fasten und Fastenbrechen. Es ist eine Zeit der inneren Einkehr, der Gemeinschaft und Nächsten-

liebe. Werte, die bei unserem Weihnachtsfest leider größtenteils
schon verloren gegangen sind.

Weil ein Hauch pharaonischer Geschichte durch ein islamisches Fest weht

Wer einmal durch den Luxor-Tempel spaziert ist, dem dürfte das
für so einen Ort sehr ungewöhnliche Gebäude nicht entgangen sein.
Aus den antiken Gemäuern ragt die Abu-el-Haggag-Moschee, ganz
so, als ob ein Kind einen roten Lego-Stein auf lauter grüne gestülpt
hätte. Wäre das Minarett nicht, das wie ein erhobener Zeigefinger
aus der Moschee herausragt, man könnte fast meinen, ein Pharao
habe einen ganz besonderen Geschmack gehabt, so passgenau sitzt
die Moschee auf dem antiken Gemäuer.

Die Moschee ist nach einem Sufi-Scheich namens (Yusuf) Abu
el-Haggag benannt, über den wir leider nur recht wenig wissen. Im
12. Jahrhundert wurde er in Damaskus oder Bagdad geboren. Nach
seiner Pilgerfahrt nach Mekka führten ihn unbekannte Gründe nach
Luxor, wo er ungefähr im Jahr 1245 starb. So weit die spärlichen
Fakten, es bleibt also viel Raum für Mythen und Legenden. Eine
dieser Geschichten erzählt uns von der Moschee im Luxor-Tempel.
Als ein örtlicher Beamter die Moschee abreißen wollte, stemmte
sich Abu el-Haggag dagegen. Doch seine Bemühungen schienen
umsonst, die Moschee stand kurz vor dem Abriss, bis etwas Merk-
würdiges geschah. Als der Beamte eines Morgens aufwachte, konnte
er seine Beine nicht mehr bewegen. Er glaubte, Abu el-Haggag habe
ihn für sein Vorhaben bestraft, und ließ die Moschee schließlich
doch stehen.

Eine weitere Legende trägt ihre Früchte bis in die heutige Zeit. In
Luxor traf Abu el-Haggag auf eine fromme christliche Frau namens

Tharzah, die zu der Zeit über die Stadt regierte. Er fragte sie nach einem Stück Land, nur so groß wie das einer Kamelhaut. Tharzah genehmigte die aus ihren Augen bescheidene Forderung des Scheichs. Daraufhin schnitt er die Kamelhaut in dünne Streifen und umkreiste damit einmal die Stadt. Beeindruckt von dem gerissenen Mann, konvertierte Tharzah zum Islam und heiratete ihn. Das Paar und ihre Söhne wurden nach ihrem Tod in der Moschee bestattet, und noch heute leben die angesehenen Nachfahren der Familie in Luxor.

Entlang des Weges, den Abu el-Haggag mit der Kamelhaut absteckte, findet jedes Jahr in Luxor eine große Prozession statt. Zwei Wochen vor Ramadan wird *Abu El Haggags Mulid* gefeiert. *Mulid*, das arabische Wort für Geburtstag, ist in Ägypten ein Fest für Heilige, sowohl bei Muslimen als auch bei Kopten. Es gibt Feierlichkeiten für lokale Heilige, aber auch *Mulids*, die in ganz Ägypten gefeiert werden, wie *Mulid el-Naby,* der Geburtstag des Propheten. Eines der ältesten und größten Feste findet in der Deltastadt Tanta statt. Jedes Jahr kommen Hunderttausende Gläubige aus der ganzen islamischen Welt, um den im 13. Jahrhundert lebenden Scheich Ahmed El-Badawi zu ehren.

Die *Mulids* sind eine Mischung aus Sufismus, einer mystischen Ausrichtung des Islams, und volksislamischen Strömungen, die besonders von den Strenggläubigen mit Argusaugen verfolgt werden. Denn »Es gibt keinen Gott außer Gott«, wie im islamischen Glaubensbekenntnis steht, also ist eigentlich auch kein Platz für Heilige, doch zu lange sind die Ägypter in dieser Tradition schon verwurzelt. Sie verehren ihre Ortsheiligen, erhoffen sich durch an sie gerichtete Gebete Glück, Gesundheit oder Fruchtbarkeit und erfreuen sich an den Feierlichkeiten. Manche glauben gar, dass die Heiligenverehrung noch ein Überbleibsel aus der Pharaonenzeit ist, als die Menschen Hunderte von Göttern verehrten.

Zumindest gibt es reichlich *Mulid*-Feste in Ägypten. Bei meinen Recherchen stieß ich auf eine Zahl zwischen 126 bis 3000 (!), doch Abu El Haggags *Mulid* in Luxor ist in einem Punkt anders als alle anderen. Auf den ersten Blick gibt es keine Unterschiede zu anderen *Mulids* in Ägypten. Die Abu-el-Haggag-Moschee ist mit bunten Leuchtgirlanden prächtig geschmückt. Muslime und Christen feiern gemeinsam mit folkloristischen Darbietungen, traditioneller Musik und Tänzen. Pferde rasen in großen Staubwolken mit ihren Reitern pfeilschnell durch die Straßen der Stadt, Männer zeigen die schon aus der Pharaonenzeit aufgeführten *tahteeb*-Stocktänze oder tanzen sich mit dem *Zikr*-Tanz, bei dem sie ihren Körper vor und zurück wippen, in Ekstase. Für die Kinder ist ein kleiner Jahrmarkt mit Schiffschaukeln aufgebaut, die Erwachsenen dürfen sich die Zeit bei den aufgebauten Verkaufsständen vertreiben.

Der Höhepunkt des Festes aber ist die Prozession, die mit ohrenbetäubendem Lärm an der Moschee vorbeigeführt wird. Angeführt wird sie von den Nachfahren des Heiligen, erkennbar an ihren weißen Kleidern. Dann folgen die Kamele, die Schreine aus Holz und Stoff aus dem Grab des Scheichs auf ihren wackeligen Rücken tragen, und schließlich Boote, jedes nach seinem Besitzer benannt, die mit Seilen aneinandergebunden und mit Manneskraft durch die Menge gezogen werden. Diese Boote sind das alleinige Merkmal von Luxors Heiligenfest.

Warum ausgerechnet an Luxors Prozession Boote beteiligt sind, ist nicht so ganz klar. Vielleicht mussten in der Vergangenheit die Teilnehmer während einer hohen Nilflut mal auf Boote umsteigen, oder die Tradition geht auf die Legende zurück, dass Abu el-Haggag durch ein Wunder ein Schiff auf seiner Pilgerreise aus der Seenot rettete. Viele sehen in der Bootsparade aber auch ein Überbleibsel aus der pharaonischen Zeit, als während des Opet-Festes drei Schiffsbarken mit Schreinen der örtlichen Göttertriade Amun, Mut und Chons vor der jubelnden Menge vom Karnak- zum Luxor-Tempel getragen wurde. Aber was auch immer der Grund war, die Boote sind aus der Prozession nicht mehr wegzudenken. In ihnen sitzen jubelnde Kinder mit riesigen Lautsprechern, aus denen dröhnend folkloristische Musik wummert. Männer mit tanzenden Stöcken, Pick-ups, Eselskarren und Pferdegespanne folgen der Prozession. Mit schillernden Partyhüten laufen die Kinder durch die Menge, und die Kamele sind mit bunten Tüchern und Schals prächtig herausgeputzt. Ganz Luxor ist auf den Beinen, alle jubeln, klatschen, singen und tanzen. Einmal im Jahr fegt in Luxor ein Orkan feiernder Menschen durch die Straßen – und mit ihm auch ein Hauch pharaonischer Geschichte.

38. Grund

Weil auch das Christentum ohne den Einfluss des alten Ägypten anders aussähe

Ich war schon einige Male zu Gast im koptischen Kloster im ostwestfälischen Brenkhausen. Bischof Damian erzählt seinen Besuchern gerne über die Geschichte seiner Kirche und wird nicht müde zu betonen, wie stolz die Kopten darauf sind, die direkten Nachfahren der alten Ägypter zu sein. Tatsächlich finden sich in dem koptischen Kloster neben Räumen mit christlichen Szenen auch wundervolle Wandmalereien altägyptischer Motive, die von der Künstlerin und Ägyptologin Daniela Rutica auf die Wände gebannt wurden.

Der Umgang mit ihrem pharaonischen Erbe war jedoch nicht immer so frei von Spannungen. Die Spuren des Christentums finden sich vielerorts in antiken Stätten, wo Asketen sich zurückzogen oder einfache Menschen lebten und sogar arbeiteten. Aus Tempeln und Gräbern wurden Wohnstätten, Versammlungsorte, Schulen und sogar Küchen. Mit koptischen Inschriften nach dem Motto »Ich war hier« haben die Christen, wie so viele ausländische Reisende der Antike und Neuzeit, noch die harmlosesten Spuren hinterlassen. Die Decken der alten Stätten sind verrußt von den Feuerstellen aus koptischer Zeit, und ein wahrer Bildersturm löschte die altägyptischen Götter und Pharaonen aus. Niemand wollte den lieben langen Tag von Götzengesichtern angestarrt werden.

So ganz konnten die Christen ihr pharaonisches Erbe aber nicht loswerden. Einige Dinge funktionierten einfach zu gut, und zu viele Veränderungen will man den Neugläubigen ja auch nicht zumuten – das Erfolgsrezept der Christen schlechthin. Sie versuchten, an alte Religionen anzuknüpfen, suchten Verbindungen und fanden sie schließlich auch. In Ägypten gelang dies mit der beliebten Göttin Isis und dem Horuskind. Der junge Knabe, der auf dem Schoß seiner Muttergöttin Isis sitzt, war eine populäre Darstellung. Fehlt nur der Heiligenschein, und schon haben wir Maria mit dem Jesuskind auf ihrem Schoß. Eine bildliche Darstellung, die von Ägypten aus die ganze Welt eroberte.

Manche glauben gar, dass eine grundlegende Vorstellung des Christentums von der altägyptischen Religion beeinflusst sein könnte. Die Wiederauferstehung Jesu solle demnach von dem alt-ägyptischen Totengott Osiris herrühren, der von seinem Bruder Seth getötet und zerstückelt, von Isis wieder zusammengesetzt und an-schließend in eine transzendente Welt gefahren ist, um von dort aus die Menschen zu leiten. Von hier aus richtete er die Toten nach ihren guten und schlechten Taten. Die einen gingen in die seligen Gefilde, die anderen in etwas, was wir mit einer Hölle vergleichen könnten. Es gibt sicherlich einige Parallelen, aber auch einige grundsätzliche Unterschiede im Totenkult. Während die Christen Angst vor ewi-gen Qualen in der Hölle haben, fürchteten sich die Ägypter vor der völligen Vernichtung. Außerdem ist der Wiederauferstehungsglaube nicht nur auf dem Mist der Ägypter gewachsen, sondern weit ver-breiteter Glaube bei anderen antiken Völkern.

Mit Gewissheit können wir jedoch sagen, dass die Kopten den Kalender von ihren Ahnen übernommen haben. Wie im alten Ägypten besteht der koptische Kalender aus zwölf Monaten zu je 30 Tagen. Am Ende werden noch fünf Tage hinzugefügt (bei Schalt-jahren sechs). Diese Epagomenen wurden im alten Ägypten als die Geburtstage der fünf Götter Osiris, Horus, Seth, Isis und Nephthys gefeiert. Auch die Monatsnamen sind größtenteils die gleichen wie im alten Ägypten – teilweise benannt nach altägyptischen Göttern und Pharaonen wohlgemerkt (wie unsere Monatsnamen ebenso nach heidnischen Göttern (z.B. März = Mars) oder Kaisern (z.B. Juli = Julius Caesar) benannt sind). Das koptische Jahr beispielsweise beginnt mit dem Fest Nairuz am 11. oder am 12. September, dem ersten Tag des Monats Thout, nach dem ägyptischen Gott der Weisheit, den wir Thot nennen.

Doch nicht nur die Kopten haben den alten Ägyptern einiges zu verdanken, sondern auch umgekehrt. Das Koptische hat zumindest in der Lithurgie die Jahrhunderte überdauert, was ein Glücksfall für alle Sprachwissenschaftler ist. Wäre die koptische Schrift nicht erhalten geblieben, hätten die ägyptischen Hieroglyphen nicht in so kurzer Zeit so fortgeschritten entziffert werden können. Die Vorarbeit des Franzosen Jean-François Champollion hätte vielleicht in einer Sackgasse geendet. Er hatte 1822 die Hieroglyphen dank des Steins von Rosette geknackt, da diese antike Stele mit drei Inschriften mit ein und demselben Inhalt beschrieben ist und zwar einmal in altägyptischen Hieroglyphen, einmal in demotischer-ägyptischer Schreibschrift und einmal in griechischer Schrift und Sprache. Ohne das Koptische lägen aber die Bedeutung etlicher Wörter und so mancher Aspekt der altägyptischen Grammatik noch bis heute im Dunkeln der Geschichte. Mithilfe einiger altägyptischer Erbwörter im Koptischen konnte so manches altägyptische Wort in den Hieroglyphen sogleich korrekt übersetzt werden, beispielsweise *remetsch* »Mensch«, das in der gleichen Bedeutung im Koptischen als *rome* erhalten geblieben ist.

Wir können bei manchen Wörtern sogar ableiten, wie das »tote« Altägyptisch ausgesprochen wurde. Der höchste Reichsgott Amun wurde beispielsweise wahrscheinlich Amanaw, mit einem weichen Stimmeinsatz am Anfang und das *w* am Ende wie im englischen *water* gesprochen.

Zwei Kulturen, die noch junge christliche und die uralte altägyptische, die unterschiedlicher kaum sein könnten, kamen vor gut 2000 Jahren in Kontakt miteinander – viele würden sagen »sie prallten aufeinander«. Doch anders als die letztere Aussage vermuten lässt, prallen sie nicht einfach aufeinander und stoßen sich ab wie Billardkugeln, sondern die Menschen dieser Kulturen treffen aufeinander und beeinflussen sich gegenseitig: An Althergebrachtem wird festgehalten oder es wird aufgegeben unter dem Einfluss des Neuen, zuvor Fremdes wird übernommen oder abgelehnt. Das Ergebnis aber ist immer ein Wandel, es entsteht etwas Neues, und so finden wir auch heute noch Spuren vielfältiger fremder Einflüsse im Christentum, wie wir es heute kennen. Ohne Zweifel können wir also behaupten: Unser heutiges Christentum – und ganz besonders das koptische Christentum – sähe wohl ohne die altägyptische Kultur anders aus.

39. Grund

Weil selbst das Wunder von Bern mit Ägypten verknüpft ist

An diesem Punkt werden alle Nicht-Fußball-Interessierten sich verwundert die Augen reiben: Puskás? Wer ist das denn? Der sportbegeisterte Fußballfan wird jedoch aufhorchen. Ferenc Puskás? Etwa DER Ferenc Puskás? Was soll der denn mit Ägypten zu tun haben?

Aber der Reihe nach. Wer ist denn nun eigentlich dieser Ferenc Puskás, und was verbirgt sich hinter dem klangvollen Namen, der Fußballfans und -kenner, wenn auch älteren Jahrgangs, so ehrfürchtig mit der Zunge schnalzen lässt? Und warum zog es ausgerechnet ihn in das Land am Nil?

Der Ungar Puskás wurde am 1. April 1927 in Budapest als Franz Purczeld geboren und verstarb am 17. November 2006. Er war der Cristiano Ronaldo seiner Zeit. Mit seinem unvergleichbaren dynamischen und technischen Spielstil prägte er als Spielgestalter mit der Nummer 10 eine ganze Ära. Noch heute verleiht die FIFA alljährlich den Puskás-Preis für das schönste Tor der Saison. Uns Deutschen ist Puskás besonders für seine Rolle im legendären WM-Finale von 1954 im Gedächtnis geblieben. Er führte die damalige Star-Truppe der Ungarn durch das Turnier und bis ins Finale. Die ungarische Mannschaft galt damals als die beste der Welt – bis eine bis dahin quasi unbedeutende deutsche Mannschaft die Übermacht stürzte und Weltmeister wurde. Wir kennen alle das »Wunder von Bern«.

Dem Image von Ferenc Puskás tat die Niederlage keinen Schaden, ganz im Gegenteil. Als er im Alter von 39 Jahren seine beeindruckende Karriere beendete und als Fußballtrainer seine Karriere fortsetzen wollte, rissen sich die Vereine um den Ungarn. Und nach mal mehr, mal weniger erfolgreichen Stationen als Trainer zog es ihn nach – ja genau: nach Ägypten. Die Summe von 4000 ägyptischen Pfund, was damals eine ungeheure Summe war, lockten ihn von 1979 bis 1982 zum ägyptischen Klub Al-Masry in Port Said. Ein Verein, der damals noch keinen einzigen Ligatitel vorweisen konnte, doch große Namen verpflichten zu großen Taten, und durch den schillernden, großen Ex-Spieler war die Motivation bei dem 1920 gegründeten Club entsprechend groß.

Eine der ersten Amtshandlungen im Rahmen der Saisonvorbereitung des Trainers Puskás in Ägypten war, man soll es kaum glauben, eine Tour in die Schweiz, was für damalige ägyptische Verhältnisse höchst ungewöhnlich war. Aber der Name Puskás öffnete eben in der Sportwelt immer noch viele Türen, auch oder gerade für einen damals in Europa relativ unbekannten Verein wie Al Masri, der durch diese Tour über Nacht in Europa bekannt wurde. Der Puskás -Faktor zahlte sich erstmalig aus für den Verein.

Sportlich ging es für den ägyptischen Fußballclub ebenfalls aufwärts. Endlich konnte der Verein den großen Namen des ägyptischen Fußballs: Al Ahly und Al Zamalek, auch heute noch große Mannschaften, Paroli bieten. Die Saison 1979/80 konnte der Verein so unter Puskás' Führung mit einem guten dritten Platz hinter den beiden Platzhirschen abschließen.

Doch die Dominanz der beiden großen Clubs konnte auch der legendäre Puskás nicht durchbrechen. Zwar schien es in der Spielzeit 81/82 sogar noch besser zu laufen, nachdem man die Liga zur Saisonhälfte anführte, aber dann gab es eine verheerende Heimniederlage gegen die Favoriten von Zamalek, einhergehend mit Unruhen und Ausschreitungen der Anhänger, was dazu führte, dass der ägyptische Verband kurzerhand alle verbliebenen Heimspiele, sehr zum Nachteil von Puskás Mannschaft, in ein anderes Stadion verlegte. Der verlorene kostbare Heimvorteil sollte sich als tragisch erweisen. Die Mannschaft des ungarischen Trainers musste die Saison, die so erfolgreich und hoffnungsvoll begonnen hatte, auf dem fünften Platz beenden und die eigenen Träume vom Titel begraben.

Das Pech sollte der Mannschaft unter ihrem ungarischen Star-Trainer auch weiterhin bei entscheidenden Spielen erhalten bleiben, sodass es trotz guter Leistungen nie zum großen Erfolg reichen sollte. Aber obwohl das Team dazu neigte, immer an den großen Hürden und Spielen zu scheitern, wenn es darauf ankam, erinnern sich die Al Masry-Anhänger bis heute noch gerne und ehrfürchtig an die Zeit unter Puskás zurück. Viele der euphorischen, treuen Fans und Anhänger haben daher damals sogar ihre Söhne nach dem legendären Ungarn benannt, der in Ägypten, wenn auch nur für kurze Zeit, bei seinem Verein einen bleibenden Eindruck hinterließ und seinen Anhängern Hoffnung und Freude gab. Ferenc Puskás war und ist auch heute noch eine große und bedeutende Figur in Ägyptens Fußballwelt, die mit ihm ihr ganz eigenes »Wunder« erlebt hat.

Weil der Pharao Ägyptens
heute ein Fußballer ist

Die Ägypter sind fußballverrückt. Obwohl ihr Land international eher mäßig erfolgreich ist, fiebern sie jedem Spiel ihrer Mannschaft entgegen. Die Straßen sind leer gefegt, und die Menschen sitzen zusammen in den Cafés bei einer Shisha oder einem Tee vor den Fernsehern und feuern ihre Mannschaft lautstark an.

Der Hype um König Fußball ist seit »Mo« Salah noch einmal enorm gestiegen. Torgarant in der Nationalmannschaft und unter Jürgen Klopps FC Liverpool. Ihn kennt jedes Kind in Ägypten, und er wird als »Pharao« gefeiert und mindestens genauso verehrt wie ein altägyptischer König.

Salah-Puppen, Salah-Lampen, Salah-Bilder, Salah-Taschen, Salah-Tassen. Der Pharao ist überall. Er ist der Superstar Ägyptens. Ihm zu Ehren wurde sogar eine Statue errichtet, wobei diese für einen kräftigen Shitstorm gesorgt hat. Mit ausgebreiteten Armen steht Mo Salah mit einem überdimensionierten Wuschelkopf, der eher an Art Garfunkel von »Simon and Garfunkel« erinnert, als an den Profi-Stürmer. Bei der Präsidentschaftswahl 2018 soll Mo Salah angeblich eine Million Stimmen erhalten haben, obwohl er überhaupt nicht kandidiert hat. Ein Museum ihm zu Ehren ist in Planung, und sein Bildnis ist auf Häuserwänden ein beliebtes Motiv.

Mohamed Salah wuchs in dem kleinen Dorf Nagrig 150 Kilometer von Kairo auf. Sein Vater war für ägyptische Verhältnisse nicht arm, er besaß Land und eine Jasminfabrik, anders als manche »vom Tellerwäscher zum Millionär«-Geschichten über Salah uns weismachen wollen. Jeden Tag nahm er eine vierstündige Busfahrt nach Kairo auf sich, um beim Klub Arab Contractors SC zu trainieren, und das vier Jahre lang. Sein Fleiß und Einsatz wurden belohnt, und im Jahr 2010 stand er das erste Mal in der Egyptian Premier

League für den Verein al-Mansura SC auf dem Platz. Doch im Jahr 2012 stellte ein schlimmes Ereignis sein ganzes Leben auf den Kopf. Am 1. Februar 2012 kam es bei einem Ligaspiel im ägyptischen Port Said zu so schweren Fan-Ausschreitungen, dass 74 Menschen starben. Daraufhin wurde der Liga-Betrieb komplett eingestellt, und bis auf Weiteres wurden keine Fans mehr ins Stadion gelassen. Mohamed Salah hatte in der ägyptischen Liga keine Zukunft mehr, doch bei einem Freundschaftsspiel zwischen dem FC Basel und der ägyptischen U23-Nationalmannschaft wurde er zur 2. Halbzeit eingewechselt und schoss gleich zwei Tore. Basel erkannte sein Talent, und im Juli 2012 nahm seine Karriere als Profi-Fußballer im Ausland ihren Anfang. Nach einigen Stationen in Europa ging es schließlich für 42 Millionen Euro Ablöse zum FC Liverpool.

»If he scores another few, then I'll be a muslim too!« – »Wenn er noch ein paar Tore schießt, will ich gerne auch ein Muslim sein«, singen die englischen Fans ihm zu. Auch wenn es sicher nicht ernst gemeint ist, sind solche Gesänge in einer Liga, die leider wegen unrühmlicher Fremdenfeindlichkeit bekannt ist, außergewöhnlich.

Das Bemerkenswerteste an Mohamed Salah ist jedoch nicht seine Torgefährlichkeit – in der englischen Premier League traf Salah 2017/18 in 33 Spielen 31 Mal –, sondern seine unglaubliche Bescheidenheit weitab von allen Staralülren – und sein großes Herz.

Der Ex-Präsident des Kairoer Fußballclubs Zamalek wollte ihm eine Luxusvilla schenken, doch Salah lehnte das Angebot ab. Stattdessen bat er ihn um ein Sauerstoffgerät für das Krankenhaus in seiner Heimatregion, was dann tatsächlich auch passierte.

Einem krebskranken ägyptischen Jungen bezahlte Salah die Therapie und besucht ihn seitdem regelmäßig. Jedes Jahr zu Ramadan reist er in sein Heimatland, wo er mit den Kindern seines Heimatdorfes Fußball spielt und mit ihnen das Fasten bricht.

Eine viel zitierte Geschichte gehört aber eher in dem Bereich der Mythen: Als im Haus seiner Eltern eingebrochen wurde, soll Salah den Einbrecher nicht der Polizei angezeigt haben, sondern beharrte darauf, ihm eine zweite Chance zu geben. Als Start in sein neues Leben soll er ihm sogar Geld gegeben und einen Job verschafft haben. Jedem Helden seine Geschichten …

Im Juni 2018 konnte Ägypten das dritte Mal insgesamt und das erste Mal seit 1990 an einer Fußballweltmeisterschaft teilnehmen – natürlich dank ihres Stürmerstars. Ägypten schied bereits in der Vorrunde aus, nicht zuletzt wegen einer Schulterverletzung ihres Superstars. Kurz nach dem Vorrunden-Aus wurde Salahs private Adresse in Ägypten geleakt, woraufhin sich ein ganzes Rudel Menschen vor seinem Haus bildete. Anstatt sich wütend einzuschließen und die Polizei zu rufen, wie es sicherlich andere Stars getan hätten, ging er aus dem Haus und schrieb fleißig Autogramme für seine Fans und ließ sich mit ihnen fotografieren. Ein Star zum Anfassen – zumindest in dieser Beziehung hat er seinen Spitznamen »der Pharao« zu Unrecht.

41. Grund

Weil Handwerkskunst hier noch auf allen Silben betont werden kann

Nur die wenigsten von uns benutzen noch von Hand gefertigte Gebrauchsgüter, geschweige denn verfügen sie über das Wissen, diese herzustellen. Heute wird alles maschinell gefertigt, ein Umstand, der nicht wirklich beklagenswert und natürlich dem Zeitgeist geschuldet ist. Leider drängt sich oft das Gefühl auf, dass alte Handwerkskunst kaum mehr geschätzt wird. Omas Geschirr, das jahrzehntelang gehegt und gepflegt wurde, verstaubt oder landet auf Flohmärkten, in Fernsehsendungen oder schlimmstenfalls auf dem Müll.

Natürlich hat auch ein traditionsreiches Land wie Ägypten heute mit Billigware aus Fernost zu kämpfen. Dennoch findet man in jeder Stadt noch kleinere und mittlere Handwerksbetriebe, die nach alten

Traditionen ihre Waren herstellen und wo das Wissen über mehrere Generationen vom Vater zum Sohn oder von der Mutter zur Tochter weitergereicht wurde.

Im Land am Nil finden wir sie noch, die Weber an ihren Webstühlen, die mit sicherer Hand die Schiffchen mit dem Schussfaden durch die Fallfäden führen. Juweliere, die Steine schleifen und polieren und in elegante Schmuckstücke einsetzen. Steinbildhauer, die vor ihren Häusern am Boden sitzen und mit Feile und Messer kunstvolle Gegenstände zaubern. Schneider, die Anzüge, Kleider und natürlich auch die Galabiya auf Maß schneidern. Sattler, die aus Tierleder Pferdegeschirr, Schuhe und allerlei Zierrat herstellen. Tischler, die noch mit Drechsel, Winkel und Falllot arbeiten wie ihre Vorgänger vor 5000 Jahren.

Doch die am ursprünglichsten gebliebene Arbeit, sie sich seit vielen Jahrtausenden kaum verändert hat, ist die des Töpfers. Der Töpfer sitzt damals wie heute noch an seiner drehbaren Töpferscheibe, nur wo sie heute mit dem Fuß bedient wird, musste in der Antike noch per Hand gedreht werden. Handarbeit hatte damals noch eine ganz andere Bedeutung als heute … Ohne Töpferscheibe, nur mit viel Kraft und Geschick werden Töpfe bis heute hergestellt. Auf dem Boden sitzt der Töpfer mit gekreuzten Beinen und bearbeitet seinen Ton in einer im Boden eingelassenen kreisförmigen Mulde durch kräftiges Kneten und Schlagen, bis er schließlich die gewünschte Form erhält. Mehr Handarbeit geht nicht. Vor dem Verkauf – die Ware wird auch heute noch größtenteils auf den Märkten verkauft – muss der Ton natürlich noch gebrannt werden. Die selbst gemauerten Brennöfen von heute sehen aus, als hätten sie bereits in der Antike schon genau an dieser Stelle gestanden. Zumindest hatten auch schon die alten ägyptischen Brennöfen eine Lochtenne, die den Feuerraum von der Brennkammer trennte und in der die Gefäße vor dem direkten Feuer geschützt lagen.

Das Material, mit dem der Töpfer seine Keramiken erstellt, hat sich übrigens ebenfalls in vielen Jahrtausenden nicht verändert. Es besteht aus dem von der Nilflut angeschwemmten Ton oder aus zerstoßenem kalkhaltigen Sedimentgestein, das mehrere Tage im Wasser aufgeweicht und dem anschließend durch Liegen in der Sonne das überschüssige Wasser wieder entzogen wird. So kann die Masse perfekt verarbeiten werden, ohne Chemie, ohne Strom – aus der Natur und mit der Natur. Nachhaltiger geht's nicht.

Im alten Ägypten hatten Keramiken einen weitaus höheren Stellenwert als heute. Man brauchte die unterschiedlichsten Töpferwaren zum Kochen und Backen, zum Wasserholen, als Lichtquelle in Form von Lampen und Feuerbecken, zum Abfüllen für Bier und Wein, aber auch für die Einlagerung von Lebensmitteln, um sie dunkel und geschützt in der ägyptischen Hitze länger haltbar zu machen.

Auch wenn im Topf »nur« Bier gelagert wurde, jeder einzelne war mit viel Fertigkeit per Hand hergestellt worden. Der Beruf des Töpfers musste schon immer Erfahrung und Geschick mitbringen, den richtigen Zeitpunkt, seinem Ton auf der Drehscheibe Wasser hinzuzufügen, musste der Töpfer abpassen. Weiter muss er abschätzen, wie schnell die Töpferscheibe gedreht werden musste und natürlich, wie man mit den bloßen Händen das gewünschte Objekt formen konnte. Die Kunstfertigkeit der Töpfer war so hoch angesehen, dass selbst eine alte Schöpfungsgeschichte darum kreiste (Achtung: Wortspiel!). Die alten Ägypter glaubten nämlich, dass der widderköpfige Gott Chnum aus Ton auf einer Töpferscheibe die Menschen, Tiere und Pflanzen formte – also auch alles handgefertigt.

Die Industrialisierung und die Computertechnik haben es binnen kürzester Zeit geschafft, bei uns in Europa jahrtausendealte Berufe überflüssig zu machen. In Ägypten aber gibt es viele dieser Berufe noch. Dort kann man tatsächlich für kleines Geld noch Kunsthandwerk kaufen, das diesen Namen auch verdient.

Obelisk im Karnak-Tempel.
Die »Bratspießchen« haben
von Ägypten aus die ganze
Welt erobert. (111. Grund)

Oben: Hurghada am Roten Meer ist das beliebteste Urlaubsziel der Deutschen in Ägypten (7. Grund).
Unten: Unterwasserratten kommen in Ägypten voll auf ihre Kosten. Das Rote Meer bietet sowohl Tauchern als auch Schnorchlern großartige Unterwasserwelten (55. Grund).

In den Luxus-Hotels am Roten Meer kann man die Seele baumeln lassen. Weniger Luxus, aber dafür familiären Flair bieten die kleinen Hotels (10. Grund).

Die Pyramiden von Gizeh sind das Wahrzeichen Ägyptens und sind immer wieder Gegenstand esoterischer, außerirdischer und völlig abstruser Spekulationen (102. Grund).

Oben: Auf dem Souk gibt es jede Menge Gewürze, z.B. die Malvenblüten, mit denen der rote Tee Karkadeh zubereitet werden kann (65. Grund). **Unten:** Tee wird von den Ägyptern immer aus Gläsern getrunken. Und das selbst zur englischen Tea-Time (66. Grund).

Oben: Im Khan el Khalili Basar findet man noch alte Handwerkskunst (5. und 41. Grund).
Unten: Das Glück dieser Erde liegt in Ägypten auf dem Rücken der Kamele (47. und 48. Grund).

Oben: Die Millionenstadt Kairo. Von den unzähligen Minaretten hallen die Rufe der Muezzins und rufen zum Gebet auf (34. Grund).

Unten: In Assuan sieht man noch deutlich, warum der Nil die Lebensader Ägyptens ist (2. Grund).

Oben: Unglaublich: Mumien waren im 19. Jahrhundert Medizin- und Partystars (109. Grund).
Unten: Ramses II. hat überall im Land seine Spuren hinterlassen. Sein größter Coup war jedoch der erste Friedensvertrag der Weltgeschichte (25. Grund).

Oben: Einblick in eine der Felsenkirchen am Fuße des Mokkatam-Berges (73. Grund).
Unten: Das alte und inzwischen beinahe verlassene Grabräuber-Dorf el-Qurna am Westufer von Luxor (97. Grund).

Eine Nilkreuzfahrt
ist die schönste Art,
Ägypten kennenzu-
lernen (56. Grund).

Der Suez-Kanal ist einer der wichtigsten Schifffahrtswege der Welt. Beinahe hätte hier eine ägyptische Variante der Freiheitsstatue gestanden (32. Grund).

Der Assuan-Staudamm bedrohte in den 1960er-Jahren viele Kulturgüter. Der Tempel von Abu Simbel (unten) musste an eine höhere Stelle versetzt werden (77. Grund).

Nach anstrengenden Kletter-
partien (50. Grund) oder Abenteuern á la Indiana Jones
(98. Grund) kann man auf
einer Feluke entspannt den
Tag ausklingen lassen.

Weil Kitsch hier zum Must-have wird

Überall stehen sie – auf dem Souk und bei den fliegenden Händlern. Nein, dieses Mal meine ich kein Kunsthandwerk, sondern kitschigen Trödel. Statuen, die windschief auf ihren Sockeln stehen und den Betrachter mit dumpfen Augen anstarren. Die Handwerker des alten Ägyptens, die so große Kunst geschaffen haben, würden sich im Grabe umdrehen, wenn sie sehen könnten, was einige ihrer Nachfahren heute so in Speckstein klöppeln.

So was kauft doch kein Mensch! – und eine Stunde später ist auch die eigene Tasche voll mit typischem Touristen-Nippes. Kaum einer kann den überquellenden Ladenregalen der Souks widerstehen. Das Angebot ist reichlich und kitschig. Es reicht von güldenen Kugelschreibern bis zu überlebensgroßen Pharaonen-Lampen (wer schleppt eigentlich so etwas durch den Flughafen?).

Manchmal erkennt man den Charme eines unansehnlichen Objekts erst auf den zweiten Blick. Beim letzten Urlaub noch kopfschüttelnd gedacht, wer sich bloß die Min-Statuetten mit erigiertem Riesen-Phallus in sein Wohnzimmer stellt, und beim nächsten Urlaub nach der Idee einer Freundin, den Phallus als Ringhalter zu benutzen, doch noch zugeschlagen … Was für eine köstliche Idee, gleich mal der besten Freundin einen mitgenommen …

In den antiken Stätten wirbeln Händler wie Derwische um die Touristen, um ihnen eins ihrer »handmade« Stücke unterjubeln zu können. Der ein oder andere gibt dann schon mal genervt auf und drückt ihm zähneknirschend den völlig überteuerten Preis in die Hand. Busse und Taxis karren die Touristen zu diversen Manufakturen, um die kaufkräftige Kundschaft zu Käufen zu verlocken, für die man in Deutschland nicht mal im Traum auf die Idee kommen würde, die Geldbörse zu zücken. Und ist der Vorsatz, dieses Mal bestimmt nichts zu kaufen, noch so groß, wird der ein oder andere doch noch schwach. Sei es aufgrund der riesigen Auswahl, oder des vermeintlich günstigen Preises. Ein kleiner Skarabäus geht noch …

Die Wohnung kann noch so geschmackvoll eingerichtet sein, ein schieläugiger Gott oder ein muffiges Papyrus ziert jedes Wohnzimmer eines Ägypten-Reisenden. Manch einer hat ganze Altäre mit Götterfiguren und Steintafeln zu Hause. Es sind Erinnerungen an einen wunderschönen Urlaub und gleichzeitig Zeichen, dass man dem Flair der Souks und insbesondere der Geschäftstüchtigkeit der dortigen Händlern erlegen ist. Oder einfach, dass sie billig waren und es ja auf einen Staubfänger im Regal mehr oder weniger nicht ankommt – mögen sie noch so hässlich und geschmacklos sein. Über Geschmack lässt sich ja bekanntlich streiten. Und im Ägypten-Urlaub bleibt dieser auch mal gerne zu Hause …

Wenn ich dann meine Altäre mit all den Götterfiguren, Steintafeln und Skarabäen betrachte, versuche ich mich immer zurückzunehmen. Bei der nächsten Ägypten-Reise wird nichts mehr gekauft! Ein frommer Wunsch, der eh nicht in Erfüllung geht.

43. Grund

Weil Sauberkeit im stillen Örtchen groß geschrieben wird

Ägypten und saubere Toiletten … das passt so gut zusammen wie stinkende Dieselautos auf einer duftenden Blümchenwiese – denken Sie!

Die Toiletten in den großen Hotels sind in der Regel aber sehr sauber. Wobei das Mitführen eines Hygienesprays mit dem Wissen, dass der Roomboy mit einem einzigen Lappen die Toiletten des gesamten Flurs putzt, wie überall auf der Welt, auch hier eine gute Idee ist. Wer aber das erste Mal in eine öffentliche Touristenstätten-Toilette geht, mit seinem vom Toilettenmann/-frau in die Hand gedrückten Klopapierhäufchen, muss sich entscheiden, ob der natürliche Drang zu müssen oder der Drang, auf dem Absatz kehrtzumachen, überwiegt.

Wer eine längere Reise vor sich hat und eine schwache Blase besitzt, der sollte auf das Kännchen Tee oder Kaffee am Morgen besser verzichten. Die öffentlichen ägyptischen Toiletten sind nämlich oft nicht mehr als ein – wenn man Glück hat zumindest gefliestes – Loch im Boden. Und die Gerüche, die diesem entfleuchen, nun ja, damit muss man auch umgehen können … Wie so oft im Leben haben es an der Stelle die Herren der Schöpfung leichter. Kleiner Tipp und einziger Ausweg aus der Misere: Augen zu und durch – oder die Flucht ergreifen, je nach Blasengefühl. Auch eine Wasserspülung, wie wir sie kennen, sucht man an einem solchen stillen Örtchen vergebens – seine Hinterlassenschaften darf man mit einem am Boden liegenden Schlauch wegspülen. Wenn man Glück hat. Wenn man Pech hat – funktioniert auch das nicht. Selbst wenn der Ort an sich nicht besonders schön gestaltet ist, den Blick stur auf den Boden gerichtet zu haben, ist auch keine gute Idee. Denn so heftet er sich an all die Dinge, die da so liegen, wenn nicht gewischt, ja nicht mal gekehrt wird. Und das will man am liebsten alles weder sehen noch wissen. Toilettenpapier – Sie ahnen es – Fehlanzeige. Eine Packung Taschentücher, vielleicht sogar feuchtes Toilettenpapier, sollte also in keiner Reisetasche fehlen.

Ja, in Ägypten kann die typische Urlaubsverstopfung schon vorprogrammiert sein. Aber warum wird Hygiene jetzt an stillen Örtchen in Ägypten trotzdem großgeschrieben? An den Putzkünsten der ägyptischen Reinigungskräfte liegt es anscheinend nicht. Aber an der Art, wie die Ägypter ihren Toilettengang abschließen … Reisende in den arabischen Ländern werden es bereits wissen. Der oben erwähnte Schlauch ist nicht nur Toilettenspülung (und Bodenreinigung), sondern auch für die Reinigung nach dem Geschäft zuständig. Das machen die Ägypter/Araber übrigens nur mit der linken Hand, weswegen Gruß und Essen grundsätzlich mit rechts gemacht werden.

Mit einem Wasserstrahl wird alles gleich viel sauberer, und es ist viel hygienischer als mit unserem Toilettenpapier. Ägyptische Haushalte mit einer Sitztoilette haben eine Vorrichtung namens *shattafa*, die wie ein kleiner Springbrunnen in dem Klo montiert ist und ähnlich wie ein Bidet funktioniert. Wer denkt, dies wäre eine Toilettenspülung, und den Hahn dementsprechend ruckartig aufdreht, wird plitschnass aus dem Klo kommen. Alles schon passiert …

Toilettenpapier haben quasi die Europäer in das Land gebracht, und alles, was von außerhalb in ein Land kommt, ist nicht nur in der Tierwelt oftmals schädlich für die Umwelt. Die Abwasserrohre in Ägypten sind nämlich nicht für das schwere nasse Papier gemacht, und auch die ägyptischen Kläranlagen, die alle (stinkende) naselang nur aus einer Sickergrube für jeden Haushalt bestehen, schaffen es nicht, der Papierflut Herr zu werden. So folgt denn der Kulturschock einiger Europäer in kleineren Hotels auf der Toil… äh auf dem Fuße: In manchen Zimmern darf das Toilettenpapier nicht in die Toilette, sondern in den extra dafür bereitgestellten Papiereimer geworfen werden. Glauben Sie mir, es gibt Schlimmeres …

Auch der Toilettengang über einem Loch im Boden, das sich in den meisten älteren ägyptischen Haushalten befindet, ist nur nach unserem europäischen Empfinden unangenehm. Hockend sein Geschäft zu verrichten ist angeblich nicht nur hygienischer, sondern auch viel gesünder. Nach Expertenmeinungen geht der Stuhlgang viel schneller, und man muss nicht so viel pressen. Also wieder etwas gelernt. Das Hamam in Ägypten – nein, es ist kein türkisches Dampfbad gemeint, sondern heißt übersetzt Badezimmer/Toilette, wie im Türkischen übrigens auch – ist also eine ganz eigene Sache und sicher Auslöser für so manchen Kulturschock.

Weil Habibi der Schatz
in jedem ägyptischen Lied ist

»Wie heißt nur dieses Lied?! Ich muss es unbedingt haben, es erinnert mich immer an Urlaub, Sonne, Strand und Pyramiden.« Meine
Bekannte ist verzweifelt auf der Suche nach dem Clublied, welches
in ihrem Hotel jeden Tag rauf und runter gedudelt wurde. Anstelle
selbst einmal nachzufragen, muss jetzt die Freundin herhalten, die
auch mal gerne Alexa sagt, sie solle arabische Popmusik auflegen, und
diese auf volle Lautstärke dreht. Nachgesummt ließ sie mich weiter
ratlos zurück. Das kann ja alles sein! Bei der Antwort auf die Frage, ob
sie sich an irgendein arabisches Wort aus dem Lied erinnern könnte,
musste ich schmunzeln: *Habibi*. Was sonst! *Habibi*, was übersetzt so
viel wie »mein Schatz« oder »mein Geliebter/meine Geliebte« bedeutet, kommt quasi in jedem arabisch-ägyptischen Lied vor.

Grammatikalisch ist *Habibi* in vielen Fällen eigentlich nicht korrekt, aber uneigentlich interessiert das in den Liedern überhaupt
niemanden. Normalerweise werden nur Männer mit *Habibi* angesprochen, die Dame seines Herzens nennt man(n) *Habibti*.

Bei schmachtend vorgetragener arabischer *Habibi*-Musik fällt
mir direkt immer ein Name ein: Umm Kulthum (1904–1975). Und
das ist durchaus positiv gemeint. Die Maria Callas Ägyptens ist DIE
Ikone der arabischen Musikwelt. Mit unglaublicher Kraft und Im-
provisationskunst intonierte sie ihre Lieder mit einer ungeheuren
Bandbreite ihrer Stimme und revolutionierte die arabische Musikgeschichte – so wie die Beatles unsere Musikgeschichte revolutio-
nierten. Bis heute sind Umm Kulthum und ihre Musik in Ägypten
so wie in vielen weiteren arabischen Ländern unvergessen. Zu den
über 280 von ihr interpretierten Liedern über Patriotismus, Natur,
und Religion singt sie natürlich auch mit herzzerreißender Stimme
über Liebe und Habibis.

Heute wummert *Habibi* in eingängiger Tanzmusik aus den Boxen der Radios und anderen elektronischen Geräten. Die Charts in Ägypten werden heute von Rap und tanzbaren, schnellen Rhythmen dominiert – und Werbeliedern von Mobilfunkanbietern. Wobei das eine das andere nicht ausschließt. Unbestrittener König der Charts in Ägypten und seinen Nachbarländern ist der Ägypter Amr Diab. Einfache, gut ins Ohr gehende Popmusik eines smarten Typen. Der Ricky Martin Ägyptens.

In dieselbe Richtung wie Amr Diabs eingängige Musik schlägt eine Stilrichtung namens *Shaabi* – was übersetzt einfach »Volk« heißt. Eine einfache, volkstümliche Musik gemischt mit elektronischen Rhythmen und gepaart mit nur wenigen und leicht einprägsamen Texten. Kommt Ihnen bekannt vor? Gäbe es in Ägypten einen Ballermann oder ein Oktoberfest, würden diese genau dort gespielt werden. Eine ähnliche Musikrichtung und wie *Shaabi* auch ein Tanz, ist *Balady* (»vom Land)«, mit volkstümlicheren Klängen ist sie vergleichbar mit unserer Volksmusik. Die Songs können von typischen arabischen Instrumenten begleitet werden, wie die *Schabbaba*-Flöte mit ihrem hellen Klang, die *Nay* – das Tamburin und eines der ältesten Musikinstrumente der Welt – , die *Oud-Laute* oder die *Arghul*, die Doppelflöte, deren Ursprung vor über 4000 Jahren in Ägypten war. Wie die Musik der alten Ägypter klang, wissen wir heute übrigens nicht mehr, denn uns sind bedauerlicherweise keine Noten überliefert. Zimbeln, Trommeln und Rasseln haben die Zeit aber bis heute überdauert. Die Dissonanz, die volkstümliche arabische Musik in unseren Ohren hervorruft, dürfte aber auch die altägyptische Musik hervorgerufen haben.

Das Geheimnis des Clublieds konnten wir übrigens bis heute nicht lüften. Da hilft wohl nur, noch einmal hinzufahren und dieses Mal nachzufragen. Denn ein bestimmtes Lied zu finden, in dem *Habibi* vorkommt, ist ungefähr so, wie einen deutschen Schlager zu finden, in dem es um Liebe geht.

Weil Bauchtanz jeder Frau
eine arabische Seele einhauchen kann

Ein Bauchtanz-Abend gehört in Ägypten fast immer zum Rahmenprogramm, egal ob in einem Hotel oder während einer Kreuzfahrt. Das Land ist die Wiege des orientalischen Bauchtanzes, so sagt man. Laute arabische Musik begleitet die Tänzerin in ihrem *Bedleh*, einem paillettenverzierten Oberteil und Rock, deren angebrachte kleine Münzen bei jeder rhythmischen Bewegung mitklimpern. Zum Schlag des Taktes interpretiert die Bauchtänzern die Musik mit ihren fließenden Bewegungen wie Schlangenarme, Hüftkreise und hohe Achten, bei denen man mit Beinen und Hüften die Bewegung einer Acht nachtanzt. Aber es gibt auch rhythmische, schnelle Bewegungen, wie den Shimmy, bei dem die Hüfte oder andere Körperteile in schnellen Zitterbewegungen der Musik folgen, oder akzentuierte Kicks mit den Beinen.

Der ganze Körper ist in Bewegung, von Armen, über die Hüfte, Beine und Füße. Der Name »Bauch-«tanz wird dem orientalischen Tanz daher nicht gerecht. Es waren wahrscheinlich französische Schriftsteller des letzten Jahrhunderts, die ihm als *Danse du ventre* (»Bauchtanz«) ihrem Namen gaben. In der arabischen Welt heißt er Raqs Sharqi, was so viel wie Tanz des Ostens/Orients bedeutet.

Ursprünglich entstand der Tanz vermutlich aus alten religiösen Tänzen. Manche sind überzeugt, er wurde zur Geburtsvorbereitung getanzt, um Becken und Bauch für die anstehende Geburt zu stärken. Erst seit Anfang des 17. Jahrhunderts gibt es erste schriftliche und bildliche Quellen von Reisenden des Orients. Obwohl der Bauchtanz im Orient sehr angesehen war und auf Festivitäten jeder Art einen hohen Stellenwert hatte, haben wir es diesen westlichen Quellen zu verdanken, dass der Bauchtanz diverse Haremsfantasien auslöste und ihm lange Zeit das Klischee eines erotischen Verführungstanzes anhaftete. Wer wollte es aber auch den Männern des letzten Jahrhunderts verübeln? Als eine Bauchtänzerin namens »Little Egypt« bei der Weltausstellung in Chicago um 1893 den ersten Bauchtanz im Ausland hinlegte, empörte sich die Männerwelt – zumindest öffentlich. So viel nackte Haut war zu dieser Zeit nicht nur im prüden Amerika ein Skandal. In Ägypten galt der Bauchtanz jedoch weiterhin als große traditionelle Kunst. König Farouk ehrte Samia Gamal (1924-1994), eine der Vorreiterinnen des heutigen orientalischen Tanzes (sie führte unter anderem den Schleier ein), mit dem Titel »nationale Tänzerin von Ägypten«. Die Bauchtänzerinnen waren zu jener Zeit noch hoch angesehen.

Heute tanzen ihn die meisten ägyptischen Mädchen nur noch hinter verschlossenen Türen. Tänzerinnen aus Europa, insbesondere Ukrainerinnen und Russinnen, aber auch aus den USA und Lateinamerika führen heute den traditionellen ägyptischen Bauchtanz in Ägypten vor Publikum auf. Doch es gibt sie noch, die ägyptischen Bauchtanz-Superstars, für deren Auftritt auf den rauschenden Partys der Oberschicht viel Geld hingelegt werden muss. Eine davon ist Dina Talaat. In Rom geboren, ist die Ägypterin der unbestrittene Star in der Bauchtanzszene. Die Lady, die ihr Alter nicht nennen möchte, ist die Skandalnudel Ägyptens. Insgesamt sieben Mal war sie bisher verheiratet – und das im säkularen Ägypten und bei einer vollverschleierten salafistischen Schwester. Das ungleiche Paar hat sogar in der westlichen Presse für einige Schlagzeilen gesorgt.

Bauchtanz ist populär, auch auf anderen Kontinenten tanzen Frauen und Mädchen (und manchmal sogar Männer) nach klassischer arabischer Musik oder nach arabischer Popmusik. Eingeflossen sind verschiedene neue Stilmixe wie Hip-Hop, Ballett oder Jazz Dance. Neue Tanzstile entwickelten den klassischen Bauchtanz in andere Richtungen, wie der American Tribal Style Belly Dance, ein Gruppentanz mit Flamenco- und indischen Einflüssen.

Egal ob klassischer ägyptischer Bauchtanz oder Tribal Dance: Es macht einfach großen Spaß, seinen ganzen Körper im Takt der

Musik zu bewegen. Man entwickelt nicht nur ein gutes Körpergefühl – probieren Sie doch einmal, nur die Hüften schnell zu bewegen und den Oberkörper dabei ganz still zu lassen, gar nicht so leicht –, sondern formt und strafft auch jede einzelne Stelle seines Körpers. Ein besseres Ganzkörper-Workout gibt es nicht. Egal ob jung oder alt, kräftig oder dünn, durch den orientalischen Tanz bekommt jede Frau ein anderes Körperbewusstsein. Und als besonderes Schmankerl hauchen wir unserem deutschen Alltag noch ein bisschen arabische Seele ein.

46. Grund

Weil es auch im heutigen Ägypten Frauenpower gibt

Es ist noch gar nicht so lange her, da waren unverschleierte Frauen mit offenen Haaren und kurzen Röcken in den Straßen Kairos ein alltägliches Bild. Das ist nun keine 5000 Jahre her, sondern dieses Bild stammt aus den 60-er und 70-er Jahren des letzten Jahrhunderts. Heute, 50 Jahre später, hat sich das Bild komplett gewandelt. Durch die fortschreitende konservativ-islamische Auslegung halten sich viele ägyptische Frauen bedeckt – im wahrsten Sinne des Wortes –, sie sind in ihren Rechten beschnitten und den Männern oftmals ausgeliefert. Sexuelle Belästigung ist in Ägypten inzwischen an vielen Orten leider zur traurigen Realität geworden. Nach einer Studie der Vereinten Nationen wurden 99,3 Prozent, also quasi fast alle Ägypterinnen, schon mal Opfer einer verbalen oder körperlichen sexuellen Belästigung.

Für viele Ägypter sind Frauen Menschen zweiter Klasse, die sich verhüllen und zu Hause bleiben sollten. Tun sie das nicht, gibt es ihnen das Recht, sie nach Gutdünken zu behandeln. Wird eine Ägypterin belästigt, kommt zu Hause nicht selten die Frage, was sie denn für Kleidung trug. Die Antwort auf die Frage der Schuld ist eindeutig die Frau. Darum schweigen viele Frauen, weil die Täter eh nicht bestraft werden, obwohl sexuelle Belästigung seit 2014 mit bis zu sechs Monaten Gefängnis geahndet wird, oder einfach nur aus Scham.

Verboten ist seit 2008 auch die Genitalverstümmelung bei Frauen. Die sogenannte »pharaonische Beschneidung« ist in Ägypten dennoch weit verbreitet. Es ist übrigens ein Irrglaube, dass es im alten Ägypten diese Praxis gab, geschweige denn, dass die Genitalverstümmelung dort erfunden wurde! Es gibt weder einen archäologischen Beweis, noch ist sie je bei einer Frauenmumie nachgewiesen worden. Laut einer 2015 von UNICEF veröffentlichten Studie sind 87% der Ägypterinnen zwischen 15 und 49 Jahren beschnitten. Unbeschnittene Mädchen, so das Bild in den Köpfen vieler ägyptischer Mütter und ihrer Töchter, können schwerer verheiratet werden, weil sie als lasterhaft angesehen werden. Die Ägypterinnen sind in überholten Traditionen gefangen, ihnen fehlt Bildung und Aufklärung, mehr als ein Viertel der Frauen kann weder lesen noch schreiben – und das im 21. Jahrhundert. Es ist ein langwieriger Prozess, aber langsam tut sich etwas in den Köpfen der Menschen.

Als 2011, im Jahr der Revolution, die Frauen zusammen mit den Männern auf dem Tahrir-Platz in Kairo demonstrierten, wurden Hunderte Frauen sexuell belästigt und vergewaltigt. Die Weltöffentlichkeit war entsetzt. Es gab ein gemeinsames Ziel, eine gemeinsame Hoffnung, und die Frauen bewiesen mindestens so viel Mut wie die Männer, wenn nicht sogar noch mehr, denn sie brachen aus ihren sozialen Barrieren und stellten sich mit den Männern gegen das Regime. Doch der Mut der Frauen wurde von einigen Männern gnadenlos ausgenutzt.

Seit diesen Ereignissen gibt es jedoch einen Wandel in der ägyptischen Bevölkerung, wenn auch nur sehr zögerlich, aber es passiert etwas. Die Aufklärung, dass die Beschneidung der Mädchen weder etwas mit Tradition zu tun hat, noch im Koran verankert ist, trägt langsam Früchte. Nach 82 Prozent Befürwortern für die weibliche

Beschneidung im Jahr 1995, waren es 2015 immerhin nur noch 60 Prozent. (Quelle: Terre des Femmes).

Als ein Anwalt in einer Talkshow erklärte, Mädchen mit löchrigen Jeans zu vergewaltigen wäre eine »nationale Pflicht«, war der Aufschrei in den sozialen Medien riesig, und der Anwalt wurde schließlich zu einer dreijährigen Gefängnisstrafe verurteilt. Einige Männer, die von Frauen wegen sexueller Belästigung angezeigt wurden, mussten tatsächlich ebenfalls ins Gefängnis. Noch zu Mubaraks Zeiten hätten weder Polizisten noch Richter die Frauen ernst genommen.

Es hat eine Sensibilisierung zu dem Thema stattgefunden, sicherlich auch dank der sozialen Medien. Frauen lehnen sich gegen das vorherrschende Patriarchat auf und demonstrieren – zusammen mit Männern – mutig für ihre Rechte. In YouTube-Videos und auf Facebook-Seiten kämpfen sie gegen sexuelle Belästigung, die von vielen ägyptischen Frauen noch schweigsam ertragen wird, und betreiben Aufklärung. Sowohl bei den Männern für einen respektvolleren Umgang, als auch bei Frauen, die begreifen müssen, dass sie ohne Schuld sind. Die #MeToo-Debatte ist auch in Ägypten voll im Gange.

Projekte wie die 2010 gegründete und mit Preisen ausgezeichnete Webseite »HarassMap«, auf denen anonym Ort und Zeit von Belästigungen markiert werden können, halfen dabei, das Thema sexuelle Belästigung zu enttabuisieren und das Problem in den Köpfen der Menschen bewusster zu machen. Frauen-Initiativen wie »Operation Anti Sexual Harassment« versuchen einzugreifen und unterstützen und ermutigen Frauen, die Täter anzuzeigen.

Es sind mutige Frauen, ohne Zweifel. Sie werden nicht selten von konservativen ägyptischen Männern verunglimpft, und auch die Regierung macht es den Aktivistinnen nicht leicht, und einige landeten schon aus nichtigen Gründen im Gefängnis.

Es ist noch ein sehr weiter Weg, bis die Botschaft von der Gleichberechtigung der Frau in den Köpfen der Ägypter und Ägypterinnen angekommen ist. Aber der erste Schritt ist getan – dank einiger couragierter Frauen, die sich in einer von Männern und alten Traditionen dominierten Welt durchsetzen. Frauenpower für eine bessere Zukunft!

5. Kapitel

Hup, hup

Unterwegs auf zwei und vier Beinen, Rädern und Flossen

Weil Kamele echte Wüstenphänomene sind

»Die ägyptischen Tiere sind aber Dromedare und keine Kamele!« –
für alle Besserwisser dieser Welt: Das ägyptische Kamel hat nur
einen Höcker, ist also *eigentlich* ein Dromedar. Doch das Dromedar
gehört trotzdem zu der Gattung *Camelus dromedarius* und zählt zu
den arabischen Kamelen. Also darf man es mit Fug und Recht als
Kamel bezeichnen.

Unglaublich, aber wahr: In nur 15 Minuten kann ein Kamel bis
zu 200 Liter Wasser trinken (für alle, die sich mit einem Kamel
messen wollen: das sind mehr als 600 Flaschen Bier). Um diese
riesigen Wassermengen zu verkraften, dehnen sich die roten
Blutkörperchen der Tiere um das Zweihundertfache aus. Das ge-
trunkene Wasser fließt in drei Vormägen mit großen Speicher-
zellen, in denen das Wasser zusammen mit wichtigen Nährstoffen
eingelagert wird. Bis zu drei Wochen kann das Kamel danach von
seiner natürlichen 3-Mägen-Vorratskammer zehren. Der Höcker
eines Kamels ist demnach kein Wasserspeicher, sondern dient als
Fettspeicher für schlechte Zeiten. Hängt ein Höcker schlaff herunter oder ist er stark geschrumpft, ist dies ein Zeichen für eine
dürftige Ernährung.

Der ganze Organismus der Wiederkäuer hat sich dem Leben in
der Wüste angepasst. Ihre Körpertemperatur kann ohne Probleme
um bis zu acht Grad Celsius steigen, sie geraten dadurch salopp
gesagt nicht so schnell ins Schwitzen und verbrauchen daher viel
weniger Wasser in der unbarmherzig heißen Wüste als unsereins. Sie
gehen zudem viel sorgsamer mit ihrem Wasserhaushalt um. Nichts
wird verschwendet, z.B. entzieht die Nase der eigenen Atemluft die
Flüssigkeit und führt sie zurück. Darm, Blase und Nieren halten das
Wasser zudem im Körper. Kamele scheiden nur ca. einen Liter pro
Tag aus (bei Pferden beispielsweise sind es bis zu zehn Liter). Die

Köttel der Kamele sind entsprechend hart und trocken, weshalb sie in Ägypten gerne als Brennmaterial verwendet werden.

Orientalisches Flair at its best bieten die Kamelmärkte, wie der berühmte Birqash-Kamelmarkt 25 Kilometer nordwestlich von Kairo. Schon sehr früh – der Kamelmarkt öffnet um 6 Uhr – herrscht hier geschäftiges Treiben. Die Rufe, das Schimpfen und Verhandeln der Kameltreiber hallen von überall an das Ohr, nur noch übertönt vom lauten Brüllen der Kamele, die leider oft mit Stockschlägen traktiert werden. Sein tierliebes Ich lässt der Besucher besser zu Hause. Anders als unsere wildromantische Vorstellung von kamelreitenden Beduinen vor einem Pyramiden-Panorama landen die meisten Kamele ganz unromantisch auf dem Teller. In »Bordiehns Restaurant« in Hurghada, benannt nach einem dort niedergelassenen deutschen Sternekoch, gibt es ganz vorzügliches Kamelfleisch. Ansonsten ist Vorsicht geboten: Wo Kamel drauf steht, ist nämlich nicht immer Kamel drin. Genauso wie bei Cremes aus Kamelmilch, die bei trockener Haut und Sonnenbrand helfen können, sollte man skeptisch sein. Kamelmilch in reiner Form ist sehr gesund, sie enthält ungekocht fünf Mal so viel Vitamin C und nur halb so viel Fett wie Kuhmilch. Für Menschen mit Laktoseintoleranz soll sie zudem viel besser verdaulich sein.

Mir sind die lebenden Tiere trotzdem lieber als ihre Erzeugnisse ...

48. Grund

Weil das Glück der Erde auf den Rücken der ägyptischen Kamele liegt

Und noch einmal Kamele. Aber wer über Ägypten spricht, muss einfach ein bisschen mehr über Kamele erzählen. Es war eines der wichtigsten Tiere in Ägypten und ist auch heute noch ein Statussymbol. Eine Europäerin darf sich besonders geschmeichelt fühlen, wenn ein Ägypter ihrer Begleitung ein paar Kamele im Gegenzug für eine Heirat anbietet. Allemal besser als ein paar Ziegen.

Es folgt die Überraschung in Sachen Kamele: Es hat nämlich ganz schön gedauert, bis das Kamel in Ägypten angekommen ist. Anders als so mancher Hollywood-Film suggeriert, stampft das domestizierte Kamel nämlich erst recht spät durch Ägyptens Wüste. In der Antike war das Wüstenschiff nämlich einfach nicht notwendig, denn Nilschiffe und Esel waren die Transportmittel Nummer eins und zwei. Es gibt zwar vereinzelte Belege aus der pharaonischen Zeit, die durchaus nicht unumstritten sind, aber den ersten intensiven Kontakt mit den Tieren hatten die Ägypter erst um 670 v. Chr., als eine Horde Kamele reitender arabischer Beduinenstämme unter der Leitung der Assyrer in Ägypten einfiel. Manchmal ist es halt erst Liebe auf den zweiten Blick.

Kurz danach begannen die Ägypter dann, das Kamel zu domestizieren, und erkannten dank der Nomaden die Bedeutung des Kamels. Was früher nur der Nil und der Esel konnten, wurde jetzt auch Aufgabe des Kamels. Seitdem wurden Unmengen an Waren und Lasten durch das Niltal und die Wüste Ägyptens auf den Rücken der Wüstentiere befördert. Der einstige Glanz der stolzen Kamelkarawanen ist jedoch mittlerweile verblasst, denn seit die Oasen mit asphaltierten Straßen verbunden sind, haben die motorisierten Untersätze die Rolle des Kamels übernommen. Seine Rolle als Lasttier hat es jedoch noch nicht ganz verloren. Immerhin kann es bis zu 450 Kilo tragen, also mehr als die Hälfte seines eigenen Körpergewichts (Kamele wiegen bis zu 750 Kilo). Auf Ägyptens Straßen könnte Ihnen schon mal ein Kamel begegnet sein, das in zwei Körben Berge von bleischweren Ziegelsteinen auf seinem Rücken trägt.

Heutzutage schaukelt das Kamel hauptsächlich Touristen durch die Wüsten und Dörfer Ägyptens. Bunt behängt mit farbenprächtigen Decken und bunten Bommeln sind sie der Star zahlreicher Bilder und lustiger Videos, bei denen es beim Reiter immer noch nicht durchgedrungen ist, dass das Kamel erst mit den Hinterbeinen hochhievt und dann erst mit den Vorderbeinen. Die Angst, die Hauptrolle eines solchen Videos zu werden, schwelt bei mir immer mit, wenn es ruckartig aus seiner Hockhaltung aufsteht und ich kräftig vor- und zurückgeschleudert werde. Ich möchte keinem Kamel etwas unterstellen, aber manchmal werde ich das Gefühl nicht los, mein Reittier wartet nur darauf, dass ich als lästiges Gewicht ihm den Buckel (-Höcker) herunterrutsche. Die Tiere sind immerhin bekannt dafür, ihren eigenen Kopf zu haben.

Sitzt man erst einmal sicher auf dem Rücken, hat ein Kamelritt mit diesen stolzen Tieren immer etwas Erhabenes an sich. Der Prophet Mohammed hatte der Erzählung nach mal eine Vision, in der er die 100 Namen Allahs empfing. Mohammed verriet 99 Namen den Menschen, den letzten jedoch nur seinem Kamel. Bis heute haben die Nachkommen den Namen nicht verraten, und als Geheimnisträger erhebt das Kamel stolz seinen Kopf über den der Menschen.

Wenn man mit leichtem Federgang durch die steinige Wüste schaukelt, weiß man, warum die Tiere auch Wüstenschiffe genannt werden. Erst das Vorder- und Hinterbein einer Seite vor, dann das gleiche auf der anderen Seite. Dieser so genannte Passgang ist für das Tierreich sehr ungewöhnlich. Ihre Schwielensohlen schützen sie dabei vor scharfen Steinen und heißem Untergrund.

Kameltouren werden überall in Ägypten angeboten. In manchen Gegenden braucht man nur einen Fuß vor die Hoteltür zu setzen, und schon kann man mit dem Kamel in die Stadt reiten.

Schöner als auf asphaltierten Straßen ist es definitiv in der Wüste oder durch die Dörfer. Durch das bescheidene Tempo hat man die Gelegenheit, Landschaft und Menschen in Ruhe zu betrachten und auch mal in Gegenden zu reiten, in denen man sonst keinen Fuß setzen würde. Ich bin vor einigen Jahren mal mit einer kleinen Reisegruppe von einer Karawanserei aus acht Kilometer bis ins Tal der Könige geritten. Wir waren, den Blicken des Besitzers nach zu urteilen, seine ersten Kunden mit diesem tollkühnen Plan, aber in Ägypten sind Extrawünsche in der Regel kein Problem. Wir sind fernab der üblichen Routen vorbeigeritten an den kleinen, bescheidenen Behausungen der Dorfbewohner, an angebundenen Eseln, kläffenden Hunden und Kindern, die neugierig zu uns hinaufblickten und uns zuwinkten.

Als wir auf die Straße zum Tal der Könige abbogen, zückten die Touristen in den vorbeifahrenden Bussen ihre Kameras und bannten diese für Luxor ungewöhnliche Szenerie auf ihren Fotos fest. Wir waren tatsächlich der Star auf dem Kamel – und nicht unter dem Kamel. Als wir nach fünf Stunden Ritt wieder in der Karawanserei ankamen, bin ich zwar mehr vom Kamel gefallen, als abgestiegen, aber die gewonnenen Eindrücke haben für die fiesen Schmerzen im Gesäß entschädigt. Das Glück der Erde liegt definitiv auf dem Rücken der Kamele – zumindest in Ägypten.

49. Grund

Weil Drahtesel langsam echten Eseln Konkurrenz machen

40 Grad – die Sonne brennt, der Fahrtwind bringt nur wenig Erfrischung, und der Schweiß läuft in Strömen. Wer mag schon bei solchen Temperaturen gerne aufs Rad steigen? Ägypten ist nicht unbedingt eine Nation von Fahrradfahrern, was möglicherweise daran liegt, dass die Ägypter generell eher von der gemütlicheren Sorte sind. Per pedes eine weitere Strecke zurückzulegen ist ziemlich unpopulär. Während wir gerne auch mal irgendwo ohne Ziel drauflosswandern, macht der Durchschnitts-Ägypter keinen Schritt zu viel. Ein ziellos vor sich hin spazierender Ägypter in Galabiya hat Seltenheitswert.

Dem Fahrrad haftet zudem noch das Klischee an, es sei nur etwas für arme Leute. Wer steigt schon auf einen Drahtesel, wenn er einen richtigen Esel zu Hause hat? Auf alte rostige Räder steigen nur die Brotkuriere, die eine ganze Pyramide von mehreren Dutzend Brotlaiben auf ihren Köpfen balancieren und in dem dichten Straßenverkehr Kairos jeden Tag Kopf und Kragen riskieren, um ihre Ware bei Restaurants und Händlern abzuliefern.

Mittlerweile haben jedoch manche Ägypter die Vorteile des Radelns erkannt, vor allem bei steigenden Benzinpreisen und wenn sie in dicht befahrenen Städten wie Kairo wohnen. Dort kommt man auf zwei Rädern und mit Muskelkraft angetrieben nicht nur um einiges schneller, sondern auch noch kostengünstiger ans Ziel, als wenn man in der Rushhour mit dem Auto feststeckt. Wer sich durch den dichten Kairoer Verkehr schlängeln will, braucht schon ziemlich viel Courage – Fahrradwege sind Fehlanzeige, aber in den letzten Jahren ist die Zahl der Drahtesel-Anhänger deutlich gestiegen.

Vorbild ist Ägyptens Präsident Abdel Fatah al-Sisi, der ein großer Radsportfan ist. Ägypten hat immerhin eines der besten Radfahrerteams in Afrika und Nahost. Als der Präsident, der sich sonst nur in maßgeschneiderten Anzügen und in Militäruniform präsentiert, in einem blauen Jogginganzug auf einem Fahrrad gesichtet wurde, war die Nation schlichtweg begeistert. Medienwirksam präsentiert sich der Präsident mit jeder Menge Polizeischutz so volksnah, wie es irgendwie möglich ist, und bei jeder sich bietenden Gelegenheit auf dem Rad. Mit seinem teuren Sport-Bike radelt er zu Regierungssitzungen und stellt bei Fahrrad-Marathons seine Kondition unter Beweis. Was der halb nackte Putin auf dem Pferd den Russen, ist der Fahrradhelm tragende al-Sisi auf seinem Fahrrad den Ägyptern.

Seine Landsleute folgen dem Ruf ihres Präsidenten, der Umwelt zuliebe mehr Fahrrad zu fahren. Immer mehr Anzug tragende junge Männer radeln morgens zu ihrer Arbeitsstätte. Es gründeten sich Interessengemeinschaften wie »Go Bike« in Kairo, die erfolgreich Touren mit einem eigenen oder einem gemieteten Fahrrad organisieren. Bis zu 600 Radler touren am frühen Freitagmorgen durch die Stadt, wenn die meisten Ägypter noch in ihren freien Tag hineinschlafen und auf den Straßen das ultimative Chaos noch nicht ausgebrochen ist.

Auch Frauen haben mittlerweile ihren Spaß am Radfahren entdeckt. Sehr zum Unmut einiger konservativer Männer, denen eine Frau auf einem Sattel eindeutig zu sexy ist. Dennoch oder auch gerade deswegen gibt es immer mehr Fahrrad fahrende ägyptische Frauen, die sich zu einer starken Frauenbewegung zusammengetan haben. Die Damen von Cairo Cycling Geckos radeln für ihre Rechte kämpfend durch Kairo und sammeln Spenden für die ärmsten Familien in ihrer Heimatstadt. Fahrrad fahren für den guten Zweck und der Umwelt zuliebe. Ägypten braucht mehr Fahrräder als Esel.

50. Grund

Weil Pyramiden besichtigen das beste Workout der Welt ist

Die Erbauer der Pyramiden wollten es den Grabräubern besonders schwer machen. Sie versteckten die Eingänge etliche Meter über dem Boden und verdeckten sie mit Steinblöcken der Außenfassade. Niemand sollte den Pharao in seiner letzten Ruhe stören.

Diese Vorkehrungsmaßnahme hielt bekanntermaßen weder antike noch neuzeitliche Grabräuber ab, und wenn der Eingang nicht gefunden wurde, schlug man halt ein Loch irgendwo in die Pyramide. So geschehen an der Cheops-Pyramide in Gizeh im Jahr 832 n. Chr. von einem gewissen Kalifen Abu l-Abbas Abdallah al-Ma'mun. Zumindest erzählt man sich das. Fakt ist, dass dieser »Grabräuber-Eingang« 13,71 Meter über der Erdoberfläche der heutige Eingang der Pyramide ist (der richtige ist übrigens in 16,86 Meter Höhe, knapp daneben ist aber bekanntlich auch vorbei).

Hat man die rudimentären Steinstufen seitlich dieses »Grabräuber-Eingangs« geschafft, erwartet einen im Inneren der Pyramide ein langer Weg durch enge, stickige Schächte, noch zusätzlich aufgeheizt durch die Massen an Besuchern. Nichts für Menschen mit klaustrophobischen Neigungen, mit Gehbehinderung oder mit Rücken. Einen großen Teil der Strecke muss man nämlich in gebückter Haltung hinter sich bringen. Neben seinem Rucksack sollte man auch seine Fantasie besser am Eingang lassen. Am Ende erwartet einen nichts weiter als eine Steinkammer mit einem riesigen Sarkophag.

Wer schweißnass aus der Cheops-Pyramide kommend die Motivation noch nicht verloren hat, kann direkt noch eine der kleineren Pyramiden des Gizeh-Plateaus besichtigen. Im Wechsel hat entweder die Chephren oder die kleinste von den dreien – die Mykerinos-Pyramide – geöffnet.

Wer sein Workout gerne auf den Außenstufen der Pyramiden machen möchte, wird enttäuscht. Seit den 1980er-Jahren ist das Besteigen der Pyramiden strengstens verboten. Dennoch schaffen es einige immer wieder und sorgen entsprechend für Furore. 2016 verbreiteten sich in den sozialen Medien spektakuläre Aufnahmen von der Spitze der 139 Meter hohen Cheops-Pyramide. Der Deutsche Andrej Ciesielski war in den frühen Morgenstunden heimlich hochgeklettert. Die Konsequenz: lebenslanges Einreiseverbot nach Ägypten! Wer auf frischer Tat ertappt wird, kann bis zu drei Jahre ein ägyptisches Gefängnis von innen besichtigen.

Wer dennoch ordentlich Stufen metern möchte, der sollte nach Dahschur, etwa 30 Kilometer südlich von Gizeh, fahren. Hier befindet sich die Rote Pyramide, die etwa von 2640 bis 2620 v. Chr. von Cheops' Vorgänger Pharao Snofru erbaut wurde.

Sie war die dritte von Snofrus Pyramiden. Ganz nach dem Motto »Aller guten Dinge sind drei« ließ er die beiden vorherigen einfach links liegen. Bei seiner ersten, als Stufenpyramide konzipierten Pyramide in Meidum erregte etwas Unbekanntes sein Missfallen. Bei seiner zweiten musste sein Architekt die zu steil gewordene Pyramide korrigieren, indem er den Neigungswinkel der Seitenflächen auf halber Höhe verringern musste. Die Pyramide mit dem Knick heißt heute passenderweise Knickpyramide. Sie ist übrigens im Jahr 2019 seit über 50 Jahren wieder der Öffentlichkeit zugänglich gemacht worden.

Bei dem drittem Versuch – Ehrgeiz kann man dem Pharao wahrlich nicht absprechen – schaffte es Snofru endlich, die erste »klassische« Pyramidenform der Weltgeschichte zu bauen. Da hat es dann doch noch Klick gemacht, was den altägyptischen Namen »Erscheinung des Snofru« erklären könnte. Die romantische Atmosphäre der rötlichen Außenfassade – daher auch der heutige Name »Rote Pyramide« – verfliegt schnell durch sich langsam einstellende Wadenschmerzen. Bevor man die Pyramide betreten kann, muss man sich 137 steile Stufen einer Holztreppe nach oben kämpfen, um dann im Inneren der Pyramide wieder 138 steile Stufen einer Rampe nach unten zu marschieren – natürlich auch hier durch enge und stickige Schächte. Die Pyramiden wurden ja schließlich nicht zum Spaß erbaut!

Der verzweifelte Versuch, die Rampe mit den Holzpanelen (das Wort »Treppe« ist eigentlich maßlos übertrieben) herunterzurutschen, scheiterte übrigens kläglich. Wenigstens kommen einem dieses Mal nicht Horden von Besuchern mit vor Anstrengung zitternden Knien entgegen, denn hierher verirrt sich in der Regel kaum jemand. Nach 138 Stufen innerhalb wieder hinauf und 137 steilen Stufen außerhalb wieder runter darf man gewiss sein, dass einen am nächsten Tag der Muskelkater seines Lebens erwartet. Aber glauben Sie mir, es ist ein Erlebnis, durch 4.500 Jahre alte Schächte zu klettern und zu krabbeln. Und mal ehrlich – ein effizienteres Workout gibt es nicht.

Weil wer in Ägypten Auto fahren kann, auf der ganzen Welt Auto fahren kann

Es herrscht Chaos auf den Straßen Ägyptens. Alle Autos fahren kreuz und quer, es wird überholt, gedrängelt, gehupt, und zwischen dem ganzen Verkehr schlängeln sich noch Fußgänger, Eselskarren, Tuk-Tuks, Mopeds und Fahrräder. Niemand setzt einen Blinker (die wohl überflüssigste Funktion eines ägyptischen Autos), und alle scheren einfach von einer imaginären Fahrspur in die nächste. Aus einer dreispurigen Fahrbahn wird mal eben eine fünfspurige gemacht. Ist doch genügend Platz da! Immerhin ist die wilde Fahrweise eine gute Erklärung für die unfassbar hohen Bordsteinkanten – clevere Verkehrsplaner verhindern damit, dass auch die Fußwege zur Rennstrecke werden.

Stoppzeichen und rote Ampeln kennen die Ägypter nur dem Namen nach. An großen Kreuzungen regeln Polizisten den Verkehr, trotz funktionierender Ampeln! Diese werden aber nur beachtet, wenn die Polizei auch da ist. Ansonsten hält der Ägypter Ampeln mehr so für eine Art »Vorschlag«, an den man sich nur hält, wenn man es nicht eilig hat.

Eisenbahnschranken sind, wie Ampeln, ebenfalls kein Grund anzuhalten. Wozu auch, wenn der Zug noch nicht zu sehen ist? Selbst Geisterfahrer sind in Ägypten nichts Ungewöhnliches, auch mal gerne nachts und ohne Licht. Für die ägyptischen Autofahrer ist es hell genug, wenn die Straßenbeleuchtung angeschaltet ist. Man sieht doch, wo man hinfahren will. Fehlende Straßenbeleuchtung ist jedoch ebenfalls kein Grund, die Scheinwerfer anzustellen. Hin und wieder einmal kurz das Licht eingeblendet, um zu checken, ob irgendwo ein Auto zu sehen ist oder ein totes Kamel auf der Straße liegt, reicht völlig. Kommt ein anderes Fahrzeug entgegen, wird nach dem Motto »Hier ist einer« kurzerhand auf Fernlicht geschaltet. Der

Fahrer auf der Gegenspur ist dann zwar total geblendet, aber er weiß wenigstens, dass ein anderes Fahrzeug ihm entgegenkommt.

Offiziell muss jeder Ägypter, wie in Deutschland, eine Fahrprüfung machen, mit dem doch elementaren Unterschied, dass er dazu nicht zwingend vorher auch nur einmal am Steuer eines Autos gesessen haben muss. Die Fahrprüfung besteht darin, einige Papiere auszufüllen und ein paar Meter mit dem Auto zu fahren. Und die paar Meter sind wörtlich gemeint. Manchmal sorgen aufgestellte Hütchen für ein höheres Niveau. Wer dann noch die theoretische Prüfung mit so Fragen wie: Wo müssen Sie langfahren, wenn Sie von A nach B in Kairo wollen, schafft, hat seinen Führerschein in der Tasche. Ansonsten hilft ein bisschen Bakschisch.

In großen Städten wie Kairo, in dem tagtäglich bis zu drei Millionen Autos durch den dichten Stadtverkehr ächzen, erweist sich die Parkplatzsuche als nahezu unmöglich. Aber die Ägypter lösen das Problem auf ihre Art und halten in der zweiten Reihe. Auch Zuparken ist halb so wild, das Auto des Parksünders wird dann einfach ein paar Meter nach vorne geschoben. Bleibt ein Auto wegen eines geplatzten Reifens mitten auf einer fünfspurigen Straße liegen, wird selbstverständlich an Ort und Stelle der Reifen gewechselt. Das Auto erst an den Fahrbahnrand zu schieben, wäre nicht nur umständlich, sondern vermutlich auch gefährlich. Fehlt der Wagenheber, was in neun von zehn Fällen zutrifft, müssen einige Helfer und ein Stein herhalten. Auf die dicht befahrene Straße gesellen sich zu den Helfern dann auch die Schaulustigen, um unter neugierigen Blicken und zahlreichen Ratschlägen dem Mann mit der Reifenpanne beizustehen.

Logisch, dass es unter diesen Bedingungen kein Auto zu geben scheint, das keine Beule hat. Kaum zu glauben, aber es gibt in Ägypten tatsächlich einen TÜV – wo hauptsächlich die Hupe einem Funktionstest unterzogen wird und sich in der Regel sowieso kein Privatmann hin verirrt. Ein verkehrssicheres Auto ist eines, das fährt. So einfach ist das. Egal, ob die Scheiben eingeschlagen oder die Außenspiegel abgebrochen sind. Rostschäden, Beulen, ein abgerissenes Dach, … – alles kein Problem. Fährt es noch? Gut!

Wenn sich nach einem kleinen Unfall überhaupt ein Ägypter bemüht auszusteigen, heißt es einfach *Malesch* (so ist das halt), und weiter geht's. Wozu auch groß aufregen, denn eine Haftpflichtversicherung in der uns bekannten Art und Weise gibt es in Ägypten nicht.

Wenn schon so viele Rostlauben durch Ägyptens Städte fahren, dann sollen wenigstens die Straßen schöner werden – zumindest in den repräsentativen Touristenstätten am Roten Meer. Im Rest des Landes ist von den Versuchen noch nichts zu sehen: Überall Schlaglöcher und weit herausragende Gullydeckel bestenfalls, ein fehlender Gullydeckel schlimmstenfalls. Ein vor dem Loch drapierter Stein ersetzt das Hinweisschild. Wird schon keiner hineinfallen – *Inschallah* – So Gott will.

Aber! – Auch wenn es auf den ersten Blick nicht so aussieht: Es gibt tatsächlich eine Straßenverkehrsordnung in Ägypten! Es gibt Stoppschilder, Vorfahrtsschilder, Einbahnstraßen und sogar Geschwindigkeitsbegrenzungen inner- und außerhalb der Ortschaften. Und tatsächlich füllen auch Blitzer das Staatssäckel.

Die Regierung ist zumindest bemüht und versucht immer stärker, des Chaos Herr zu werden. Die Straßenverkehrsregeln wurden in Ägypten in den letzten Jahren weiter verschärft und die Bußgelder drastisch erhöht. Wer ohne Gurt und mit Handy am Steuer erwischt wird, kann insgesamt schon mal bis 600 LE (ca. 30€) bezahlen. Viel Geld für einen Ägypter.

Wer sich jetzt aber jeden Ägypter als ungebührlichen Verkehrsrowdy vorstellt, der täuscht sich. Die inoffiziellen Verkehrsregeln funktionieren prima: Ein Blickaustausch hier, ein Hupen da, und schon weiß der andere, was damit gemeint ist. Die Fahrer sind rücksichtsvoller, als es auf den ersten Blick scheint. Wer diese ungeschriebenen Regeln kennt und sich selbstbewusst auf der Straße präsentiert, kann sich in Ägypten durchaus hinters Steuer setzen.

Doch am Anfang kostet es schon einiges an Mut und Überwindung. Es heißt nicht umsonst, wenn man in Ägypten fahren kann, kann man überall auf der Welt fahren.

52. *Grund*

Weil Autohupen der Morsecode Ägyptens ist

Überall auf den Straßen Ägypten hupt es. Tag und Nacht. Die Autohupe gehört einfach zum guten Ton in Ägypten, und man fährt lieber mit einer kaputten Benzinstandsanzeige als mit einer defekten Autohupe. Sie ist der wichtigste Bestandteil des Autos.

Besonders in den Großstädten wie Kairo gibt es keine hup-freien Zeiten. In einer 2018 veröffentlichten Studie des »World Hearing Index« kam Kairo auf Platz zwei der lautesten Städte der Welt, gleich hinter Delhi, woran sicherlich auch die Autohupen einen großen Anteil haben.

Wer sich so wenig an die Straßenverkehrsordnung hält wie die Ägypter, braucht die Hupe als Survival-Gerät auf den Straßen Ägyptens, denn Rückspiegel und Seitenspiegel sind – wenn überhaupt vorhanden – nur hübsches Beiwerk, ohne Funktion.

Setzt ein Auto zum Überholmanöver an, fährt er so dicht wie möglich in den Windschatten des Vordermanns ran, gibt mit einem Hupzeichen das Signal zum Überholen und braust los. Eine Lichthupe – ebenfalls eine wichtige Funktion in einem ägyptischen Auto – signalisiert dem entgegenkommenden Auto auf der Gegenspur »Ich komme! Platz da!«. Aus zwei werden dann ganz schnell drei Spuren. Nach dem Überholen bedankt man sich freundlich beim überholten Auto mit erneuter Betätigung der Hupe. Die Begrüßung auf wenig befahrenen Straßen wird ebenfalls durch ein wohlwollendes »Möp« zum Ausdruck gebracht. Egal ob man seinen Gegenüber kennt oder nicht. Stehen zwei oder mehr Autos an einer Kreuzung, wird mit einem freundlichen Hupen gnädig die Vorfahrt erteilt oder darum gebeten – je nachdem.

Ist viel los auf den Straßen, bedeutet die betätigte Hupe meistens »Vorsicht! Übersieh mich nicht!«. Fußgänger, Eselskarren und Fahrradfahrer sollen so auf das Auto aufmerksam werden. Doch die meisten interessiert das herzlich wenig. Die Ägypter spazieren stoisch auf der Straße, auch wenn die Bürgersteige menschenleer sind.

Neben all den positiven Signal-Eigenschaften wird natürlich auch Ärger mit der Autohupe zum Ausdruck gebracht. Bleibt einer an einer roten Ampel stehen, wird gehupt, bleibt jemand an einem Stoppschild stehen, wird gehupt. Will jemand rechts abbiegen, aber der Hintermann will geradeaus fahren, wird gehupt. Und natürlich bei den üblichen Fällen wie plötzlichem Einscheren oder Vorfahrt nehmen, was in Ägypten sehr häufig vorkommt, wird mit mehrfachem Tut-Tut sein Missfallen zum Ausdruck gebracht.

Manche Ägypter haben einen richtigen Autohupen-Morsecode. Bestimmte Hup-Zeichen hintereinander sind die Codes für »Ich bin zu Hause« oder »Wir können los, komm runter«. Aber Hupen muss nicht immer einen Grund haben, es kann auch ein Ausdruck von Freude sein. So wird auch bei Hochzeiten und Geburten kräftig auf die Hupe gedrückt, um der Freude über das Ereignis Ausdruck zu verleihen.

In einigen Straßen und Orten, in denen sich Hotels dicht nebeneinanderdrängen, ist das akustische Signal des Autos mittlerweile verboten, wie etliche Schilder mit einer durchgestrichenen Hupe dem Autofahrer mahnend vor Augen halten. Wer trotzdem dabei erwischt wird, darf 500 LE und mehr für sein Missachten bezahlen. Geahndet werden solche Verstöße jedoch selten, und man hört auch in den Hup-Verbotszonen vereinzeltes Tröten, denn so einfach lassen sich die Ägypter nicht ihr liebstes Hobby nehmen. Die Ägypter wären zudem keine Ägypter, wenn ihnen die Verbotsschilder nicht sowieso völlig egal wären.

Ganz Ägypten ist beschallt von Autohupen. Wehe demjenigen, der sein Hotelzimmer Richtung Straße und einen leichten Schlaf hat. Merkwürdigerweise gewöhnen sich die meisten jedoch recht schnell daran, denn das gehört zu Ägypten wie der Sand zur Wüste. Irgendwann hört man es nur noch wie ein Rauschen hinter sich, wie das Hintergrundgedudel eines Radios. Das Hupen ist in Ägypten wie das Zirpen der Grillen in Südeuropa. Es gehört zum ägyptischen Urlaubsfeeling einfach mit dazu.

53. Grund

Weil Sammeltaxis das Rückgrat der ägyptischen Mobilität sind

Wer in Deutschland mit dem Bus fahren will, geht zur nächsten Haltestelle, schaut in den Fahrplan und wartet auf die richtige Linie. Das kann man in Ägypten auch tun – es geht aber auch viel einfacher! Wenn man sich das Leben an einer ägyptischen Straße einmal ansieht, fallen einem sofort Ägypter/innen auf, die am Straßenrand stehen wie bestellt und nicht abgeholt. Plötzlich strecken sie kurz den Arm vor, ein Kleinbus hält, und sie steigen ein. Nanu, waren die hier verabredet? Oder ist hier eine Bushaltestelle? Nein! 100 Meter weiter stehen auch Leute, die das so machen, und dazwischen hält auf einmal ein Minibus, aus dem Leute aussteigen.

Das sind die sogenannten Sammeltaxis, die auf festen Routen fahren und bei denen man auf dieser Strecke überall zu- oder aussteigen kann. Sammeltaxis sind das Rückgrat des ägyptischen Nahverkehrs. Jeder nutzt sie, vom Schulkind bis zur Oma.

Wenn also die Ägypter so fahren, dann kann ich das auch, dachte ich in meinem ersten Ägyptenurlaub, ermutigt von meinem Reiseführer, der mir diese Beförderungsmöglichkeit vorgeschlagen hatte. Als erste Hürde muss man allerdings erst mal herausfinden, welcher der vielen auf einen zukommenden Minibusse denn überhaupt ein Sammeltaxi ist, denn es gibt auch viele Kleinbusse von Reiseveranstaltern oder Hotels, die sich um Handzeichen von an der Straße stehenden Touristen nicht die Bohne kümmern. Schnell merkt man: Es sind immer die weißen, meist mit einem farbigen Streifen versehenen Kleinbusse, sie haben immer einen Dachgepäckträger und sind in der Regel äußerst klapprige Exemplare eines asiatischen oder französischen Herstellers. Ganz sicher kann man sich sein, wenn die seitliche Schiebetür auch beim Fahren offen ist: Das ist dann definitiv ein Sammeltaxi. Und ebenso sicher ist: Wenn das Fahrzeug auch nur halbwegs neu aussieht, ist es ganz sicher kein Sammeltaxi.

Hat man eines erspäht, hält man den Arm schräg nach vorn-unten als Zeichen, dass man mitfahren möchte. Oft hupt der Fahrer kurz, hält aber nicht, sondern fährt weiter. Meist bedeutet das: Ich habe dich gesehen, bin aber schon voll. Manchmal verlangsamt er, während er auf einen zufährt, und man ruft ihm dann sein gewünschtes Fahrziel zu. Wenn er dahin fährt, hält er an, sonst beschleunigt er wieder. Mit etwas Übung geht das auch nonverbal. Wenn er während der Anfahrt mit der Hand quer zur Fahrtrichtung wackelt, heißt das: Ich biege gleich in diese Richtung ab – willst du dahin? Dann wackelt man mit der Hand in die persönlich gewünschte Fahrtrichtung, und wenn das übereinstimmt, hält er an, sonst fährt er weiter.

Wenn alles geklappt und der hoffentlich richtige Minibus für einen gehalten hat, kann man einsteigen. Als ungeschriebene Regel bei der Sitzplatzwahl gilt: Männer neben Männer und Frauen neben Frauen – vorausgesetzt, es ist genügend Platz da, sonst geht es ausnahmsweise auch mal anders. Sobald man sitzt, geht es ans Bezahlen, möglichst passend, sonst wühlt der Fahrer während der Fahrt in seinem Wechselgeld – muss ja nicht unbedingt sein.

Jetzt kann man sich zurücklehnen und die Fahrt genießen. Morgens landet man vielleicht zwischen Jugendlichen, die alle an der Schule aussteigen, nachmittags sind viele Hausfrauen im Bus, die mit ihren schweren Einkaufstaschen Mühe beim Ein- oder Aussteigen haben. Manche unterhalten sich, einer erzählt einen Witz, und der Nachbar lacht – das ganz normale Leben halt, das man aber gar nicht mitgekriegt hätte, wenn man allein im Taxi gefahren wäre. Und viel günstiger ist es zudem auch noch!

Vor lauter Schwelgen in Urlaubsgefühlen darf man aber nicht vergessen, rechtzeitig wieder auszusteigen, und auch das ist ganz einfach: dem Fahrer kurz verbal oder visuell – er blickt regelmäßig in seinen Rückspiegel – mitteilen, dass er anhalten soll. Und schon tritt er im Nirgendwo auf die Bremse. Feste Haltestellen gibt es nicht.

Minibusfahren ist schon eine feine Sache. Es ist erheblich billiger und interessanter als Taxifahren und die freundliche, wenn auch erstaunte, Antwort, die man bekommt, wenn man mit einem kurzen *Salam* oder dem ausführlicheren Gruß *As-salamu aleikum* einsteigt, sowie die anerkennenden Blicke, wenn man als Tourist die ungeschriebenen Regeln des Minibusfahrens kennt, machen den mangelnden Fahrkomfort mehr als wett.

54. Grund

Weil Taxifahren in Ägypten ein echtes Abenteuer ist

Wer am Nil Taxi fährt, begegnet noch öfter uralten Rostlauben, bei denen es fast an ein Wunder grenzt, dass diese auf den buckeligen Pisten Ägyptens überhaupt noch tapfer durchhalten. Die Ägypter kennen da nichts, und wenn wir uns mal über ein paar Schlagloch-pisten beschweren, fahren die Ägypter unbeirrt auch die schlimmsten Wüstenstrecken entlang. Und zu einigen archäologischen Stätten gibt es wirklich schlimme Wüstenpisten, bei denen man so durch-geschaukelt wird wie auf einem Ruderboot bei Windstärke sechs. Da schickt selbst unser Taxifahrer einige Stoßgebete Richtung Himmel, damit wir und sein Auto ohne Schaden ankommen. Auf der Fahrt von Kairo nach Memphis hatten wir jedoch weniger Glück. Für unseren Tagesausflug mieteten wir uns ein Taxi, und das klappte erst einmal ganz wunderbar. Der Fahrer wartete geduldig, während wir in aller Ruhe Sightseeing machten. Wegen einer Demonstration mussten wir einen Umweg über eine Straße nehmen, die den Namen so nicht verdient hatte. Der Wagen stolperte gefährlich von einer Seite zur anderen und wirbelte so viel Staub auf, dass der Fahrer schließlich ein Einsehen mit uns hatte und das Fenster heraufkurbelte. Wir kamen nur im Schritttempo voran. Schließlich passierte das, was wir insgeheim befürchtet hatten: Der Reifen platzte mit einem lauten Knall, und unser Fahrer stoppte fluchend. Auf einer Felge rumpelte er mit uns die nächsten 200 Meter zu einem kleinen Restaurant. Es kam für unseren Taxifahrer nicht infrage, dass wir beiden Frauen auf der staubigen Straße aussteigen und zu Fuß gehen sollten. Während wir uns daher im Restaurant mit leckerem ägyptischen Essen verköstigten, musste unser armer Fahrer erst einmal Flickzeug organisieren.

Sicher haben die bereits erwähnten Minibusse ihre Vorteile, aber auch mit einem Taxi kann man einiges erleben, und man kommt ehrlicherweise mit einem Taxifahrer schneller ins Gespräch als mit einem Minibusfahrer. Ich durfte schon einige tolle und herzliche Taxifahrer kennenlernen, die gerne über Land und Leute mit mir geredet haben – viele sprechen übrigens gutes Englisch. Ich kenne sogar einige Bekannte, die einen Taxifahrer als guten Freund gewonnen haben.

Wer schon mal mit einem ägyptischen Taxi gefahren ist, oder generell mit einem ägyptischen Auto, dem mag schon mal die Abdeckung vorne auf der Ablage aufgefallen sein. Von einer ausgefransten Stoffdecke bis zu einem filzigen Muff gibt es alle möglichen Variationen. Der Sinn solcher Abdeckungen ist es, diese vor staubigem Sand und die Technik im Inneren vor der heißen Sonne zu schützen. So ein Deckchen kann aber auch ein auffälliges Deko-Objekt sein, das für einige Lacher sorgt. Ein Taxifahrer in Luxor hatte seine Ablage und Lehnen mit einem braunen Fellüberzug ausstaffiert, sodass man unwillkürlich an Fozzie-Bär aus der *Muppet-Show* denken musste. Der Wiedererkennungswert ist gewiss! Das schönste Taxi, mit dem wir mal gefahren sind, war ein kleiner Minibus mit einem gepunkteten rot-schwarzen Stoff. Das gab viele Ohs und Ahs, als wir in unser Marienkäferchen-Taxi gestiegen sind. Ein erstauntes Ohhh entfuhr einer Freundin, als sie zusammen mit einem Huhn die Rückbank eines Taxis teilen musste. Leichte Schweißausbrüche folgten, als der Fahrer, mit einer Hand das Handy haltend, angeregt telefonierte, während er mit der anderen genussvoll in eine Melone biss. Sein Fahrzeug lenkte er übrigens mit den Unterarmen.

Natürlich haben auch die Taxifahrer den typischen ägyptischen Fahrstil drauf und schlängeln sich unbekümmert und Verkehrszeichen missachtend durch den Straßenverkehr, während es dieses Mal die Mitfahrer sind, die heimlich Stoßgebete in den Himmel schicken. Auch das gehört zum Abenteuer Taxifahren in Ägypten dazu. Unfälle mit Taxis passieren in Ägypten erstaunlicherweise sehr selten, und wenn, dann sind es nur Bagatellunfälle.

Am Roten Meer sind indes meist neue orange/schwarze und blaue Taxis unterwegs. Mittlerweile machen auch die Fahrdienste Uber und Careem (die ägyptische Version von Uber) den Taxis Konkurrenz.

Normalerweise haben die neuen Taxis alle ein Taxameter, können aber – zumindest nach Aussagen des Taxifahrers – defekt sein, und es wird gerne wieder verhandelt. Warum das Taxameter angeblich nicht mehr anspringt, lässt sich mit den immens steigenden Benzinkosten der letzten Jahre erklären. Die Preise der Taxameter wurden nämlich nicht an die Inflation angeglichen. Außerdem haben die Fahrer, die meist kein eigenes Auto haben, Kosten, wie die Mietpauschale für das Auto oder Reinigungskosten. Taxifahrer haben es nicht leicht, und man trifft daher auch mal auf einige brummelige Exemplare, die überzogene Preise aufrufen. Deshalb unbedingt daran denken:

In Ägypten ist alles verhandelbar! Und daher beginnt das Abenteuer Taxifahren oft direkt schon vor der Fahrt.

55. Grund

Weil auch Tauchanfänger hier Nemo finden können

Nur viereinhalb Flugstunden von Deutschland befindet sich das Rote Meer – auf Arabisch *Bahr el Ahmar* (*Ahmar* = rot / *Bahr* = Meer). Ein Paradies für Schnorchler und Taucher. Schon beim Landeanflug auf Sharm el Sheikh, Marsa Alam oder Hurghada sieht man dieses tief grün-blaue Meer, unterbrochen von einigen schwarzen Flecken – den Korallenriffen.

Doch warum heißt dieses Meer eigentlich Rotes Meer? Dazu gibt es mehrere Theorien: Der Name könnte von der heimischen, aber recht selten vorkommenden Blaualge kommen, die sich in ihrer Blüte rostrot färbt und direkt unter der Wasseroberfläche schwimmt. Eine zweite Theorie bringt phönizische Seefahrer ins Spiel, die aufgrund der Felsen, die rötliches Eisenoxid enthalten, dem Meer diesen Namen gegeben haben. Ähnlich plausibel: Iranische Seefahrer benannten ihre Himmelsrichtungen nach Farben. Das Rote Meer lag von ihnen aus im Süden, und Süden hieß, ja richtig, rot. Nach einer anderen Theorie hat das 44.000 Quadratkilometer große Meer (ungefähr so groß wie die Schweiz) seinen Namen vom Königreich Himyar, das vor 2000 Jahren im Gebiet des heutigen Jemen am Roten Meer lag. Der Name Himyar ist auf ein altes Wort zurückzuführen, das übersetzt »rot« oder »die Roten« heißt. Welche Theorie nun stimmt, kann heute keiner mehr sagen.

Am Roten Meer gibt es einige traumhafte Hotelanlagen mit eigenen Hausriffen zum Tauchen und Schnorcheln. Normalerweise erfolgt der Zugang zum Meer über einen Steg, der über das Riff gebaut wurde. Schnorchler können dann am Riff entlangtauchen und sich, durch den hohen Salzgehalt des Roten Meeres, ganz leicht durch das Wasser gleiten lassen.

Es gibt aber auch Hotels, vor denen man nur ein paar Meter ins Wasser zu gehen braucht, um in eine Welt voller farbiger Korallen und Fische einzutauchen. Andere Hotels wiederum haben kein eigenes Riff, es gibt aber so viele Anbieter mit Bootstouren zu populären Korallenriffen, wie Fische im Wasser.

Leider tummeln sich an den Küsten entlang des Roten Meeres nicht nur reichlich Fische, sondern auch reichlich Touristen, die den Korallen kaum eine Möglichkeit zur Erholung geben. Das blieb nicht ohne schädliche Wirkung auf die Riffe. In Sharm el Sheikh ist die Lage noch nicht ganz so schlimm wie in Hurghada, wo man schon etwas weiter rausfahren muss, um noch schöne Korallenriffe zu finden. Ursprünglicher sind Taucher und Schnorchler in Marsa Alam und El Quseir bestens aufgehoben. Generell ist es so: Je weiter weg man von den großen Touristenzentren reist, desto weniger Touristen findet man dort vor und umso besser erhalten sind die Korallenriffe.

Die Sichtverhältnisse sind atemberaubend gut, sodass der Blick auch in tieferen Gewässern bis tief an den Meeresgrund reicht. Wie durch eine blank geputzte Scheibe sieht man die kleinen Nemos und Dories, die jedes Kind aus dem Pixar-Animationsfilm kennt. Man trifft auf freche gelb-bunte Falterfische, die versuchen, die Hautschuppen der Vorbeischwimmenden wegzuknabbern, und mit etwas Glück schwimmt man Auge in Auge mit einer Muräne, diesem merkwürdigen aalartigen Fisch mit den gepunkteten Leopardenschuppen. Sogar Wasserschildkröten können Schnorchler mit etwas Glück entdecken. Die im ganzen Jahr warmen Wassertemperaturen sorgen für perfekte Verhältnisse sowohl für Taucher als auch für die Wasserbewohner.

In flachen Gewässern haben wir sogar schon Rochen gesehen, vor denen man sich jedoch lieber in Acht nehmen sollte, denn der Stich mit dem Stachel kann ganz schön schmerzhaft sein. Man sollte immer mit Badeschuhen ins Meer, schon alleine wegen der spitzen Korallen und Seeigel, und natürlich sollte man tunlichst nicht auf die Korallen treten.

Wer lieber große Säugetiere sehen möchte, der findet selbst Delfine im Roten Meer. Für einige sicher ein Traum, schnorchelnd neben Flipper zu schwimmen, aber auch wenn manche Reiseanbieter Delfine garantieren, heißt es noch lange nicht, dass man sie sieht, geschweige denn, dass sie darauf warten, bis der Tourist ins Meer platscht, um mit ihnen zu schwimmen. Es gibt leider einige Anbieter, die wahre Treibjagden auf die armen Tiere ausrichten. Wer gerne einen Delfinausflug machen möchte, sollte sich unbedingt vorher über geeignete Anbieter informieren.

Wem die Schnorchelei nicht mehr reicht, der kann in einer der zahlreichen Tauchschulen einen Kurs belegen und im Ergebnis ein international anerkanntes Zertifikat erhalten. Es gibt sogar einige deutsche Anbieter, die sich entlang des Roten Meers niedergelassen haben und die den Geneigten in einige Geheimnisse des Tauchens einweihen. Dann kann der Taucher nicht nur Nemo finden, doch das erzähle ich Ihnen in einem anderen Grund.

56. Grund

Weil eine Seefahrt in Ägypten immer lustig ist – und charmant noch dazu

Eine Reise mit einem Kreuzfahrtschiff ist im Moment eine der populärsten Reisearten. Es ist die perfekte Mischung aus Sightseeing und Entspannung. Kreuzfahrten bieten die Gelegenheit, während eines einzigen Urlaubs mehrere Orte kennenzulernen und gleichzeitig an Bord einfach mal die Seele baumeln zu lassen. Riesige Kreuzfahrtschiffe, die Platz für die Bewohner einer ganzen Kleinstadt bieten, kreuzen auf ihrem Weg in den Oman oder nach Dubai durch den

Suezkanal, oder legen an in Alexandria, Sharm el Sheikh oder Safaga am Roten Meer.

Beschaulicher und familiärer als auf den Riesendampfern der Meere geht es auf den kleineren Nilkreuzfahrtschiffen zu, die nur Platz für ein paar Dutzend Passagiere bieten. Die beliebteste Möglichkeit, das Land am Nil zu bereisen, ist die klassische Nilkreuzfahrt, bei der man eine Woche den Nil von Luxor nach Assuan rauf und wieder runterfährt, um Tempel, Gräber und Geschichte des Landes kennenzulernen. Seit einigen Jahren kann man in Ägypten auch wieder die »große Nilkreuzfahrt« von Kairo nach Assuan buchen. Aufgrund von Sicherheitsbedenken, vor allem im touristisch wenig erschlossenen Mittelägypten, war die 14-tägige Tour viele Jahre lang nicht möglich, und bis heute sorgt ein Geschwader von Bewaffneten für eine sichere Reise durch Mittelägypten. Will man noch tiefer in den Süden, bis nach Abu Simbel, wo die Felsentempel von Ramses II. stehen, muss man aufgrund des für Schiffe unüberwindlichen Assuanstaudamms umsteigen auf ein sogenanntes Nasserkreuzfahrtschiff, benannt nach dem Nassersee, der durch den Assuanstaudamm aufgestaut wurde.

Auf dem Oberdeck eines Schiffes findet der vom Alltag Gestresste besondere Entspannung. Hier gibt es einen Pool, eine Bar und viele Liegestühle zum Sonnenbaden. Der Vorteil einer Flusskreuzfahrt ist nicht nur, dass selbst Magenschwache keine Sorge vor einer Seekrankheit haben müssen, sondern auch das stets nahe Ufer, auf dem es immer etwas zu sehen gibt: Flora und Fauna und natürlich die am und vom Nil lebenden Menschen – seien es Bauern oder Fischer. Der Nil schlängelt sich mal breit, mal eng durch das Land. Die erfahrenen Kapitäne kennen jede Laune des Nils, der an einigen Stellen sehr tief (bis zu acht Meter), an anderen wiederum sehr flach ist.

Für Abwechslung sorgen nicht nur Nil, Landschaft und die Tagesausflüge, sondern auch (mehr oder weniger) unterhaltsame Abende an Bord, bei denen sich die Crew große Mühe gibt, den Gästen einen erfrischenden und lustigen Abend zu bereiten (wer keine Animationen mag, sollte nach dem Essen schnell aufs Deck verschwinden). Besonders beliebt ist der Galabiya-Abend, bei dem die Crew die Gäste dazu auffordert, in eines der traditionellen hemdartigen Gewänder zu schlüpfen. Um ehrlich zu sein, ist dieser Abend vor allem bei der Crew beliebt, die sich schon darauf freut, die entweder vampirblassen oder sonnenbrandroten Europäer mal in der landestypischen Tracht Ägyptens zu sehen.

Für die entsprechende Gewandung sorgt nicht nur der überteuerte Schiffsshop, sondern ebenso die fliegenden Händler auf dem Wasser. Bei der Stadt Esna, wenn die Schiffe vor der Schleuse warten müssen, um ein paar Höhenmeter zu überwinden, knoten sich die Händler mit ihren kleinen Booten am großen Schiff fest und beginnen mit ihrem Spektakel. Lautstark wird ihre Ware, bestehend aus den Gewändern, Tüchern und Schmuck, angeboten. Die komplette Ausstattung für einen lustigen Galabiya-Abend. Die Händler werfen mit kräftigem Schwung ihre in Tüten eingepackten Waren meterhoch an Bord und animieren Zuschauer an der Reling zum Anprobieren und Kaufen. Ist man sich handelseinig, wird das Geld in die nun leere Tüte gepackt und wieder nach unten in die Arme des Händlers geworfen. Besonders spannend ist es, wenn der Kaufinteressent an seinem Kabinenfenster steht. Dann ist auf beiden Seiten besonders gute Wurf- und Fangtechnik angesagt. Angefeuert von den anderen Passagieren kann man hier zeigen, wie sportlich man ist – oder auch nicht. Doch irgendwie klappt es immer, und der Abend kann mit einer neu erworbenen, oft grellbunten Galabiya beginnen. Zumindest hat man hinterher ein paar lustige Erinnerungsfotos.

Was natürlich ebenfalls auf keiner Nilkreuzfahrt fehlen darf, ist der obligatorische Bauchtanzabend, bei dem eine (oft osteuropäische) Bauchtänzerin und ein wirbelnder Derwisch ihre Künste zeigen. Geburtstage werden natürlich auch, ganz im orientalischen Stil, kräftig gefeiert. Kein Gast sollte glauben, seinen Geburtstag für sich behalten zu können! Manchmal glaube ich, dass dies der einzige Grund ist, warum von jedem Gast beim Betreten des Schiffes der Reisepass eingezogen wird … Am Ende des Abendessens, nach einer Torte und einem mehrsprachigen »Happy Birthday«, darf das Geburtstagskind dann mit der singenden und klatschenden Schiffscrew zu einheimischer Musik tanzen.

Wer es noch etwas familiärer und mit weniger Action mag, der kann den Nil mit einer kleinen Dahabiya besegeln. Dort finden meist nicht mehr als 20 Passagiere Platz. Auf den Segelschiffen mit ihrer Holzverkleidung fühlt man sich fast wie im letzten Jahrhundert. Lautlos segelt das kleine Schiff den Nil entlang. Eine ganz besondere, allerdings auch nicht ganz billige Art zu reisen.

Auf dem Nil, dem Mittelmeer und dem Roten Meer bietet Ägypten aber auch einige ungewöhnliche Ausflüge an. So kann man mit einem Glasbodenboot, ohne nass zu werden, eintauchen in die Unterwasserwelt Ägyptens oder mit einem Piratenschiff die Nächte durchfeiern. In Kairo kann man auf einem Partyschiff ein landestypisches Mahl und einen orientalischen Abend verbringen, in Assuan mit einem kleinen Motorboot die Marschlande erkunden oder auf einer Feluke in den Sonnenuntergang segeln. In einem Land, das an zwei Meeren liegt und vom längsten Fluss der Welt durchzogen wird, hat jede Schiffsfahrt ihren ganz besonderen Charme.

57. *Grund*

Weil »Walk like an Egyptian« ein Hit ist

Falls Sie jetzt schon diesen Ohrwurm hören und nicht mehr loswerden, möchte ich mich gleich bei Ihnen entschuldigen. Aber der Titel passt wunderbar zu dem Thema, und ich möchte Ihnen nur zu gern den Tipp geben, mal auf den Spuren der Ägypter und nicht nur auf den Spuren der Touristenpfade zu wandeln. Reisen Sie mal abseits des Mainstreams und lernen Sie das wahre Ägypten kennen.

Wenn Sie irgendwo eine große Straße entlanggehen, biegen Sie doch einfach mal nach rechts oder links in eine kleine Gasse ein. Hier geht es viel ruhiger zu als auf den überfüllten Hauptstraßen und man ist einmal ganz für sich. Am Anfang beschlich mich immer ein komisches Gefühl, wenn wir abseits der Touristenpfade gingen. Manche Ägypter schauten uns an, wie Aliens aus einer anderen Welt, andere kamen wiederum auf uns zu und sprachen uns an. Vor allem Kinder kennen keine Scheu und fragten sofort nach *Bonboni*. Andere Ägypter stellten mir die besorgte Frage, ob ich mich verlaufen hätte oder ob ich Hilfe benötige. Die Herzlichkeit der Ägypter war überdeutlich, und einige erkannten mich bei meinen täglichen Spaziergängen schnell wieder und begrüßten mich mit einem freundlichen *Salam*.

Und trauen Sie sich ruhig mal, etwas Essbares am Straßenrand zu probieren. Kaufen Sie *Foul* oder *Koschari* von einem Straßenhändler oder bei einem Bäcker köstliches Brot oder Süßspeisen. Sie werden merken, dass es komplett anders schmeckt als in den Hotels und auf den Nilkreuzfahrtschiffen.

Oder gehen Sie doch einfach auf einen Souk, keinen Basar mit Touristennippes, sondern einen ganz normalen Markt, in dem Sie alles für den täglichen Bedarf kaufen können. Auf der Westbank von Luxor gibt es so einen in Qurna, gleich gegenüber dem Sethos I. Tempel. Jeden Dienstag und Samstag gibt es hier einen Markt. Händler und Händlerinnen sitzen auf dem sandigen Boden, vor ihnen auf einem Tuch ausgebreitet liegen die köstlichsten Waren. Es gibt Obst, Gemüse, Gewürze, Brote, Fisch frisch aus dem Nil, Hülsenfrüchte, Ziegen, Schafe und Geflügel. Hühner werden sogar direkt vor Ort geschlachtet. Frischer geht's nicht – ist aber auch nichts für schwache Nerven. Haushaltswaren wie Tupperdosen, Körbe und Waschmittel stapeln sich auf den Tischen und Decken, neben Kleidung, Baby- und Kindersachen und den Galabiyas. Es herrscht reges Treiben, ägyptische Frauen bewegen sich in ihren schwarzen Gewändern (Abayas) durch die staubigen Gassen, schreiende Kinder laufen dazwischen, Männer unterhalten sich angeregt über die aktuellen Tagesereignisse. Es hallen die Gespräche der Frauen und Männer, es gackert, schreit und mäht überall.

Oder fahren Sie mit der Fähre über den Nil statt mit einem gemieteten Motorboot, oder mit einem öffentlichen Bus statt mit einem Taxi, oder reisen Sie einfach mal im Zug durch Ägypten. Lauschen Sie den Gesprächen der Ägypter mit ihrer rauen Sprache. Eine Bekannte von mir ist gebürtige Libyerin und erzählte mir von dem reinen weißen Arabisch, das in ihrem Heimatland gesprochen wird, während das ägyptische Arabisch »dreckig« klingt. Tatsächlich klingen Gespräche unter Ägyptern so, als würden sie wie ein Rohrspatz schimpfen, obwohl sie nur über das Wetter reden. Manchmal mache ich einfach die Augen zu und höre, wie sie sprechen, obwohl es unhöflich ist, andere zu belauschen, aber ich verstehe eh kein Wort. Auch hier bietet es sich an, die üblichen Pfade einmal zu verlassen, die da heißen: Mit Englisch kommen Sie überall durch. So hart und fremd die Sprache für unsere Ohren klingt, aber wäre es nicht toll, wenn Sie – völlig überraschend natürlich – Ihren Senf dazugeben könnten? Wie wäre es also, wenn Sie ein paar Brocken Arabisch lernen? Fragen Sie Ihr Umfeld – man hilft Ihnen mit Sicherheit gern weiter. Auf der Fähre, im Bus oder sogar im Souk – die Menschen werden von Ihrem Interesse begeistert sein und Ihnen bei einem Glas Tee ein paar Sätze beibringen. Und wenn Sie dann am nächsten Abend oder am nächsten Tag den Kellner mit einem freundlichen *El Fatura, min fadlak* (Die Rechnung, bitte) überraschen – voilà! Alles richtig gemacht, der Respekt und die Anerkennung der Ägypter sind Ihnen garantiert. Deshalb zum Schluss noch einmal meine ganz ernst gemeinte Ermutigung: Gehen Sie doch mal wie ein Ägypter – abseits der bekannten Touristenpfade!

6. Kapitel

Kulinarisches

Zu Tisch in Ägypten

Weil Ägypten eine 5000 Jahre
alte Biertradition hat

Ausgerechnet in Tel Aviv machten Archäologen im Jahr 2015 eine bemerkenswerte Entdeckung: Sie fanden eine ägyptische Brauerei aus der Zeit um 3000 v. Chr. Damit ist sie zeitlich vor dem Bau der großen Pyramiden in Gizeh anzusiedeln – wer hätte das gedacht! Andererseits liegt es ja auch auf der Hand, dass die Bierbraukunst älter ist als jene monumentalen Bauwerke, für die das Pharaonenreich berühmt ist. Denn die Arbeiter erhielten als Lohn für ihre schwere Arbeit an den Grabmalen und Tempeln neben ein paar Broten noch ein Maß Bier pro Tag. Brot und Bier als Opium fürs Volk sozusagen.

Das altägyptische Bier wurde aus einem Teig aus Gerste und Mehl gewonnen, der etwas angebacken, zerkrümelt und dann mit Wasser durch ein Sieb gegossen wurde. Anschließend wurde das Gemisch fermentiert und mit Dattelsaft oder Gewürzen aromatisiert. Das Bier hatte einen Alkoholgehalt von ungefähr sechs Prozent, also ungefähr so viel wie unser heutiges (mit fünf Prozent), doch ansonsten hat das Gebräu mit dem von heute nur bedingt Gemeinsamkeiten. Das gärige Getränk war so dickflüssig, dass die Ägypter es mit Strohhalmen tranken. Das aber taten sie zumindest täglich und wahrscheinlich auch reichlich. Manch altägyptischer Weise erhob deswegen mahnend den Zeigefinger:

»Übernimm dich nicht beim Biertrinken! Unerfreulich wird die üble Rede, die aus deinem Mund gekommen ist, ohne dass du dir bewusst bist, sie gesagt zu haben.« (Lehre des Ani, um 1200 v. Chr., Übersetzung J.F. Quack, 1994).

Zumindest bei diversen Festen mit so klingenden Namen wie »Das schöne Fest der Trunkenheit« wurden solche Warnungen gerne mal in den Wind geschlagen. Selbst auf Trauerfeiern gehörte es zum guten Ton, sich besinnungslos zu trinken, damit der benebelte Geist Kontakt zu den Verstorbenen aufnehmen konnte.

Bier war nicht nur das Grundnahrungsmittel des einfachen Volkes (Wein war nämlich größtenteils nur der Oberschicht vorbehalten), sondern es war gar der Retter der Menschheit! In einem Mythos befahl der Sonnengott Re seiner Tochter Hathor, die aufmüpfige Menschheit zu töten. Aber als er sah, wie die wütende Göttin Tod, Leid und Elend über sein Volk brachte, bekam er Mitleid mit den Sterblichen. Doch seine Tochter war trotz allen guten Zuredens nicht mehr aufzuhalten. Also bereitete Re einen Trank aus 7000 Krügen Bier zu, färbte ihn mit Ocker rot und verschüttete ihn über die Erde. Hathor trank das vermeintliche Menschenblut und wurde so trunken, dass sie »die Menschheit nicht mehr erkennen konnte« (würde wohl jeder bei 7000 Krügen Bier). Ihr Blutdurst war gestillt, und sie konnte von Re besänftigt werden. Bei dem dazugehörigen Fest der Göttin Hathor wurde demnach – dem Anlass entsprechend – also auch reichlich dem Bier zugesprochen.

Bleibt festzuhalten, dass die alten Ägypter viel und gerne Bier tranken. Selbst den Kindern wurde das alkoholische Gesöff vorgesetzt. Im heutigen Ägypten sieht die Vorliebe für Bier und Alkohol in Allgemeinen ganz anders aus. Mit den beiden Marken Stella und Sakkara pflegt Ägypten zwar heute noch seinen Ruf als Bierbrauer, aber die Beziehung zu Alkohol hat sich um 180 Grad gedreht.

59. Grund

Weil Alkohol in Ägypten »haram« ist

Heute ist Alkohol in Ägypten *haram* – nach islamischem Glauben verboten. Weder darf man ihn konsumieren, noch kaufen. Tiefgläubige muslimische Ägypter fassen eine Flasche Alkohol nicht mal an.

Hotels und Restaurants brauchen eine staatliche Lizenz zum Verkaufen von Alkohol. Diese zu erhalten, ist unter den aktuell vorherrschenden religiösen und politischen Verhältnissen nahezu ein Ding der Unmöglichkeit. Wer Glück hat, findet noch jemanden mit einer alten Lizenz, die er umschreiben und übernehmen kann.

Obwohl Alkohol *haram* ist, gönnen sich einige Muslime auch mal das ein oder andere Tröpfchen. Aber nur in den eigenen vier Wänden, dort wo Allah es hoffentlich nicht sehen kann. Auch auf großen Feiern wie Hochzeiten wird gerne mal zum Glas gegriffen. In der Öffentlichkeit wird man keinen Ägypter mit einer Flasche Bier in der Hand sehen, egal welchen Glauben er praktiziert. Neben einer entspannten Atmosphäre bei Veranstaltungen, wie z.B. Fußballspielen, bei denen man nicht gleich von angetrunkenen und grölenden Banknachbarn malträtiert wird, hat der fehlende Alkoholkonsum auch im Straßenverkehr seine Vorteile. Stellen Sie sich vor, bei dem wilden Fahrstil der Ägypter wäre auch noch Alkohol im Spiel …

Doch hat diese konservative Einstellung zum Alkohol die Weinproduktion in Ägypten beträchtlich in Mitleidenschaft gezogen. In der Antike war ägyptischer Wein berühmt und wurde in Massen nach Rom exportiert. Heute würde ein Italiener nach der ersten Kostprobe direkt auf Bier umsteigen. Ägyptische Weine, wie der Obelisk oder Omar Khayyam, werden nicht umsonst gerne spöttisch »Château de Migraine« genannt. In den letzten Jahren haben sich kleine Weinbauern, hauptsächlich Kopten, das ehrgeizige Ziel gesetzt, dem ägyptischen Wein seinen guten Ruf zurückzugeben. Mit zunehmendem Erfolg. In el-Gouna am Roten Meer kann man sich bei einer Wine Tasting Tour mit lokal angebautem Wein selbst davon überzeugen. Mehrere internationale Preise und Auszeichnungen wurden schon eingeheimst.

Kleine Produzenten haben es weiterhin schwer, sich gegen die seit 1897 bestehende Al Ahram Beverages Company durchzusetzen, die quasi das Monopol auf die Bier- und Weinproduktion in Ägypten hat. Im Jahr 2002 übernahm die niederländische Heineken das Traditionsunternehmen und änderte den Namen in Al Ahram Beverages Company-Heineken Egypt. Biertrinker werden auch auf das niederländische Heineken stoßen oder auf ein anderes aus dieser Gruppe namens Meister Max.

Nicht nur die schwierige Vergabe der Lizenzen zum Alkoholausschank und die Tatsache, dass hauptsächlich nur die zehn Prozent Kopten und Touristen als potenzielle Abnehmer von Alkohol in Frage kommen, macht es kleinen Firmen schwer, sich am Markt zu behaupten, sondern auch der Preis. Alkohol trinken in Ägypten ist eine teure Angelegenheit. Erst 2016 hat die Regierung die Steuern auf Wein und Spirituosen auf 150 Prozent und bei Bier auf 250 Prozent festgesetzt. Spirituosen werden zudem hauptsächlich importiert. Die dazugehörige Importsteuer macht das Schnäpschen am Abend zu einer kostspieligen Angelegenheit – Touristen können dem entgehen, wenn sie darauf achten, dass ihre gegebenenfalls gebuchte All-inclusive-Verpflegung auch Alkohol umfasst, in den Hotels am Roten Meer inzwischen geübte Praxis. Alle anderen sollten vorsichtig sein, wenn der Alkohol zu günstig daherkommt – er könnte gepanscht sein, und davon sind in jedem Fall die Finger zu lassen.

Immer mal wieder hört und liest man davon, dass sich bei so manchem Touristen die Sorge einschleicht, Ägypten wäre praktisch alkoholfreie Zone. Keine Panik – so schlimm ist es nicht! In Großstädten und in den Touristenzentren am Roten Meer bekommt man überall Alkohol zu kaufen. Es gibt sogar eine Kette mit dem Namen »Drinkies«, in dem verschiedene Biere, Weine, Spirituosen und Mixgetränke (auch online) verkauft werden. Aus Respekt vor dem muslimischen Glauben sollte man auf öffentlichen Plätzen jedoch besser auf Alkohol verzichten, genauso wie betrunken durch die Gegend zu torkeln.

Ägypten ist in dieser Hinsicht eben gerade nicht der Ballermann. Hier sind die Strände noch nicht voll von sturzbetrunkenden, grölenden Pubertierenden oder in der Pubertät feststeckenden Erwachsenen. Hier können die Menschen auch ohne Alkohol ausgelassen feiern. Für den ein oder anderen sicherlich ein Grund mehr, Ägypten zu lieben …

Weil die Tage mit einem Schnäpschen lustig beginnen

Nein, mit diesem Thema widerspreche ich nicht dem vorherigen. Denn ein Gläschen Alkohol kann eine Waffe gegen ein Übel sein, das überall in Ägypten gefürchtet ist: »Der Fluch des Pharao«. Was Alkohol mit einer mordenden Mumie oder einem verfluchten Grab gemein hat? Natürlich nichts, denn »Der Fluch des Pharao« ist die ägyptische Variante von »Montezumas Rache« oder in Fachkreisen Reisediarrhö – Reisedurchfall – genannt.

In Ägypten kann es jeden treffen. Zumindest jeden Touristen. Wir sind einfach an andere Hygienestandards gewöhnt, und wehe dem, es kommt etwas auf den Tisch, worin sich fremde Bakterien tummeln. Unsere bodenständigen, einheimischen Darmflora- Bakterien kommen mit den Giftstoffen, die diese Fremdlinge ausstoßen, nicht zurecht, und schon verbringt man mehr Zeit, als einem lieb ist, auf dem stillen Örtchen. Ägypter sind gegen ihre inländischen Bakterien immun – die Glücklichen.

Es gibt jedoch eine Wunderwaffe gegen den Fluch des Pharao und der heißt – Ouzo! Oder ein anderes hochprozentiges alkoholisches Getränk, das den Bakterien den Garaus macht. Bei mir hat sich ein Pinntchen abends direkt nach dem Essen und morgens direkt nach dem Aufstehen bewährt. Ja genau, auf nüchternem Magen. Das kostet schon einige Überwindung, aber jeder Morgen beginnt dafür umso lustiger …

Wer jetzt denkt »Schmarrn«, dem sei eine interessante Studie ans Herz gelegt. Im Mai 2000 erkrankte eine Festgesellschaft in der spanischen Stadt Castellón an Salmonellen durch verdorbene Mayonnaise. 95 Prozent der Gäste, die keinen Alkohol getrunken hatten, infizierten sich damit. Je mehr Alkohol ein Gast jedoch intus hatte, umso geringer war die Wahrscheinlichkeit für ihn, sich mit dem Erreger infiziert zu haben. Fast die Hälfte der Gäste blieb so verschont. Aufgrund der Nebenwirkungen des Alkoholkonsums aber ging es am nächsten Morgen jedoch trotzdem vielen nicht erkrankten Gästen schlecht. Auch wenn Alkohol nun vielleicht doch nicht die erhoffte Wunderwaffe ist, kann er zusammen mit ein paar Regeln helfen, den Urlaub nicht auf und/oder über der Kloschüssel zu verbringen.

Am wichtigsten sind die drei goldenen Regeln beim Essen: Schäl es! Koch es! Oder lass es!

Leitungswasser sollte weder getrunken, noch zum Abspülen von Dingen verwendet werden, die man essen möchte – also Obst zum Beispiel. Wer empfindlich ist, sollte selbst die Zähne mit Wasser aus der Flasche putzen. Sich ausgiebig die Hände zu desinfizieren, sollte ebenfalls zum alltäglichen Ritual vor dem Essen werden. Und überhaupt gilt: Man kann nie vorsichtig genug sein! Lieber einmal zu viel verzichtet, als krank geworden, oder?

Die meisten Hotels treffen natürlich schon im eigenen Interesse Vorsorge und spülen Essbares mit Wasser aus der Flasche ab, welche Werbung geben schließlich zuhauf erkrankte Touristen ab? Trotzdem sollte man bei Salaten, rohem Gemüse und ungeschältem Obst vorsichtig sein. Bakterienabtötend ist übrigens auch der Limettensaft, den so mancher Urlauber gerne großzügig über seinen Salat verteilt.

Da Eiswürfel bekanntlich auch aus Wasser bestehen, ist es besser, mit einem »no ice« darauf zu verzichten. Auch aus einem anderen Grund: Viele Durchfallerkrankungen werden durch zu kaltes Trinken ausgelöst. Wenn der Körper den ganzen Tag bei hohen Temperaturen in der Sonne brutzelt und plötzlich eiskalte Flüssigkeit runtergeschüttet wird, reagieren Magen und Darm entsprechend.

Isst man dazu noch schwere, fettige Kost, können die beiden Organe das kaum mehr vernünftig verarbeiten.

Interessanterweise treten Durchfallerkrankungen statistisch gesehen eher in großen Hotels als in einer kleinen Anlage auf. In den Luxushotels wiegen sich die Gäste, was die Hygiene betrifft, eher in Sicherheit und vergessen oft die einfachsten Hygieneregeln, während man bei kleinen Hotels schon vorsichtiger ist.

Wen es trotz Ouzo und der oben genannten Regel doch erwischen sollte, der sollte in einer ägyptischen Apotheke Rat suchen – mitgebrachte Mittel sind fast immer wirkungslos, wogegen das einheimische Medikament meist schnell hilft. Wenn doch nicht, sollte lieber der nächste Arzt aufgesucht werden. Ansonsten bewähren sich auch hier die üblichen Ratschläge: viel Ruhe und viel trinken. Am besten schwarzen Tee und Pfefferminztee. Dann kann der nächste Tag schnell wieder lustig beginnen.

61. Grund

Weil Büffeleis von Deutschen in Luxor der Hit ist

Es ist heiß in Ägypten. Die Temperaturen können im Sommer schon mal bis auf 45 Grad steigen. Doch auch im Winter kann das Thermometer an den 30 Grad kratzen, besonders im Süden, Richtung Assuan. Egal welche Jahreszeit – Sightseeing in der prallen Sonne ist immer anstrengend, besonders in den Tälern, wie dem Tal der Könige, wo die besichtigungswütigen Touristen von allen Seiten von der gestauten Hitze peinigt werden und kaum ein Lüftchen für etwas Abkühlung sorgt. Jetzt ein kühles Eis … Doch Achtung! Stolpert man zufällig über eine Eistruhe, sollte man sich den Griff hinein gut überlegen. Denn den Heißhunger auf Eis könnte man im Nachhinein schnell bereuen, da es in Ägypten häufiger Stromausfälle gibt und man es mit der Kühlkette nicht so genau nimmt. Eine leidige Erfahrung zum Thema Kühlkette musste das Drehteam von *James Bond – Der Spion der mich liebte* bereits im Jahr 1977 machen. Die Briten wollten nicht auf ihr schmackhaftes *hüstel* englisches Essen verzichten und ließen sich ihre gesamten Mahlzeiten inklusive 200 Kilo Schweinelendchen aus England einfliegen. Der Plan ging völlig daneben. Die ägyptischen Fahrer der 200 Kilo Schweinelendchen kamen nämlich auf die glorreiche Idee, Sprit zu sparen, indem sie die Kühlung ihres Lieferwagens abstellten … angekommen ist dann nur noch Gammelfleisch. Ich würde nicht meine Hand dafür ins Feuer legen, dass einige Fahrer auch noch heute auf diese Idee kommen … Immerhin ist es bei den Ägyptern gang und gäbe, auch mal aus spritsparenden Gründen das Licht des fahrenden Autos bei Nacht auszustellen.

Es gibt aber auch Eisdielen am Roten Meer und in großen Städten wie Kairo und Alexandria, in denen Eis direkt vor Ort hergestellt wird (kein spritsparender Lieferwagen) und die durchaus sehr leckeres Eis anbieten (und ein Notstromaggregat haben). Hier gibt es das typische Milcheis in verschiedenen und auch außergewöhnlichen Geschmacksrichtungen, die das Herz eines jeden Eisliebhabers höherschlagen lassen. Ganz Ägypten ist von italienischen Eisdielen besetzt. Aber eine von unbeugsamen Deutschen bevölkerte Eisdiele hört nicht auf, dem 08/15-Milcheis Widerstand zu leisten.

Liebe Eisesser, vergesst das italienische Eis. Das beste Eis der Welt ist aus deutscher Hand und kommt aus Luxor. Seit Juli 2013 betreibt das deutsche Ehepaar Babett und Ernst Wenk die Eisdiele Wenkies. Ende 2019 wird leider Schluss sein, doch ein Nachfolger wird sich bis dahin hoffentlich noch finden. Etwas versteckt in einer Seitengasse am Ostufer von Luxor (von der Fähre aus bis zum Steigenberger Hotel und dann links abgehen) verbergen sich wahre Eisschätze, die eine ausgefallene Eigenart besitzen: die Hauptzutat ist Büffelmilch. Diese ist mit acht Prozent Fettanteil besonders fetthaltig, und da Fett bekanntlich ein besonders guter Geschmacksträger ist, schmeckt das Eis doppelt so gut wie das aus Kuhmilch. Das Eis ist von der Kon-

sistenz her sehr samtig-cremig und durch den hohen Fettanteil so
sättigend, dass man keine große Mahlzeit danach einplanen sollte.
Nachdem wir uns bei Wenkies den Bauch vollgeschlagen hatten,
mussten wir bei unserem darauf folgenden – extra reservierten –
ägyptischen Dinner nach ein paar Bissen schon passen.

Die beiden Deutschen sind wahre Eis-Alchemisten und experi-
mentieren gerne mit den verschiedensten Zutaten. Heraus kommen
solche Kreationen wie salziges Lakritz-Eis oder Malz-Eis. Regelmäßig gibt es neue Eissorten mit Ingredienzen, bei denen man im
Leben nicht darauf kommen würde, daraus Eis herzustellen. Aber
Mut wird belohnt, jede Eissorte schmeckt, und einfache Besucher
wie Gourmetkritiker überschlagen sich mit Lob für die kleine Eisdiele in Luxor. Traditionalisten bekommen natürlich auch normales
Eis wie Vanille oder Schokolade in den kleinen Räumlichkeiten serviert. Orientalisches Gaumenflair hinterlassen dann Spezialitäten
wie Dattel-Eis, Hibiskus-Sorbet oder Sesam-Eis.

Zudem legen die Besitzer viel Wert auf Nachhaltigkeit. Die
Büffelmilch kommt von den Bauern vor Ort, der Zucker aus der
Umgebung, und Früchte und Gewürze werden von ortsansässigen
Händlern gekauft. Alles 100 Prozent natürlich. Wenn Ihnen jetzt
immer noch nicht das Wasser im Mund zusammenläuft, dann weiß
ich auch nicht. Ab nach Wenkies in Luxor!

62. Grund

Weil Süßspeisen nicht süß genug sein können

Dass man in Ägypten einen harten Magen haben muss, haben wir ja
schon geklärt. Das gilt sowohl bei Hauptspeisen als auch für Nachspeisen, die nicht süß genug sein können. Sie bestehen nicht nur
aus reichlich Zucker, sondern sind in der Regel zudem frittiert und
mit Honig übergossen – Zucker + Honig + Fett = ein einzigartiges

Geschmackserlebnis! Übrigens handelt es sich beim Honigsüßen tatsächlich um eine ganz alte Tradition, denn schon die alten Ägypter hatten den süßen Bienensaft zum Naschen gern und haben ihn oft und reichlich eingesetzt. Dementsprechend schlechte Zähne hatten die alten Ägypter, und ihre heutigen Nachfahren stehen dem in nichts nach.

Neben Zucker und Honig ist auch Rosenwasser häufig in den Nachspeisen der ägyptischen Küche zu finden. Dem deutschen Hobbykoch sei an der Stelle der Tipp mit auf den Weg gegeben, diese Ingredienz sparsam zu verwenden – sonst schmeckt sein aufwendig nachgekochtes ägyptisches Festmahl schnell nach Seifenlauge.

Eine beliebte Nachspeise ist *Omm Ali*. Es besteht aus Blätterteig, Milch, Mandeln und Rosinen und ist eine wahre Spezialität. Wer Süßspeisen mag, sollte das unbedingt probieren! In eine ähnliche Richtung geht der ägyptischen Milchreis namens *Ros bil laban*, der in Restaurants gerne als Nachspeise serviert wird. Ägyptischer Milchreis ist etwas cremiger als der unsrige und wird zudem mit Nüssen und Rosinen garniert. Rosenwasser sorgt auch hier für eine besondere Note. In den großen Hotels wird der Reis auch schon mal durch Nudeln ersetzt. Aus Milchreis werden dann einfach Milchnudeln.

In Ägypten gibt es allerlei Nachspeisen, die wir auch aus anderen Ländern kennen. Wie das *Kunafa*, die fädrige Süßspeise aus Zuckersirup und Nüssen ist den deutschen Gaumen vielleicht auch von unseren türkischen Nachbarn (*Künefe*) bekannt. Auch *Baklava*, das Blätterteiggebäck mit Nussfüllung, das wir aus türkischen Imbissbuden kennen, ist in Ägypten populär. Beide sind beliebte Häppchen auf jedem Nachspeisebuffet in den Hotels entlang des Nils und am Roten Meer.

Ebenfalls gerne in Hotels serviert wird *Basbousa*. Ein Grießkuchen bestehend aus Joghurt, Kokos, Wasser, Honig und ein paar Tonnen Zucker. Seine besondere Eigenart ist die etwas gewöhnungsbedürftige Konsistenz, die aus einer Masse aus Zitronensaft, Wasser und natürlich weiterem Zucker besteht. Manchmal zudem im wahrsten Sinne des Wortes beklebt mit Nüssen oder Kokosnuss-raspeln. Man sollte, wie auch die anderen Süßspeisen, in den Souks mal davon probieren und den ursprünglichen Geschmack testen, der oft viel süßer als in den Großküchen der Hotels ist. Dort ist alles ein Stück weit auf den europäischen Gaumen ausgerichtet. Köstlich sind die kleinen Mandel- und Honigküchlein oder die *Zlabia*, frittierte Teigspiralen, die während des Ramadans zubereitet werden und in denen genauso viel Zucker wie Mehl mit eingerührt wird.

Ist gerade mal kein Kuchen in Griffweite, stillen die Ägypter ihren Appetit auf Zucker auch gerne mit Zuckerrohrstangen. Nachdem die grüne harte Schale abgeschält wurde, wird herzhaft die übrig gebliebene weiße Faser abgebissen und diese im Mund genüsslich zerkaut. Der süßliche Saft wird beim Kauen freigesetzt, die trocke-nen Fasern (*Bagasse*) werden anschließend wieder ausgespuckt.

Aus dem Zuckerrohr wird auch ein schmackhafter Saft mit einem doch recht eigenen Aussehen hergestellt. Doch dazu mehr im nächs-ten Thema.

63. Grund

Weil süße Getränke nicht süß genug sein können

Man ahnt es wohl schon – nicht nur die Nachspeisen sind oft sehr süß, sondern auch die Getränke.

Man sieht nicht selten einen Ägypter, der sich drei bis vier Teelöffel Zucker in ein kleines Teeglas – geschätztes Volumen ca. 100 Milli-liter – schaufelt. Der Löffel steht quasi im Tee.

Selbst die Fanta schmeckt in Ägypten viel süßer und kräftiger als in Europa. Wer nicht auf Dosengetränke verzichten möchte, der sollte einmal Schweppes mit Granatapfel (*pomegrante*) oder *Fayrouz* mit Ananas probieren. Schmeckt zwar kein bisschen nach Ananas, ist aber für süße Gaumen genau das Richtige. Viel gesünder sind da natürlich die frisch gepressten Säfte – auch wenn die Unmengen an Zucker darin den Gesundheitsaspekt ein wenig trüben. Beliebt sind die Saftbars an den Straßenecken, in denen man je nach Saison von Orangensaft über Erdbeer- und Mangosaft alles bekommt, was das Saftherz höher schlagen lässt. In Ägypten auch sehr beliebt ist der ebenso süße Guavensaft. Eine Guave enthält das Fünffache an Vitamin C wie eine Orange, Guavensaft ist also nicht nur sehr, sehr süß, sondern zudem eine wahre Vitaminbombe!

Eines der beliebtesten Getränke in Ägypten ist der vorher bereits erwähnte Zuckerrohrsaft – *Assier 'assab* (*assier* = Saft). Würde er nicht wie Spülwasser aussehen, wäre die Hemmschwelle, ihn zu probieren, wohl deutlich geringer. Genau wie die anderen Säfte *Assier Lamun* (Zitronensaft) oder *Assier El Ballah* (Dattelsaft) sind die Säfte bei heißen Temperaturen sehr erfrischend.

Für heiße Tage ebenfalls sehr beliebt ist der *Tamr Hindi*, was übersetzt »indische Datteln« heißt. In der indischen Küche werden die Hülsenfrüchte des Tamarindenbaums gerne zum Würzen von Speisen genommen, in Ägypten werden Getränke daraus hergestellt. Beim Gewürzhändler sind die dicken Klumpen, die mich immer ein bisschen an Kameläpfel erinnern, nicht zu übersehen. Aber keine Sorge: Sie schmecken auf jeden Fall besser, als sie aussehen! Die Kugeln werden am besten gut durchgewaschen, über Nacht in ein Glas heißes Wasser gelegt, und schon am nächsten Tag hat man den perfekten Durstlöscher, der vom Geschmack her an einen Beerensaft erinnert. Wer sich keinen Ball in seine Teekanne werfen möchte, der kann sich auch Tamarindenpulver kaufen – natürlich gemischt mit Zucker.

Vor allem im Winter kann es abends in Ägypten schon mal rattenkalt werden. Heizungen in den Häusern sind selten zu finden, da muss die Wärme halt von innen kommen. Was für uns in kalten Winternächten eine Tasse mit heißem Kakao ist, ist für die Ägypter ein Milchgetränk namens *Sahleb*. Das Getränk hat seinen Namen von der Orchideenwurzel *Sahleb*, aber da sie heute nur noch selten zu finden ist, benutzen die meisten Ägypter Stärke als Ersatz. Sesamkörner, Zimt und weitere Gewürze geben den besonderen Geschmack. In Cafés wird das Getränk, das süß wie ein heißer Milchshake ist, mit Toppings wie Obst, Schokolade oder Nüssen serviert.

Apropos Kakao, ein bei uns gesünderer Kakao-Ersatz ist Johannisbrotpulver. In Ägypten nutzt man die Früchte des *Carop* = Johannisbrotbaum als erfrischendes und nährstoffreiches Getränk für die heißen Tage. Die Ägypter brachten den Johannisbrotbaum schon 2000 Jahre v. Chr. von Arabien in ihr Heimatland. Die Römer exportierten ihn schließlich von Ägypten aus nach Europa. In arabischer Zeit war der Samen des Johannisbrotbaums, mit einem konstanten Durchschnittsgewicht von rund 200 Milligramm, ein weit verbreitetes Münzgewicht – *Charrūba* genannt. Auch unsere Gewichtseinheit für Diamanten – Karat – stammt übrigens von antiken Händlern, die Diamanten mit den Samenkörnern wogen. Die Frucht dieses geschichtsträchtiges Baumes wird in Ägypten zu einem Getränk namens *Charoub* verarbeitet. Von der Optik her erinnert *Charoub* an Cola, aber der Johannisbrotbaumsaft schmeckt dann doch wie er klingt. Gelinde gesagt, recht merkwürdig mit einem undefinierbaren Geschmack zwischen sehr süß und sehr bitter. Aber Geschmäcker sind ja bekanntlich verschieden. In Ägypten zumindest kommen vor allem die Süßen voll auf ihre Kosten …

64. Grund

Weil Brot damals wie heute Leben bedeutet

Das Wort *Aisch* hat im Ägyptisch-Arabischen zweierlei Bedeutung: Es heißt sowohl Brot als auch Leben – und vom Brot leben sehr viele in Ägypten. Brot ist hier das Grundnahrungsmittel Nummer eins, und weil es günstig zu bekommen ist, ein wichtiger Bestandteil auf dem Speisetisch der ärmeren Bevölkerung, also für die meisten Bewohner entlang des Nils. Um die Mägen aller fast 100 Millionen Einwohner entlang des Nils zu füllen, bieten die Felder Ägyptens schon lange nicht mehr genügend Rohstoffe – es muss kräftig importiert werden. War Ägypten in der Antike die Kornkammer Roms, ist es heute Weltmeister im Weizenimport. So ändern sich die Zeiten …

Die ägyptische Küche präsentiert viele verschiedene Brotsorten, die zwar immer aus Weizenmehl gebacken werden, aber dennoch kleine, aber feine Unterschiede aufweisen. Sei es in Aussehen, Zubereitung oder weil es je nach Feiertagen oder Region anders gebacken wird. Die meisten haben die typische Fladenbrotform, nur sind sie kleiner als diejenigen, die bei uns in den Supermarktregalen liegen. Doch es gibt auch stangenähnliche Baguettes oder richtige Brötchenformen. Diese etwas süßlichen weichen Brötchen werden oft in Restaurants und Hotels zum Frühstück serviert und heißen wie bei uns *Aisch Kaiser* – Kaiserbrötchen.

Eines der häufigsten Brote in Ägypten ist das *Aisch baladi*. Das runde Fladenbrot wird aus Weizenmehl oder aus einer Mischung aus Weizen- und Maismehl gebacken. Es hat diese typische aufgeplusterte Form. Aufgebläht wie ein Ballon, eignet es sich hervorragend für Füllungen von Falafelbällchen. Oder es wird als Gabelersatz genommen, und die Speisen werden damit in den Mund geschoben.

Wer durch die Straßen Oberägyptens spaziert, sieht sie häufig vor den Häusern der Ägypter stehen: die Lehmöfen, in denen die Frauen das *Aisch Schams*, oder auch *Al-Schamsi* (*Shamsi* = Sonne) zubereiten. Das Sonnenbrot wird alle zwei oder drei Tage aus lokalem Weizen gebacken. Der Teig wird mit Mehl und ein bisschen warmem Wasser und Salz ordentlich geknetet – eine anstrengende Angelegenheit. Danach wird der Teig in faustgroße Klumpen geformt, mit Mehl bestäubt und zu etwa zehn Zentimeter dicken Brotlaiben ausgeklopft. Auf runden Lehmplatten wird das Brot anschließend 20 – 45 Minuten, je nach Sonneneinstrahlung, in die warme ägyptische Sonne gelegt und anschließend im Lehmofen fertig gebacken.

Die Ägypterinnen stechen nach alter Tradition mit der Nadel Verzierungen in das Brot, bevor es in den Ofen kommt. Bei Muslimen sind es drei halbmondartige Schnitte, während die Kopten das Brot mit vier Schnitten behandeln und damit ein kreuzähnliches Gebilde schaffen.

Im alten Ägypten war der Brottisch so vielfältig gedeckt wie der heutige. Mehr als 30 Brotsorten sind uns aus der Pharaonenzeit bekannt. Es wurden spitze Brote, in Form eines Dreiecks, gebacken, runde Fladenbrote und sogar schneckenförmige Gebäcke, ähnlich unserer heutigen Rosinenschnecke, sind uns bekannt. Neben Emmer (ein Vorläufer des Weizens) oder Einkorn (mit nussigem Geschmack) gaben weitere Ingredienzen wie Honig, Nüsse oder Gewürze dem altägyptischen Brot den letzten Pfiff. Da das Korn damals mangels heutiger Technik ganz simpel zwischen zwei Steinen gemahlen wurde, war es jedoch auch immer mit Sand und Abrieb der Steine versetzt. Das hatte vor allem für die Zähne der alten Ägypter fatale Folgen: Sie schliffen sich über ein Menschenleben hinweg massiv ab, oft bis auf die Kronen und das Zahnfleisch. Heute hilft das vielen Archäologen bei der Datierung von Skeletten oder Schädeln: Je abgenutzter die Zähne, desto älter muss die Person geworden sein. Auch Pharaonen und die Oberschicht waren davor nicht gefeit. Zahnerkrankungen, Zahnschmerzen, Abszesse und Zahnwurzelprobleme waren die unschöne Folge, und ja, auch Herrscher sind an vereiterten Zahnwurzeln gestorben, die wohl eine Sepsis ausgelöst haben. So gesehen war der Brotverzehr damals deutlich gefährlicher als heute, wo dank moderner Mahlwerke natürlich kein Sand mehr im Mehl und damit im Brot ist. Somit besteht heute auch keine Gefahr mehr für die Zähne, und wenn man doch mal auf etwas Hartes im Brot beißt, gibt es zum Glück auch in Ägypten hervorragende Zahnärzte.

Ägypten ist ganz bestimmt das Land mit der ältesten Geschichte des Brotbackens. Wenig verwunderlich, dass in den Opferlisten für Götter und Verstorbene das Brot neben dem Bier immer auftaucht, denn: ohne Brot kein Leben. Damals wie heute.

Weil Ägypten das Land
der Tee- (und Kaffee-) Trinker ist

Tee, der auf ägyptisch *Chai* heißt, wird zu allen Gelegenheiten und jeder Tageszeit getrunken – Tag und Nacht, es ist immer Zeit für einen guten Tee. Wo bei uns gesellig ein paar Gläser Bier getrunken werden, gehört Tee in dem muslimischen Land zu einem Plausch unter Freunden, in der Familie, beim Fußballschauen oder in einem der zahlreichen Cafés bei einer Shisha.

Bei Verhandlungen in einem Geschäft oder wer alleine Gräber und Tempel besichtigt, wird von den Einheimischen fast zwangsläufig zu einem Gläschen Tee eingeladen und kann diesen Einladungen auch kaum entgehen. Das Glas wird so lange aufgefüllt, bis es Zeit ist zu gehen. Wer keine zehn Gläser Tee mit allen Konsequenzen trinken möchte, sollte also seinen Tee langsam genießen. Tee ist in Ägypten ein wichtiger Bestandteil der arabischen Gastfreundschaft. Als Gast sollte man nie einen Tee abschlagen, das wäre eine Beleidigung par excellence.

Der Gastgeber kocht das heiße Wasser über einer offenen Feuerstelle oder einem Herd und schüttet es anschließend in die runden Teegläser, in denen sich ein aus Teepulver bestehender Schwarztee befindet. Von dem hiesigen bekomme ich keinen Schluck runter, den ägyptischen liebe ich, auch wenn er recht bitter schmeckt. Abhilfe dagegen schafft jede Menge Zucker. Wer dankend die obligatorische Frage nach Zucker ablehnt, wird ungläubige Blicke ernten.

Vielen Ägypten-Besuchern wird in Hotels und auf Nilkreuzfahrtschiffen zur Begrüßung ein roter Tee gereicht. Dies ist der typisch ägyptische *Karkadeh*, ein Getränk aus roten Malvenblüten, die man getrocknet auch im Souk kaufen kann. *Karkadeh* werden alle möglichen gesundheitsfördernden Sachen nachgesagt. Er soll gut für die Abwehrkräfte sein und gegen zu hohen Blutdruck helfen. Im

Sommer ist er gekühlt genossen das perfekte Erfrischungsgetränk. Zumindest für uns Europäer – auf einem ägyptischen Tisch wird nie kalter Tee serviert werden, auch nicht im Hochsommer bei 40 Grad im Schatten. Die Ägypter sind diesbezüglich viel schlauer als wir, die bei großer Hitze gerne mal zu einem eiskalten Getränk aus dem Kühlschrank greifen und dieses in großen Schlucken schnell herunterstürzen. Neben Magen-Darm-Problemen erreichen unseren Körper auch die falschen Signale: Oh, es wird kalt – also schwitzen wir mal los! Bei heißen Temperaturen folgt nach dem Genuss eines kühlen Getränkes der sturzbachartige Schweißausbruch, während warme Getränke den Körper immer im konstanten leichten Schwitzmodus halten.

Bei der Hitze in Ägypten wird warmer Tee in rauen Mengen getrunken – zehn bis 15 Tassen am Tag sind keine Seltenheit. Kaffee ist da eher etwas für Genießer. Der ägyptische Name für Kaffee – *Qahwa* – kommt von der Ursprungsregion Kaffa im Südwesten Äthiopiens. Wie er nach Ägypten kam, lässt sich heute nicht mehr feststellen. Vielleicht war er Teil eines Sufi-Rituals (mystische Auslegung des Islams), damit dessen Anhänger durch das Koffein besonders lange ihre Gebetsrituale vollziehen konnten.

Wie dem auch sei, das Verhältnis zwischen Tee- und Kaffeebevorzugern in Ägypten steht ungefähr bei 50:50. Beliebt ist der »türkische« Kaffee mit Kardamom. Der Kaffee wird aus einem Kännchen direkt eingeschüttet – dicker Kaffeesatz und jede Menge Zucker inklusive. Wo früher in den Kaffeehäusern das Kaffeetrinken zelebriert wurde, bestimmen heute großen Ketten und junge Menschen mit Coffee-to-go-Bechern das Großstadtbild Ägyptens. Glücklicherweise sind die vielen kleinen *Ahwas* – Kaffee- und Teehäuser – aber noch nicht verdrängt worden. Vor den Stuben laden kleine Tischchen und Stühle zum Verweilen ein. Besser kann man dem hektischen Alltag nicht entfliehen.

Weil in Ägypten noch die englische Tea Time zelebriert wird

Nichts ist britischer als die Tea Time. Diese geht – zumindest der Überlieferung nach – auf Lady Bedford zurück, die im Jahr 1840 ihrer feinen Gesellschaft auf Spitzendeckchen, dem besten Porzellan und Silberbesteck appetitliche Häppchen und – selbstverständlich – Tee serviert hat. Dazu muss man wissen, dass zu jener Zeit das Teetrinken eine ziemlich teure Angelegenheit war, musste doch dieser aus Indien importiert werden. In der Kolonialzeit traf sich die britische High Society dann eben auch in Ägypten auf eine Tasse Tee, um sich ein wenig Heimat in das fremde Land zu holen.

Weltenbummler und andere Touristen schwelgen indes ja gern in Erinnerungen an die – stets vergangenen – goldenen Zeiten. Und diese kann man in Ägypten auch in Sachen Tea Time nach Herzenslust zelebrieren – fast alle namhaften Hotels mit kolonialer Vergangenheit, hier seien besonders die drei bekanntesten wie das Mena House in Kairo, das Winterpalace in Luxor und das Old Cataract in Assuan genannt, pflegen diese alte Tradition. Schon zur Begrüßung wird den Gästen Tee gereicht, wie der bereits erwähnte ägyptische *Karkadeh* aus roten Malvenblüten oder der klassische britische schwarze Tee, der natürlich ganz britisch mit Teebeuteln zusammengebraut wird.

Um die Tea Time zu zelebrieren, muss man nicht einmal in einem Hotel übernachten. Besucher können täglich zum Nachmittag hin stilvoll auf den altehrwürdigen Möbeln der Kolonialhotels Platz nehmen und ihren Tee genießen. Dazu von der üppig befüllten Etagere kleine Küchlein mit Butter und Sahne naschen oder – für uns etwas ungewöhnlich, aber typisch britisch – Kanapees oder Gurkensandwiches dinieren. Schöner kann ein Besichtigungstag nicht enden.

Assuan-Reisende dürfen sich ein besonderes Highlight gönnen – die Tea Time auf der Terrasse des Old Cataract Hotels. Umsäumt von Palmen schaut man direkt hinunter auf den Nil, wo sich zahlreiche Motorboote und traditionelle Segelboote – die Feluken – tummeln. Aus dem Nil erheben sich einige kleine Inseln, unter ihnen die alte pharaonische Siedlung Elephantine. Elefant – Abu – hieß die Siedlung auch schon zu Zeiten der ersten Pharaonen. An dieser Stelle lag die südlichste Grenze Ägyptens, auch wenn die machthungrigen ägyptischen Herrscher im Laufe der Geschichte noch weiter in den Süden vordrangen. Seit 1969 gräbt hier das Deutsche Archäologische Institut (DAI) nach neuen Erkenntnissen über den ältesten Teil des heutigen Assuans. Es ist ein einmaliger Blick, der einem auf der Terrasse des Old Cataract Hotels bei einem guten Gläschen Tee geboten wird. Man sollte seinen Tee bis zum atemberaubend schönen Sonnenuntergang genießen. Für mich eines der schönsten Flecken in ganz Ägypten.

Manche von Ihnen mögen vielleicht verwundert sein, warum ich jetzt schon mehrfach von einem »Gläschen Tee« spreche. In Ägypten wird Tee (und auch Kaffee) aus Gläsern getrunken – in der Hinsicht ist die Tea Time dann doch eher arabisch und nicht britisch.

67. *Grund*

Weil ein Gemisch aus Reis und Nudeln eine wahre Gaumenfreude ist

Koschari ist das Nationalgericht Ägyptens und zudem auch definitiv eine meiner Lieblingsspeisen. Bei jedem Ägypten-Besuch muss das Gemisch aus kleinen Nudeln, Reis, Kichererbsen, Spaghetti-Nudeln, Zwiebeln und Linsen auf meinem Teller – ich kann nicht daran vorbei. Die Zutatenliste, das gebe ich gerne zu, klingt nicht unbedingt nach Sterneküche. Die Beilagen machen den Reiz dieses Gerichts aus, das es an jeder Ecke in Ägypten zu kaufen gibt. *Koschari* ist die Currywurst-Pommes Ägyptens – nur billiger.

Das »Armeleutegericht«, wie es aufgrund des günstigen Preises von umgerechnet einem Euro und weniger auch genannt wird, ist recht aufwendig zuzubereiten. Erst wird der Reis angebraten, dann gegart. Die weiteren Zutaten, Linsen, Nudeln und Kichererbsen, werden getrennt voneinander gekocht. Anschließend wird einfach alles gemischt und mit einer Tomatensoße mit Knoblauch und verschiedenen Gewürzen wie Kreuzkümmel und Koriander serviert. Frittierte Zwiebelringe geben den letzten Schliff. In ägyptischen Restaurants wird einem in kleinen Schälchen neben der Tomatensoße noch eine Knoblauch-Essig- oder eine Chilisoße serviert, die entweder für schlechten oder feurigen Atem sorgen wird.

Was dem Probierfreudigen da also auf dem Teller vorgesetzt wird, trifft die Übersetzung ziemlich genau. *Koschari* heißt wörtlich so etwas wie Mischmasch. Ursprünglich bestand das Gericht wohl nur aus Reis und Linsen, die Nudeln kamen erst später dazu.

Koschari wird in Ägypten so preiswert angeboten, dass sich kaum die Mühe lohnt, es selbst zuzubereiten. Weil alles getrennt voneinander gekocht werden muss, bedarf es mehr Töpfen und Pfannen, als ich in meinem Haushalt habe. Zudem muss man natürlich auch immer darauf achten, dass nichts in seinem bereits fertigen Topf kalt wird – mit der Konsequenz, dass man die Zeit im Blick behalten muss. Ungeübte müssen einen *Koschari*-Schlachtplan aushecken, in welcher Reihenfolge, wie und zu welchem Zeitpunkt die einzelnen Zutaten gekocht werden. Gießt man das Wasser zu früh ab, werden die Zutaten kalt, gießt man es zu spät ab, werden Nudeln, Linsen und Kichererbsen zu matschig. Gut, dass es die Mikrowelle gibt …

Aber in Ägypten schmeckt das *Koschari* eh besser als am heimischen Herd. Eines meiner ersten Begehren bei meinen Ägypten-Reisen ist meinen Heißhunger auf eine Schüssel *Koschari* zu stillen. In den kleinen Garküchen und Essenskarren, die mit Fahrrädern gezogen werden, schmeckt mir das vegane Gericht am besten. Aber es gibt auch ultra schicke Restaurants, die das Streetfood in einem besonderen Ambiente zu einem besonderen Preis servieren.

Ein berühmtes Restaurant für das Gericht ist das 1950 gegründete Abou Tarek in Kairo. Als Hauptgericht gibt es hier nur *Koschari* zu speisen, und es soll das beste in ganz Ägypten sein. Das Restaurant ist so gut besucht, sowohl von Einheimischen als auch Touristen, die zumeist in die obere Etage mit englisch sprechenden Kellnern gelotst werden, sodass es je nach Uhrzeit schwierig ist, einen Tisch zu bekommen. Wer die Chance hat, sollte es aber unbedingt probieren. *Koschari* gehört für mich genauso zu Ägypten wie die Pyramiden.

68. Grund

Weil der Begriff »Café« nirgends so viele Facetten hat

Cafés sind wunderbare Orte. Hier lässt man gerne die Seele baumeln, plaudert mit Fremden über Alltägliches, mit Freunden über Politik oder über die Sorgen und Freuden des Alltags. Man lacht, ist ernst, man weint – Cafés sind rund um den Globus aus dem öffentlichen Leben nicht mehr wegzudenken. Aber nicht nur die Wiener Caféhauskultur ist legendär – die ägyptische kann da durchaus mithalten.

Bis heute sind Cafés traditionell Treffpunkte für Schriftsteller, Musiker und Künstler. Es gibt sogar einen eigenen Namen für die Werke, die komplett oder teilweise in den Cafés dieser Welt geschrieben worden sind: Kaffeehausliteratur. So manch illustrer Gast hat sich nicht nur in den Kaffeehäusern von Wien, London oder München zu besonderen Werken beflügeln lassen, sondern eben auch in Ägypten.

Im Herzen Kairos befindet sich das legendärste unter ihnen. Das El Fishawy Café mitten im Khan el Khalili Basar hat viele berühmte Gäste gesehen. Musiker, Künstler, Schriftsteller und Studenten gehen hier ein und aus. Nagib Machfus hat hier seine mit dem Literaturnobelpreis gekrönten Werke geschrieben, und Ahmad Rami komponierte an einem der hölzernen Tische seine Texte für Oum Kalthoum – eine der populärsten Sängerinnen in Nahost. Gekrönte Häupter wie König Farouk, der vor dem Zweiten Weltkrieg Ägypten regierte, waren hier zu Besuch. Generäle wie Napoleon Bonaparte und der »Wüstenfuchs« Erwin Rommel sollen hier über ihre nächsten strategischen Züge gegrübelt und heutige Hollywoodgrößen wie Morgan Freeman den Musikern gelauscht haben, die mit etwas Glück an deinen Tisch kommen und ein paar arabische Stücke für dich spielen.

Das el Fishawy ist eines der ältesten Cafés in Ägypten. Im Jahr 1773 lud ein Mann namens el Fishawy jeden Abend nach dem Gebet seine Freunde zu einem guten Kaffee ein. Es sprach sich schnell herum, und so kamen immer mehr Menschen dorthin. Auch heute noch ist das Café von morgens bis abends gut ausgelastet, und in der engen Gasse vermischen sich die Gespräche der Gäste mit dem geschäftigen Treiben der Händler, den Rufen der Kellner und dem Geklapper des Geschirrs. Im Inneren erinnert die imposante Tür aus kunstvoll gedrechseltem Holz, die alten Kronleuchter und gestreiften Rundbögen an koloniale Vergangenheit. Statt des bei der britischen High Society beliebten Hirschkopfes an der Wand starrt im el Fishawy ein ausgestopftes Krokodil auf die Gäste. Überall und von allen Seiten kann man sich in pompösen Spiegeln betrachten, die willkürlich angebracht an den gelben Wänden hängen, weshalb das el Fishawy auch unter dem Namen »Café der Spiegel« bekannt ist. Dem charmanten Reiz dieses fast 250 Jahre alten Cafés kann sich nur schwer jemand entziehen.

Es gibt viele dieser besonderen Cafés in Ägypten, an denen man gerne seine Shisha raucht oder bei einem Tässchen Tee oder Kaffee den Tag einläutet oder ausklingen lässt. Und sie sind so unterschiedlich wie die servierten Tee- oder Kaffeesorten.

Das Farsha Café, welches hoch in die Steilküste in Sharm-el-Sheikh gebaut ist und eine atemberaubende Symbiose mit der Umgebung eingeht, ist eines meiner Lieblingscafés in Ägypten. Kein Innenarchitekt der Welt könnte sich so ein zusammengewürfeltes Interieur ausdenken: Auf niedrigen Sitzkissen trifft sich Alt und Jung aus aller Welt, trinkt Tee, isst eine Kleinigkeit und raucht Shisha. Am schönsten ist der Ort am frühen Abend, wenn die Sonne untergeht und die ersten Lichter angezündet werden. Dann wird das Farsha Café in ein Licht eingetaucht, das nicht nur in der weltweiten Caféhausszene seinesgleichen sucht. Das Farsha ist halb-offen gestaltet: Manche Sitzgruppen, die sich alle in Bodenhöhe bewegen und meist aus Kissen bestehen, sind unter freiem Himmel auf alten Teppichen arrangiert, manche unter Zeltplanen versteckt. Das ganze Ausmaß des Cafés wird erst beim Hinabsteigen am Felsen – ja, man steigt von oben herab, nicht von unten herauf – deutlich. Schnell verliert man angesichts des Treppengewirrs und der unzähligen terrassenförmig angelegten Sitzplateaus den Überblick. Der Ort sieht aus wie ein altes Piratennest – es fehlt nur noch Captain Jack Sparrow aus *Fluch der Karibik*. Anstatt kostbarer Piratenschätze sind überall unzählige Dekorationsartikel verteilt, die von alten Motorrädern bis hin zu diversen Geschirrteilen reichen. Dazwischen thront der große Ramses, besser gesagt ein erstaunlich detaillierter, aber natürlich deutlich kleinerer Nachbau der Fassade seines berühmten Tempels in Abu Simbel.

Das Farsha Café ist alles und doch nichts klar Definiertes: Modern und old-school zugleich, aber immer mit dem für Ägypten typischen Charme – ein Café mit einer ganz neuen Facette, das nicht nur in Ägypten, sondern auch weltweit seinesgleichen sucht. Einzigartig eben, wie so viele Cafés in Ägypten.

Der Tempel von Abydos ist einer der schönsten Tempel Ägyptens. Eine englische Dame hat dort angeblich zweimal gelebt (105. Grund).

Oben: Zwei der beeindruckendsten Orte in Ägypten: der große Säulensaal im Karnak-Tempel (78. Grund) und das Grab der Nefertari im Tal der Königinnen (81. Grund). **Unten:** Nicht minder #amazing sind die Alltagsszenen im Tal der Noblen (21. Grund).

Oben: Die Ptolemäer fanden neben blutigen Intrigen (26. Grund) noch genügend Zeit für extravagante Tempelbauten wie den Dendera-Tempel. **Unten:** Was aus Kairos altehrwürdigem Museum wohl wird, wenn das Mega-Museum bei den Pyramiden fertig ist? (79. Grund).

Kairo ist die Stadt der 1000 Minarette (72. Grund). Links die El-Rifai-Moschee, rechts oben die Alabaster-Moschee. **Unten:** Welcome to Alaska! Die Ägypter haben ihren ganz eigenen Humor (84. Grund).

Oben: Wir werden schon nicht zusammenstoßen! Und wenn doch, geht (zumindest) die Welt auch nicht unter. Das ägyptische Lebensmotto »IBM« (87. Grund). **Unten:** In Ägypten sind viele Häuser und Straßen so bunt wie das Leben (35. Grund).

Oben links: Handtuch-Kreationen kennt jeder Reisende (91. Grund). **Oben rechts:** Kreativ sind die Ägypter auch bei ihren Verkaufsstrategien. Gut Feilschen ist das A und O (83. Grund). **Unten:** Musik bedeutet in Ägypten Lebensfreude (44. Grund).

Ein Träumchen: der Blick von der Terrasse des Old Cataract Hotels in Assuan. Hier hat Agatha Christie ihren Roman »Der Tod auf dem Nil« geschrieben (93. Grund).

Die lebensfeindliche Wüste ist in fast jedem Landstrich Ägyptens nur einen Steinwurf entfernt (3. Grund).

Nach einem Spaziergang über die Berge ist die Aussicht auf den Hatschepsut-Tempel in Deir el-Bahari von oben einfach atemberaubend (70. Grund).

Oben: Koschari – das leckere vegetarische »Mischmasch«-Gericht muss man probiert haben (67. Grund).
Unten: Als Nachspeise gibt es wahre Zuckerbomben. Genau das Richtige für den süßen Zahn (62. Grund).

Oben: Das Farsha-Cafe in Sharm el Sheikh erinnert an ein altes Piratennest (68. Grund).
Unten: Sonnenuntergänge gehören zu den magischen Momenten in Ägypten (4. Grund).

Oben: Ein typischer Touristen-Souk. Möge der Spießrutenlauf beginnen. Will man nichts erwerben, heißt es: Augen zu und durch (5. Grund). **Unten:** »Walk Like an Egyptian« heißt es auf einem Souk für Einheimische (57. Grund).

In diesem Laden findet man sicher noch das ein oder andere Mitbringsel für das heimische Wohnzimmer (42. Grund).

Egal ob Drohne, Ballon oder sogar Satellit: Von oben kann man Neues entdecken (99. Grund).

7. Kapitel

Faszinierend

Orte zum Staunen

Weil eine abgeschiedene Oase einfach zauberhaft ist

Weit draußen in der Libyschen Wüste liegt ein Ort wie in einem Märchen. Mitten in der Wüste fließen Tausende von Quellen, die mehr als eine Viertelmillion Dattelpalmen sowie Obstgärten und Olivenhaine speisen. Weil der Ort in einer Senke liegt, können die Quellen nicht abfließen, daher sammelt sich ihr Wasser in großen Seen, die von einer dauerhaften Mineralzufuhr versalzen. Ein antagonistisches Feuerwerk der Natur: Süßwasserquellen und Salzseen, karge Wüste und ein Meer aus Palmen. Unser erster Ort zum Staunen ist die Oase Siwa.

Ganz im Westen, schon fast an der libyschen Grenze, liegt die wohl berühmteste Oase Ägyptens. Obwohl sie geografisch zu dem Land am Nil gehört, ist sie doch ganz anders als der restliche Teil des Landes. In kleinen Dörfern verteilt, siedeln in der Oase ungefähr 23.000 Menschen, hauptsächlich Berber. Das Volk der Berber, das schon mindestens seit Anbeginn der pharaonischen Geschichte in der Libyschen Wüste beheimatet ist, lebt größtenteils streng islamisch. Frauen sieht man selten auf den Straßen oder auf einem der hier typischen Eselskarren, die *Karrussah* genannt werden. Trifft man auf Frauen, tragen sie ein traditionelles schwarzes Gewand und verhüllen ihr komplettes Gesicht mit einem schwarzen Schleier, der mit auffällig bunt gestickten Streifen verziert ist.

Durch die Abgeschiedenheit dieses Ortes, 800 Kilometer vom Niltal entfernt, hat sich an diesem Ort eine eigene Kultur und Sprache erhalten. Die Siwis, wie die Einwohner genannt werden, sprechen eine Berbersprache namens Siwi – das in ganz Ägypten gesprochene Arabisch ist hier tatsächlich eine Fremdsprache.

Noch bis vor wenigen Jahrzehnten war es den Siwis nicht erlaubt, vor ihrem 40. Lebensjahr zu heiraten. Dieser Umstand, und die streng ausgelegte Trennung zwischen Frauen und Männern, führte zu einem freien und offenen Umgang mit Homosexualität. Sogar ein Brautgeld zahlten ältere Herren für ihre jüngeren männlichen Auserwählten. Noch bis Mitte des 20. Jahrhunderts wurde Homosexualität offen praktiziert, bis die Regierung einen endgültigen Riegel vor dieses regenbogenbunte Treiben schob.

Berühmt geworden ist die Oase vor allem wegen des Amun-Orakels, dessen guter Ruf in der Antike weit über die Landesgrenzen hinaus hallte. Alexander der Große war der prominenteste Besucher, der sich von dem Orakel als »Sohn des Zeus-Amun« für seine Herrschaft über Ägypten legitimieren ließ. Etwas weniger berühmt, aber mindestens genauso magisch ist die Geschichte um das Heer des Kambyses. Erzählt wird sie uns vom griechischen Schriftsteller Herodot, also ist sie wahrscheinlich unwahr, aber dennoch ist es eine spannende Geschichte, die Archäologen, Abenteurer, Buchautoren und Filmemacher zu waghalsigen Projekten inspirierte. Als die Perser um 525 v. Chr. in Ägypten einfielen, prophezeite ihnen das Amun-Orakel prompt ihren baldigen Niedergang. Der Perserkönig Kambyses war über diese unverschämte Weissagung so erbost, dass er sich mit seiner Armee Richtung Siwa aufmachte, um das Orakel zu zerstören. Auf dem Weg dorthin vernichtete aber angeblich ein Sandsturm die 50.000 Mann starke Armee – die Prophezeiung war erfüllt. Die von diesem kleinen Wunder verschonten Tempelruinen kann man heute noch in Aghūrmī, den ältesten Ort der Oase, besichtigen. Der antike Name dieses Tempels war übrigens *Ammonion*, woher sich der Begriff »Ammoniak« für ein schädliches Gas ableitet. In Siwa wurden bereits in der Antike die großen Salzvorkommen für die Herstellung von Ammoniumchlorid (Salmiak) abgebaut.

Magischer auf eine andere Art und Weise ist der Ort Schālī, eine Siedlung mit einer alten Festungsmauer, die im 12. Jahrhundert gegen Angriffe einfallender Beduinen errichtet wurde. Weil die Stadtmauer nie versetzt wurde, drängelten sich die Lehmbauten in engen, sticken Gassen und wurden teilweise bis zu sechs Stockwerke hoch in den Himmel gebaut. Die Stadt, mit nicht zu übersehender

imposanter Festung im Zentrum, wurde nicht für die Ewigkeit erbaut, sondern aus *kerschef* – einem kurzlebigen Gemisch aus Lehm
und Salzstein aus den örtlichen Salzseen. Kräftige Regenfälle haben
Häuser und Festung immer wieder stark in Mitleidenschaft gezogen.
Nach starken Regenfällen Ende der 1920er-Jahre verabschiedeten
sich schließlich auch die letzten Bewohner aus ihren eingestürzten
Häusern. Von der alten Festungsruine aus hat man heute einen
spektakulären Blick auf die historischen, verwitterten Ruinen, die
malerisch wie auf einem Ölgemälde aus dem sandigen Untergrund
herausragen. Im Hintergrund erhebt sich im grandiosen Gegensatz
zur Geisterstadt das fruchtbare »Palmland« (*Sekhetam),* wie Siwa auf
Arabisch heißt. Die Oase Siwa braucht heute kein Orakel mehr, um
uns alle zu verzaubern.

70. Grund

Weil ein Spaziergang über die Berge
einem den Atem rauben kann

Von einer Bekannten bekamen wir den Tipp, am Westufer von
Luxor unbedingt einmal über das Westgebirge zu laufen, vom Tal
der Königinnen bis zum Hatschepsut-Tempel. Ein anstrengender
Fußmarsch in luftiger Höhe bei hitzigen Temperaturen, den man
daher am besten am ganz frühen Morgen machen sollte. Aber alle
Beschwerlichkeiten würden am Ende vergessen sein, versprach sie
mir – und sie sollte recht behalten.

So machten wir uns an einem diesigen Morgen auf den Weg. Nach
den ersten Höhenmetern gingen wir vorbei am alten Arbeiterdorf
Deir el-Medinah, in dem die Arbeiter der Königsgräber, abgeschirmt
von der restlichen Welt, lebten. Die Arbeiter verehrten neben den
zahlreichen anderen Göttern auch eine schlangenköpfige Göttin
namens Meretserger – »die das Schweigen liebt« –, ein passender

Name, wie ich damals fand. In tiefer Stille liegt der Weg, den auch die Arbeiter von Deir el Medinah schon vor 3000 Jahren täglich nehmen mussten, um an ihre Arbeitsstelle im Tal der Könige zu gelangen. Es ist ein anstrengender Weg, mit vielen Stufen aufwärts, die erst einmal überwunden werden müssen. Oben angekommen, geht es dann entlang der Felsklippen in Richtung Tal der Könige. Wir wagten es kaum, über den Felsrand in die Tiefe zu blicken, und stapften möglichst nah am sicheren Felsen über die schmalen Pfade, während wir bewundernd auf einen leichtfüßigen Ägypter schauten, der mit seinen Flipflops elegant wie eine Bergziege den Abhang hinunterhastete. Überall mussten wir aufpassen, wohin wir traten, nicht nur wegen der ungesicherten Felsvorsprünge, sondern auch wegen der »Tretminen«, die die Polizisten von den Bergstationen überall hinterlassen hatten.

Von oben hat man dann aber einen fantastischen Blick auf die »Millionenjahrhäuser«, die diversen Tempel, in denen sich die Pharaonen nach ihrem Tod zusammen mit den Göttern verehren ließen. In der Ferne erheben sich die fruchtbaren Felder des Niltals, doch um sich herum sieht man nur den rötlich-goldenen Felsen, teilweise durchbrochen von Gräbern, die in den rauen Fels geschlagen wurden und die bestimmt schon seit vielen Jahren niemand mehr betreten hat. Wenn man sich den Trubel im Tal der Könige ansieht, haben die hier Bestatteten das bessere Plätzchen für ihre ewige Ruhe erwischt.

Dann endlich, nach fast zwei Stunden Fußmarsch, ragt er unter einem Felsvorsprung hervor: der Tempel der Königin Hatschepsut, errichtet mitten in den Felsen von Deir el-Bahari. Kein Millionenjahrhaus Ägyptens ist vergleichbar mit der eleganten Architektur dieses Tempels, den die Königin *djeser-djeseru*, »Heiligster der Heiligsten«, nannte. Der Tempel wurde in nur 15 Jahren erbaut von einer der mächtigsten Frauen in der Geschichte Ägyptens: Hatschepsut, »die Erste der vornehmen Frauen«, wie ihr Name übersetzt heißt, und vom Gott Amun und einer sterblichen Mutter gezeugt, wie sie auf den Bildern im Inneren ihres Tempels behauptet. Ein Stoff, aus dem in anderen Kulturen viele Jahre später einige sagenhafte Geschichten entstehen sollten. Dabei war sie eindeutig die Tochter von Thutmosis I., aber um ihren alleinigen Herrschaftsanspruch als Frau zu legitimieren, war der oberste Gott natürlich ein noch »wertvollerer« Vater.

Für Hatschepsut war ihre halbgöttliche Herkunft nur Mittel zum Zweck. Mit tatkräftiger Unterstützung der machtgierigen Amun-Priester legitimierte sie sich mit ihrer Notlüge als Pharao Ägyptens. Als einzige Frau in der Jahrtausende langen ägyptischen Geschichte ließ sie sich ganz uneitel mit Pharaonenbart und anderen männlichen Attributen eines echten Pharaos abbilden und schob ihren minderjährigen Stiefsohn und eigentlichen Pharao Thutmosis III. auf die stille Treppe. Dieser rächte sich nach ihrem Tod mit einem verhängnisvollen Bildersturm. Neben den wundersamen Geschichten von Hatschepsuts göttlicher Geburt und der Reise in das sagenumwobene Punt mit all seinen Schätzen, exotischen Tieren und Pflanzen (und der adipösen Ehefrau des dortigen Stammesfürsten), die mit kunstvollen Pinselstrichen an die Wände ihres Tempels gemalt wurden, sehen wir Hatschepsuts Bilder ausgemeißelt oder grob ersetzt durch Thutmosis' eigene Bildnisse. Ein kleiner Trost mag eine spätere Anekdote der Geschichte sein. Thutmosis III. eigener Tempel, den er zwischen den seiner Stiefmutter Hatschepsut und den eines früheren Pharaos quetschte, wurde viele Hundert Jahre später durch Raubbau und einen Erdrutsch fast vollständig zerstört, während Hatschepsuts Totentempel verschont wurde. Wer zuletzt lacht …

So erfreut uns auch heute noch dieses architektonische Meisterwerk ägyptischer Baukunst. Obwohl als Architekt ein Mann namens Senenmut (der auch ihr Liebhaber gewesen sein soll) vermutet wird, mag man sich angesichts dieser schlichten Eleganz gerne vorstellen, dass Hatschepsuts weiblicher Einfluss in die Gestaltung des Tempels einwirkte. Die protzigen Pylone, die sonst typisch für ägyptische Tempel sind, wurden durch geschmackvolle offene Pfeilerhallen ersetzt, die sich auf die drei mit Rampen und Treppen verbundenen

Terrassen des Tempels verteilen. Das Bauwerk erinnert eher an einen klassischen Tempel der Römer und Griechen, die ihre Gotteshäuser jedoch erst ein ganzes Jahrtausend später erbauen sollten.

Wir hatten den Tempel schon Tage zuvor das erste (und nicht das letzte) Mal besichtigt, und seine außergewöhnliche Bauart zog uns sofort in seinen Bann. Doch nach unserer Wanderung nun so viele Meter über dem Tempel, raubte er uns in all seiner Schönheit den Atem. Keiner von uns sprach ein Wort, niemand wollte die Erhabenheit dieses Augenblickes stören. Ich blickte auf die vielen Besucher, die klein wie Ameisen über das Tempelgelände wuselten, und wusste, dass ich diesen Augenblick nie vergessen würde – an jenem Ort mit diesem einzigartigen Tempel, der seinesgleichen sucht.

Leider sind die Berge auf Luxors Westufer seit einigen Jahren für Wanderer gesperrt. Aber wenn es je wieder erlaubt wird, werde ich diese unvergleichliche Wanderung über den Rücken der Felsen hinter dem Hatschepsuttempel ganz bestimmt noch einmal machen, in dem festen Glauben, dass die Magie dieses alten Handwerkerpfads und der Blick von oben auf einen der schönsten Tempel Ägyptens mich wieder vollständig in seinen Bann ziehen werden.

71. Grund

Weil die Mutter der Welt in Ägypten liegt

»Wer Kairo nicht gesehen hat, hat die Welt nicht gesehen. Ihre Erde ist aus Gold, ihr Nil ist ein Wunder, ihre Frauen sind wie schwarzäugige Jungfrauen aus dem Paradies, ihre Häuser sind Paläste, ihre Luft ist weich und duftend wie Aloeholz. Und wie könnte Kairo anders sein, ist es doch die Mutter der Welt.« *Aus »Tausendundeine Nacht«*

Die Mutter der Welt – Kairo – ist eine der ältesten Großstädte der Welt. Etwa 18 Millionen Menschen leben hier, aber so genau kann das niemand sagen. Man hat bei Kairos Einwohnern, die nicht nur in den Häusern und Straßen, sondern auch auf den Dächern, Müllkippen und Friedhöfen der Stadt ein Dach über den Kopf gefunden haben, den Überblick verloren. 18 Millionen – nur um diese Zahl mal einordnen zu können: Berlin hat »nur« ca. 3,6 Millionen Einwohner, Hamburg 1,8 Millionen. Kairo hat so viele Einwohner wie die 30 größten deutschen Städte zusammen!

Bei meinem ersten Kairo-Besuch sind wir noch mit einem Stadtplan durch die Gegend geirrt. Wir haben uns trotzdem ständig verlaufen und uns verzweifelt durchgefragt, weil niemand unser kleines Hotel in einer Seitenstraße nahe des Tahrir-Platzes kannte. Um uns herum schwirrte der Verkehr, Hupen dröhnten aus allen Himmelsrichtungen, und wir schoben uns beinahe ziellos durch die Menschenmassen hindurch. Kairo ist ein einziges Labyrinth aus Häusern, Straßen, Autos und Menschen, und wir kamen uns ziemlich verloren darin vor.

Als ich abends erschöpft und mit brummendem Schädel angesichts der vielen Eindrücke aus unserem Zimmer im zehnten Stock hinunterblickte – vor mir der dichte Smog, der die Sicht auf den Horizont verschluckte, und unter mir das Gewirr von Häusern, Straßen und Satellitenschüsseln –, wusste ich nicht recht, ob ich Kairo lieben oder hassen sollte. Vielleicht kann man es am ehesten auch mit einer Hassliebe beschreiben. Dabei hat Kairo so viel mehr zu bieten als Chaos und Kopfschmerzen.

Kairo ist eine der geschichtsträchtigsten Städte der Welt. In seiner 5000-jährigen Geschichte haben hier Pharaonen, Griechen, Römer, Araber, Kalife, Türkische Khedive (Gouverneure) sowie französische und britische Kolonialherren ihre Spuren hinterlassen. Und natürlich steht hier mit den Pyramiden von Gizeh das einzige verbliebene der sieben Weltwunder der Antike. Als sie erbaut wurden, lag hier schon viele Jahrhunderte lang die Stadt des Sonnengottes On, oder Heliopolis, wie die Griechen sie später nannten. Der Ort war schon zu dieser Zeit die »Mutter der Welt«. Nach einem Mythos soll hier der Urhügel aus dem Urgewässer emporgestiegen und die Götter auf ihm geboren worden sein. Besucht man heute die kärglichen Reste von Heliopolis, wünschte man sich, der Urhügel würde erneut aus dem Moloch hervortreten und wenigstens die Ruinen wieder ausspucken, die irgendwo unter den modernen Häusern und Straßen immer noch versteckt liegen.

Doch Kairo bietet uns dafür umso mehr aus den ersten Jahrhunderten unserer Zeitrechnung. Die Stadt ist voll von historischen Kirchen, Synagogen und Moscheen, von Friedhöfen, Palästen, alten Häusern mit *Maschrabiyyas* – den aus Holz gedrechselten, vorspringenden Gitterfenstern eines Hauses, hinter denen die feinen Damen, versteckt vor ungebührlichen Blicken, das Treiben auf den Straßen beobachteten -, Festungen, Stadttoren und Stadtmauern. Wenn Steine sprechen könnten …

Der älteste Bezirk Kairos ist Al-Fustāt oder auch Alt-Kairo oder das Koptische Kairo genannt. Als der islamische General ʿAmr ibn al-ʿĀs dort einfiel, war die Gegend nicht mehr als ein Provinznest, mit einer alten Militärfestung namens Babylon. Der General kam, sah und siegte und gründete mit der nach ihm benannten Amr ibn al-As Moschee nicht nur die älteste Moschee Afrikas, sondern legte auch den Grundstein für das heutige Kairo. Der Feldherr errichtete neben der Festung Babylon im Jahr 643 eine neue Militärsiedlung und nannte sie Al-Fustāt (übersetzt »das Zelt«). Viele Jahrzehnte lang war die Siedlung das Verwaltungszentrum des Landes, bis der Fatimiden-Kalif al-Muizz im Jahr 969 in das Land einmarschierte. Er verlegte seine Residenz von Tunesien in die neu gegründete Hauptstadt und nannte sie Kairo, auf Arabisch al-Qahira, was übersetzt die »Die Siegreiche« heißt. Von Kairo aus erlebte das Land eine schon lange nicht mehr gekannte Blütezeit. Handel und Wirtschaft erwachten aus dem Dornröschenschlaf, und Ägypten wurde die zentrale Wirtschaftsmacht in der arabischen Welt.

Trotz muslimischer Herrschaft erblühte in Al-Fustāt aber nicht nur die islamische Baukunst, sondern auch die jüdische und die christliche. Die Juden erbauten im 9. Jahrhundert die Ben-Ezra-Synagoge, wo Moses' Weidenkörbchen an Land gespült worden sein soll. Hier fanden sich im 19. Jahrhundert in einem Depot rund 200.000, teilweise mehrere Hundert Jahre alte, Manuskripte.

Das berühmteste Bauwerk in Alt-Kairo ist aber die Hängende Kirche, erbaut auf einer alten römischen Zitadelle. Die ersten Spuren lassen sich schon im 3. oder 4. Jahrhundert nach Christus finden, und sie ist damit eine der ältesten christlichen Kirchen des Landes. Ihr heutiges, ungewöhnliches Aussehen bekam sie jedoch erst einige Jahrhunderte später. Das Kirchenschiff wurde zwischen die Ruinen zweier Türme gebaut, weshalb sie den Namen Hängende Kirche trägt. 110 religiöse Ikonen befinden sich hier. Die älteste stammt noch aus dem 8. Jahrhundert. Al-Fustāt gehört mit seinem Reichtum an historischen Bauten heute zu Recht zum Weltkulturerbe.

Im Jahr 1925 gewann Kairo den Titel »Schönste Stadt der Welt« und stach europäische Städte wie Berlin, Paris und London aus. Auch heute noch hat die Stadt ihren besonderen Charme, das muss selbst ich als Zweiflerin zugeben. Doch ihre Tage als Hauptstadt Ägyptens sind gezählt. Etwa 45 Kilometer östlich von Kairo entsteht seit 2016 eine neue Hauptstadt mit bisher noch unbekanntem Namen. Alles neu, alles viel schicker und moderner. Das mit Augenzwinkern »Sisity« genannte Projekt – eine Wortkreation aus dem Namen des Präsidenten al-Sisi und City – präsentiert sich in Zukunft mit eigenem Flughafen, Stadion, Vergnügungspark und Solaranlagen. Regierung und Militär werden in wenigen Jahren mit Sack und Pack in die neue Hauptstadt ziehen. Das alte Kairo mit seinen altehrwürdigen Mauern und dem Tahrir-Platz, wo die Revolution 2011 ihren Anfang nahm und die Menschen für Freiheit und Gerechtigkeit kämpften, will das heutige Regime hinter sich lassen und neu anfangen.

Aber egal, wie viel Geld und Zeit man in die neue Hauptstadt hineinstecken wird, wie viele Straßen, Parks und Wohnblocks man baut, wie viele Kirchen und Moscheen man errichtet (angeblich sollen es um die 1000 sein) und wie viele Menschen man letztlich dorthin umsiedelt – der Titel »Mutter der Welt« ist schon vergeben.

Weil Kairo die Stadt der 1000 Minarette ist

Kairo verfügt über ein paar der schönsten und ältesten Moscheen Afrikas. Einige sind über 1.150 Jahre alt, andere hingegen wurden erst in den letzten Jahrzehnten errichtet. Viele von ihnen sind wahre Schätze islamischer Baukunst, prächtig verziert mit floralen und geometrischen Mustern sowie kalligrafischen Inschriften aus dem Koran. Nur Menschen und Tiere sucht man in den Moscheen vergeblich, denn das Gestalten von Lebewesen ist allein Allah vorbehalten.

Eine Moschee ist nicht nur ein Haus der Gebete, sondern auch Orte religiöser Erziehung, gelebter Wohltätigkeit und Treffpunkt religiöser Diskussionen. Sie waren das Zentrum der Stadt oder der Stadtteile, in denen auch wichtige Institutionen wie Schulen und Krankenhäuser angeschlossen waren.

Geführt wird die Moschee von einem Imam, der auch die Gebete leitet. Richtung Mekka ist in den Gebetsräumen eine Nische namens *Mihrab* eingelassen, damit die Gläubigen erkennen, in welche Richtung sie beten müssen. Frauen haben ihren eigenen Gebetsraum. Keine Moschee darf mit Schuhen betreten werden, da niemand unsauber Allah gegenübertreten darf. Für das Waschen von Händen, Gesicht und Füßen steht immer wenigstens ein Wasserhahn oder ein großer Brunnen im Innenhof zur Verfügung. Während die Schuhe ausgezogen werden müssen, sollte man (und besonders Frau) ansonsten eher angezogen sein, denn manchmal reicht schon ein wenig zu viel nackte Haut, um den weiblichen Touristen ein XXL-Kapuzen-Sackkleid in die Hand zu drücken.

Die berühmteste Moschee Ägyptens ist die im Jahr 970 von den Fatimiden gegründete Al Azhar – Moschee und Universität in einem. Im Jahr 989 wurden 45 Gelehrte eingestellt, die Al Azhar zu einem Dreh- und Angelpunkt der Medizin, Astronomie, Mathematik, Architektur und religiösen Wissenschaften machten. Seitdem gilt sie als die zweitälteste ununterbrochen geöffnete Universität der Welt. Heute ist der »islamische Vatikan«, wie sie auch bezeichnet wird, die einflussreichste Institution des sunnitischen Islams, zu dem 90 Prozent der Muslime gehören.

Fast 400 Jahre später wurde eine weitere berühmte Moschee erbaut, die auf den ägyptischen 100-Pfund-Scheinen zu sehen ist. Nach der Herrschaft der kurdischen Ayyubiden und den Wirren der Kreuzzüge erlebt Ägypten unter der Herrschaft der Mamelucken sein nächstes goldenes Zeitalter. Wo keine kostspieligen Kriege geführt werden und keine Misswirtschaft das Land ins Elend stürzt, können prunkvolle Bauten entstehen. Im Jahr 1362 wurde die Sultan-Hasan-Moschee eingeweiht – die größte ihrer Zeit. Nach einer Legende soll der Sultan nach der Fertigstellung dem Architekten die Hand abgeschlagen haben, damit er kein vergleichbares Bauwerk mehr errichten kann.

Das Herzstück der Moschee sind der riesige Innenhof mit einem Brunnen für rituelle Waschungen in der Mitte und vier gewaltige Iwane – geschlossene, tonnenüberwölbte Räume – an jeder Seite des Hofs. Im Innern baumeln Hunderte von Ketten mit Öllampen, die den hohen Raum einladend klein wirken lassen. An die Moschee grenzt ein für die Mamelucken-Zeit typisches Mausoleum, in dem der Sultan bestattet liegt.

Weitere Sultane und andere Herrscher sowie Scheichs, Prinzessinnen und sonstige hochrangige Persönlichkeiten aus fast allen Epochen der islamischen Geschichte haben in Kairos »Stadt der Toten« ihre letzte Ruhestätte gefunden. Die Totenstadt mit ihren Grabmoscheen und Mausoleen ist einzigartig in der arabischen Welt, in der die Verstorbenen eigentlich direkt unter der Erde vergraben werden. Die Idee der Grabbauten ist vielleicht noch ein Überbleibsel aus der Pharaonenzeit. Sogar Totenfeiern, wie sie auch die alten Ägypter durchführten, wurden hier noch mindestens bis in den 1920er-Jahren abgehalten.

Die Nekropole wird unterschieden in eine nördliche und eine südliche Totenstadt, die sich mehrere Kilometer durch die Straßen Kairos ziehen. Es wimmelt hier nicht nur von Toten, sondern auch von Lebenden. Zwischen den Totenstätten hat sich eine ganze Stadt gebildet mit Schulen, Cafés, Werkstätten, Läden und Souks. Zwischen 300.000 bis eine Million Menschen leben hier Tür an Tür mit den Toten oder sogar in den Grüften der Verstorbenen.

Besucher zieht es verständlicherweise mehr in die Grabmoscheen, die von der Architektur her wie die geistlichen Moscheen aufgebaut sind. Eine der schönsten ist die Grabmoschee des Sultans Faradsch ibn Barqūq in der nördlichen Totenstadt, deren Zwillingsminarette und Zwillingskuppeln schon von Weitem zu sehen sind. Seit 1979 gehört die »Stadt der Toten« als Teil des »Historischen Kairo« zum UNESCO-Weltkulturerbe

Es ist kaum möglich, alle Moscheen Kairos aufzuzählen, geschweige denn zu besichtigen. Es gibt etliche kleinere Moscheen und gewaltige Prachtbauten, darunter Moscheen für die Lebenden wie für die Toten. Kairo bietet sowohl Gläubigen als auch interessierten Touristen eine beachtliche Vielzahl an geschichtsträchtigen Moscheen, die nur darauf warten, entdeckt zu werden. Man braucht nur dem traditionellen Ruf des Muezzin zu folgen, der heute, wie vor Hunderten von Jahren, verlässlich und präzise wie ein Schweizer Uhrwerk täglich zum Gebet ruft und eins der über 1000 Minarette zum Leben erweckt.

Weil das Schöne sich auch im Unrat verbergen kann

Ägypten hat ein großes Problem mit Müll. Im Jahr 2016 produzierte das Land ganze 22 Millionen Tonnen Abfall, davon wurden gerade einmal zwölf Prozent verwertet. Der Rest liegt auf riesigen Müllkippen, verrottet in der Wüste, auf den Straßen oder landet im Nil oder im Roten Meer. Zumindest dort ist man mittlerweile aufgewacht. In der Provinz al-Bahr al-ahmar herrscht seit Mitte 2019 Plastikverbot. Entlang des 800 Kilometer langen Küstenstreifens, in der Städte wie Hurghada, Safaga oder Marsa Alam beheimatet sind, heißt es seitdem: keine Tüten, Becher oder Strohhalme aus Einwegplastik. Vorbildlich! Wenn man sich den Nil an einigen Stellen einmal näher anschaut, kann man nur hoffen, dass andere Provinzen schnell nachlegen werden. Zur Zeit schert sich fast niemand um Müllberge im Wasser und am Land, mal von ein paar engagierten Aktivisten abgesehen.

In den Städten und Dörfern entlang des Nils sieht es nicht anders aus. Wenn es überhaupt eine Müllabfuhr gibt, kommt sie nicht mehr hinterher. Die Menschen müssen ihre Abfälle selbst auf den Deponien oder illegalen Müllplätzen in der Wüste ablegen oder in große Container bringen, in denen der Müll nicht selten hinterher einfach angesteckt wird und lichterloh in den Behältern brennt. Manche beauftragen auch einen Müllsammler, der mit seinem Pick-up oder Eselskarren an den Häusern vorbeikommt und den Unrat mitnimmt. In Kairo gibt es mehrere Viertel, in denen die Müllsammler leben. Diese *Zabbalin* (*Zabbala* = Abfall, *Zabbalin* = Müllmenschen) sind hauptsächlich Kopten, deren Familien vor vielen Jahren von den Plantagen Oberägyptens nach Kairo gezogen sind. Die Menschen müssen unter schlimmsten Bedingungen arbeiten und leben. Alleine im Stadtteil Moytamadeia leben schätzungsweise 20.000 Menschen nur von Müllsammeln.

Der Gestank liegt wie schwerer Nebel über den betroffenen Stadt-teilen. Früher, bevor es die Müllabfuhren gab, sind die *Zabbalin* von Haus zu Haus zu Haus gezogen, um den Abfall von den Bewohnern einzusammeln, heute lesen sie den auf der Straße liegenden Abfall auf. Das ist offiziell sogar illegal, und trotzdem die einzige Lebens-grundlage dieser Menschen. Was bleibt ihnen auch anderes übrig? Selbst heute ziehen die Kopten noch vom Land aus in die Städte, um als Müllsammler Geld zu verdienen. Die Männer fahren mit ihren Eselskarren oder alten Lastern durch die Straßen und laden den überall herumliegenden Abfall auf. Anschließend sortieren die Frauen und Kinder mit bloßen Händen den Unrat. Was nicht ver-wertet werden kann, wird direkt vor Ort verbrannt. Die Menschen schaffen es immerhin, bis zu 90 Prozent des Abfalls wiederzuver-werten – in Europa liegt die Recyclingquote bei unter 30 Prozent. Der Preis dafür ist jedoch hoch. Die *Zabbalin* werden von der rest-lichen Bevölkerung kaum respektiert, und die Lebenserwartung der Menschen ist aufgrund des Infektionsrisikos sehr niedrig. Sie liegt bei gerade einmal 40 Jahren.

Viele soziale Projekte versuchen, das Leben der Menschen dort zu verbessern. Es sind neue Recycling-Anlagen für Papier und Kunst-stoff gebaut und mehrere Schulen durch Spenden gegründet worden. Trotz allem Elend sind die *Zabbalin* stolze Menschen, die nicht mit ihrem Schicksal hadern, sondern es so nehmen, wie es ist. Die wahre Schönheit liegt ja bekanntlich im Inneren. Oft ist sie sogar dort, wo man sie am wenigsten erwartet, nämlich genau in diesem Elends-viertel von Kairo …

In den 70er-Jahren begannen die *Zabbalin* am Berg Muqattam, im Viertel Manschija Nasser, einen Ort für ihren christlichen Glau-ben zu erschaffen. Und was für einen! Dort, wo in der Antike ein wichtiger Kalksteinbruch für Pyramiden und Tempel war, hatten Gläubige im 4. Jahrhundert n. Chr. eine alte Felsenkirche in den stillgelegten Steinbrüchen gegründet. Ab den 1970er-Jahren wurden die alten Kirchen von den Kopten nach und nach freigelegt und ausgebaut. Heute befinden sich am Berg Muqattam sechs Kirchen und ein Kloster, sowie ein Krankenhaus und mehrere Schulen. An den Außenwänden der hell-rötlich leuchtenden Felsen schauen bis zu zwei Meter hohe Darstellungen von Heiligen und biblischen Motiven auf die Gläubigen herunter. Die kunstvollen Bilder stammen von dem aus Polen gebürtigen Künstler Mario.

Die beeindruckendste dieser Felsenkirchen und die größte Kirche im Nahen Osten ist die unter einem gewaltigen Felsvorsprung liegende Höhlenkirche zum Heiligen Samaan (Simon). Nach einer Legende spaltete der Heilige Samaan vor 1000 Jahren den Berg, um dem fatimidischen Kalifen al-Muizz die Kraft des christlichen Glaubens zu beweisen, und rettete mit seinem Wunder das Christentum in Ägypten. Die Reliquien des Schutzheiligen liegen heute in der Höhlenkirche in einem Schaukasten aus Glas. 15.000 Gläubige finden in der beeindruckenden Felsenkirche Platz, die wie ein Amphitheater mit einem Altar und im Halbkreis fächerartig nach oben aufgestellten Bänken aufgebaut ist.

Am Berg Muqattam ist einer der wichtigsten Wallfahrtsorte in Ägypten entstanden. Der Weg dorthin führt durch enge, stinkende Gassen, in denen man überall nur Elend sieht. Wer rechnet am Ende mit so viel Erhabenheit? Die Schönheit in der Müllstadt Kairo liegt auch hier wie so oft im Verborgenen.

74. Grund

Weil Venedig, Mallorca, Ibiza – und auch ein bisschen Deutschland – direkt am Roten Meer liegen

Die Stadt el-Gouna ist die Perle am Roten Meer. »Eine Stadt wie keine andere« heißt es selbstbewusst auf der offiziellen Internetseite. Und dieses Selbstbewusstsein wird zu Recht zur Schau getragen. In der 1989 erbauten Retortenstadt stehen Häuser aus Naturstein und

Lehm im nubisch-ägyptischen Stil mit modernen Einflüssen. Mehrere Inseln, die über Brücken miteinander verbunden sind, machen ihrem Namen »Die Lagune« alle Ehre. Fehlen nur noch die Gondoliere. Doch auch mit einem kleinen Schiff kann man das traumhaft schöne el-Gouna kennenlernen.

Entstanden ist die Lagunenstadt auf einem ehemaligen Militärgelände, alles bis ins kleinste Detail geplant. Nichts wurde dem Zufall überlassen, und alles musste besonders exquisit und chic sein. Selbst die Gärten mit ihren Bewässerungsanlagen sind von Designern entworfen worden.

Der Kopte Samih Sawiris erwarb in den 1980er-Jahren über neun Millionen Quadratmeter Land und schaufelte die künstlichen Lagunen aus dem Wüstensand. Sawiris hat seinen Diplom-Ingenieur in Berlin gemacht, und ein Ableger der Technischen Universität Berlin (TU) findet sich heute in el-Gouna. Wissenschaftler aus Deutschland forschen hier unter anderem zum Thema Solarstrom und Wasserwirtschaft. Eine deutsche Hotelfachschule bildet hier Personal nach deutschem Standard aus – nicht nur für ägyptische Hotels. Sie merken schon: el-Gouna ist ein bisschen deutsch. Nicht nur, was Ausbildung und Studium betrifft, sondern auch die Urlauberzahlen machen die Lagunen-Stadt zum Klein-Mallorca Ägyptens. Schätzungsweise 80 Prozent der Touristen kommen aus deutschen Landen.

Die Resorts und Hotels richten sich an ein gehobenes Publikum, ein großzügiger Golfplatz lockt mit Angeboten, alles ist sauber und gepflegt, so wie wir Deutschen es ohnehin am liebsten mögen. Weintrinker können sich bei einer Weinprobe mit einem lokal angebauten edlen Tropfen verköstigen – einem der besten in ganz Ägypten.

Die Lagunenstadt am Roten Meer wirbt mit Ruhe und gehobenem Ambiente und wird diesem Werbeversprechen durchaus gerecht. In el-Gouna relaxen wir in den prachtvollen Hotelanlagen, die von Meerwasserentsalzungsanlagen mit frischem Trinkwasser gespeist werden, schaukeln in kleinen Motorbooten durch die Lagunen oder begeistern uns für das Kitesurfen. Weil in el-Gouna fast immer Wind ist – und super Wetter noch dazu –, ist die Lagunenstadt eine der besten Kitesurfer-Regionen der Welt.

Ein bisschen Mallorca-Flair hier, ein bisschen Bella Italia da, auch Ibiza lässt grüßen, obwohl sich selbst die angesagten Bars im Jachthafen noch nicht wirklich auf dem Niveau der Partyszene der spanischen Mittelmeerinsel bewegen. Aber man bemüht sich, ist interessiert, will den Gästen etwas bieten, was abseits des großen Massentourismus liegt. Und so gesehen, gelingt das auch schon ziemlich gut. el-Gouna ist auf dem besten Wege, sich zu dem zu entwickeln, was wir mit Mallorca, Ibiza und durchaus auch Venedig verbinden, nur eben auf seine unübertreffliche, ägyptische Art – alles zusammen, bunt durcheinandergewürfelt.

75. Grund

Weil das Rote Meer unheimliche Geheimnisse preisgibt

Vor 25 Millionen Jahren, das ist erdgeschichtlich gesehen noch relativ jung, trennte sich die afrikanische von der asiatischen Kontinentalplatte. Salziges Meerwasser lief in den neu entstandenen Riss, an einigen Stellen bis zu 2.100 Meter tief und zerfurcht von tiefen Schluchten, die bis heute von oben bis unten mit Korallen bedeckt sind. An diesen Orten schlängeln sich kleine Höhlen und Schluchten durch die Riffe, während starke Strömungen für reichhaltige Nährstoffe sorgen. Ein Paradies für Meeresbewohner und abenteuerlustige Taucher, aber auch Schauplatz für tragische Ereignisse.

Weltberühmt am Roten Meer ist das sagenumwobene Blue Hole im Sinai, das etwa zehn Kilometer vom verschlafenen Küstenörtchen Dahab entfernt liegt. Das »Loch« hat einen Durchmesser von 50–65 Meter, und die Steilwände des Riffes fallen etwa 100 Meter tief ab. Das Blue Hole ist ein beliebtes Ausflugsziel, weil es an den

Außenriffen noch wunderschöne Korallen und eine vielfältige Tierwelt zu sehen gibt. Aber in der Tiefe lauert der Tod. Etwa 50 Meter unter dem Meer öffnet sich ein Tunnel, der tief hinein in das Riff und direkt in das offene Meer führt. Eine große Verlockung, durch diesen geheimnisvollen Tunnel zu tauchen. Doch viele haben hier ihr Leben gelassen, durch schlechte Sicht und unvorhergesehene Strömungsverhältnisse, oder einfach, weil sie die Tiefe unterschätzt haben. Schätzungen zufolge sind seit den 80er-Jahren insgesamt 300 Menschen hier ums Leben gekommen. Gedenksteine an der Küste erinnern an einige Namen. Trotzdem, oder vielleicht auch gerade deswegen, schwärmen jeden Tag Hunderte bis Tausende Touristen an den gefährlichsten Tauchplatz der Welt. Ein seltsamer Ort, zwischen berückender Schönheit und einer bedrückenden Atmosphäre.

Abenteuerlustige Taucher zieht es neben dem Blue Hole auch zu einem der zahlreichen Wracks, die, sei es wegen Leichtsinns, schlechten Wetters oder durch Waffenbeschuss, auf dem Grund des Roten Meeres liegen. Eines der bekannteren ist die HMS Thistlegorm, ein 126 Meter langes Frachtschiff, das am 6. Oktober 1941 im Zweiten Weltkrieg von der Deutschen Luftwaffe zerstört wurde. Taucher können es an der Westküste etwa 40 Kilometer entfernt von Sharm el-Sheik bestaunen.

Am Abu-Nuhas-Riff nördlich der Insel Shadwan befindet sich der größte Schiffsfriedhof im Roten Meer. Das Riff heißt nicht umsonst »das Riff der sieben Tode«, obwohl hier wahrscheinlich »nur« vier Wracks auf dem Meeresgrund liegen. Hier hat eines der ältesten Schiffswracks im Roten Meer seine letzte Ruhe gefunden: die Carnatic, ein altes britisches Dampfschiff, das am 12. September 1869 mit 27 Besatzungsmitgliedern, 203 Passagieren und voll beladen mit 40.000 Pfund Sterling in Gold auf dem Weg nach Indien auflief. Das Schiff balancierte zunächst noch auf dem Riff, und ein Teil der Besatzung und Gäste blieb, sich in falscher Sicherheit wiegend, noch an Bord. Nach 36 Stunden brach das Schiff jedoch auseinander und sank bis auf 24 Meter und riss 27 Menschen mit sich in die Tiefe. Nur wenige konnten sich noch auf die naheliegende Insel retten. Obwohl das Gold zwei Monate später von den Briten geborgen wurde, hält sich das hartnäckige Gerücht von 8000 Goldstücken, die noch immer auf dem Meeresboden versteckt liegen sollen. Schatzsucher können von Hurghada aus auf einer mehrtägigen Tauchsafari ihr Glück versuchen.

Ein berühmtes Wrack ist auch das zypriotische Frachtschiff Yolanda, das im Jahr 1980 dank einer sturzbetrunkenen Mannschaft gegen eines der Riffe am südlichsten Punkt der Sinai-Halbinsel prallte. Glücklicherweise konnte sich die gesamte Mannschaft an Land retten. Im Laufe der Jahrzehnte sackte das Schiff durch Stürme immer weiter in die Tiefe, bis niemand mehr wusste, wo es sich befand. Erst 2005 wurde das Wrack von den Briten Leigh Cunningham und Mark Andrews wiederentdeckt, und Taucher können heute das gesamte Interieur des Schiffes auf dem Meeresboden bewundern. Das nach dem Schiff benannte Yolanda Reef liegt direkt neben dem Shark Reef im Ras-Mohamed-Nationalpark. Das Riff ist eines der schönsten Tauchparadiese mit der größten Artenvielfalt – manche behaupten sogar der Welt. Wie der Name schon vermuten lässt, trifft man am Shark Reef auch gerne mal auf Haie, die man dank der hervorragenden Sicht von mehr als 50 Metern im Sommer aus sicherer Entfernung beobachten kann. Auf Haie trifft man übrigens am Roten Meer in den Tiefen des Meeres häufiger. Glücklicherweise trauen sie sich nur selten in die Nähe eines Strandes.

Die Taucher, die jedes Jahr in großen Scharen an das Rote Meer pilgern, können sich in den unvergleichlichen Unterwasserparadiesen auf spannende Entdeckungstouren begeben und dieser einzigartigen Umgebung im wahrsten Sinne des Wortes auf den Grund gehen.

Weil in Ägyptens Wüste Wale lebten

Man muss nicht gleich in See stechen, um Wale zu sichten, sondern nur ein paar Kilometer südwestlich von Kairo Richtung Wüste fahren – und hierbei handelt es sich um keine Fata Morgana! In der Nähe der Oase Fayyum, mitten in der Wüste, befindet sich das Tal der Wale – Wadi al-Hitan.

Natürlich befindet sich in einem staubtrockenen »Tal« kein riesiges Meer mit lebenden Walen. Aber früher! Früher hat es an diesem Ort tatsächlich Wale gegeben! Doch das ist schon ein paar Millionen Jährchen her …

Vor 40–50 Millionen Jahren erstreckte sich an diesem Ort das Tethysmeer. Aber das Leben zahlreicher Ureinwohner der Meere war urplötzlich vorbei, als sich die Erdkrusten Afrikas verschoben. Das Areal hievte sich durch die Verschiebung nach oben, und das Meer wurde immer weiter zurückgedrängt. Der einstige Lebensraum vieler außergewöhnlicher Meereskreaturen wurde zu einem riesigen Friedhof – ein Glücksfall für Paläontologen. Neben Muscheln, Korallen, Mangrovenwurzeln, Haizähnen und Knochen anderer urzeitlicher Meeresbewohner fanden die Forscher hier über 200 Walskelette der Gattungen Basilosaurus isis und Dorudon atrox.

Vor allem der Basilosaurus machte das Tal der Wale berühmt. Als das Skelett des Tieres im Jahr 1830 entdeckt wurde, erkannten die Forscher zuerst eine Reptilienart und benannten sie nach einem typischen Dinosauriernamen: Basilosaurus. Der ägyptischen Gattung wurde noch der Name der Göttin Isis drangehängt. Der Basilosaurus isis erinnert tatsächlich eher an eine riesige »Königsechse«, wie der Name übersetzt heißt. Ein Krokodil mit Fischschwanz wäre wohl die passendste Beschreibung für diesen urzeitlichen Wal. Erst einige Zeit später erkannten die Forscher, dass es sich um ein Säugetier handelte, und nannten es Zeuglodon (Jochzahn, nach den für Meeressäuger typischen Zähnen mit Doppelwurzel). Der Fundort heißt daher auch in Fachkreisen Zeuglodonen-Wadi.

Der Basilosaurus (die erste Fachbezeichnung ist, wie in der Wissenschaft so üblich, trotzdem geblieben) war mit 18 Metern Länge das größte Säugetier, das vor 40 Millionen Jahren gelebt hat.

Das ist zwar sehr beeindruckend, aber das Besondere an ihm, das die Paläontologen mit leuchtenden Augen über dieses Wesen berichten lassen, ist etwas ganz anderes. Das Meerestier hatte nämlich Beine so groß wie die von Kleinkindern. Wer mitgedacht hat, dem wird es jetzt wie Echsenschuppen von den Augen fallen. Ein Tier mit Beinen wurden an einem Ort gefunden, der früher einmal ein Meer war! Der Basilosaurus isis machte einfach mal eine evolutionäre Kehrtwende. Das Säugetier wurde von einem Landtier wieder zu einem Wassertier. Ihre nutzlos gewordenen Beine verkümmerten immer weiter, während Körper, Schädel und Zähne sich immer besser den Begebenheiten unter Wasser anpassten. Sie wurden den Walen, wie wir sie heute kennen, immer ähnlicher.

Der frühzeitliche Wal hatte mit seinen gemütvollen Nachfahren ansonsten nicht viel gemein. Seine Vorfahren waren mächtige Raubtiere, wie Paläontologen vom Naturkundemuseum Berlin 2019 in einer Studie deutlich machten. Der Basilosaurus isis tötete seine Beute mit kräftigen Bissen in den Kopf. Seine mächtigen Kiefer hätten ohne Probleme einen Kleintransporter tragen können, wie die Forscher in ihren Untersuchungen herausfanden.

Wer den »Knochenbrecher-Wal« – so sein passender Spitzname – in seiner versteinerten Form erleben möchte, der kann in das Naturschutzgebiet Wadi el-Rayan fahren. Seit 2005 ist das 1.759 Quadratkilometer große Gebiet die einzige Weltnaturerbestätte Ägyptens. Durch die extreme Hitze haben die Fossilien die vielen Millionen Jahre überdauert, und die Überreste der einst mächtigen Räuber liegen überall im Sand verteilt und in einem örtlichen Museum.

Das Areal mit seinen vom Wind erodierten Felsen hat einen ganz besonderen, rauen Charme. Heute kann man sich kaum mehr vor-

stellen, wie die urzeitlichen Wale und die vielen anderen Meeresbewohner hier herumgeschwommen sind. Die Welt hat sich verändert, und es gibt kaum Orte, wo dies deutlicher wird, als hier, mitten in der Wüste, wo einmal ein riesiger Wal namens Basilosaurus
isis lebte. In Ägypten wurde nämlich nicht nur Archäologie- sondern
auch Evolutionsgeschichte geschrieben.

Weil es eine Zeit gab, die Menschen und Tempel hoch bewegte

»Völker können Wunder vollbringen, wenn sie für einen guten
Zweck zusammenarbeiten.« *Anwar el-Sadat (1918–1981, ägyptischer
Staatspräsident und Friedensnobelpreisträger)*

In einem Kraftakt retteten Experten aus insgesamt 50 Nationen
in den 1960er-Jahren 23 Tempel vor dem Untergang. Was war geschehen? Durch den Bau des Assuanstaudamms stieg der Wasser-
pegel des künstlich angelegten Nassersees, und die Tempel im Süden
des Landes drohten in den Fluten zu versinken, zusammen mit
500 Kilometer Wüste, den darin lebenden Menschen und all ihren
(antiken) Bauten. Zumindest für die antiken Stätten war Rettung
in Sicht. Im April 1959 bat Ägypten die UNESCO um Hilfe. Die
UNESCO trommelte die Nationen zusammen, und diese folgten eifrig dem Hilferuf nach Ägypten. Die berühmteste Rettungsaktion in
der Geschichte der Archäologie geschah am Tempel von Abu Simbel,
ganz im Süden Ägyptens.

Ramses II. hatte den Haupt- und Nebentempel, Letzterer ist seiner
Lieblingsgemahlin Nefertari gewidmet, im 13. Jahrhundert. v. Chr.
an der südlichen Grenze Ägyptens erbaut – als warnendes Mahn-
mal für die immer wieder rebellierenden Nubier. Die Aussage war

eindeutig: Seht her! Ägypten ist groß und mächtig, also haltet euch lieber zurück!

Am Tempeleingang ließ Ramses vier je 21 Meter hohe Sitzstatuen von sich selbst den Haupttempel bewachen. Von Bescheidenheit hielt er, das sei in diesem Zusammenhang angemerkt, ganz offensichtlich nichts. Im Inneren stehen weitere acht Kolossalstatuen des großen Herrschers, ruhmreiche Schlachten sind für die Ewigkeit festgehalten, und als Vergöttlichung par excellence sitzt Ramses im Allerheiligsten als Statue verewigt zusammen neben drei Göttern auf einem Thron. Zweimal im Jahr erleuchtet die aufgehende Sonne das Antlitz zweier Götter – und Ramses natürlich. Nur der Gott Ptah, der mit dem Totenreich verbunden war, bleibt immer im Dunkeln sitzen.

Ramses' monumentaler Bau stellte die Menschen der Neuzeit vor ein riesiges Problem: Wie um alles in der Welt sollte der 60 Meter tief in den Fels gehauene, 38 Meter breite und 32 Meter hohe Felsentempel vor den Fluten des Nassersees gerettet werden? Es sprudelten die merkwürdigsten Ideen aus den Köpfen der Experten. Eine besonders kreative Lösung bestand darin, den Tempel Ramses II. einfach in den Fluten versinken zu lassen. Eine Aussichtsplattform über Wasser oder ein Fahrstuhl unter Wasser sollte den Besuchern einen Blick auf den Tempel ermöglichen. Dieser Lösungsvorschlag hatte jedoch einen großen Haken: Der Tempel besteht aus Sandstein, der im Wasser schnell porös werden würde. Alle Ideen, die Ramses zusammen mit Fischen unter Wasser leben lassen wollten, mussten daher ad acta gelegt werden. Der Tempel musste also irgendwie an eine höhere Stelle versetzt werden. Nach ersten Berechnungen mindestens 65 Meter hoch und 200 Meter weiter landeinwärts. 250.000 Tonnen konnten aber nicht so ohne Weiteres in einem Stück dorthin bewegt werden. Also blieb nur eine Lösung, die den Archäologen die Fußnägel hochklappen würde: Der Tempel musste in kleine Stücke zerschnitten und aus den Einzelteilen wieder aufgebaut werden. Das war die einzige Möglichkeit.

Ein Team aus ägyptischen, deutschen, französischen, italienischen und schwedischen Baufirmen machte sich ans Werk. Jeder Schnitt wurde genau geplant, und die erste Idee, alles in gleich große Stücke zu schnippeln, wurde schnell wieder verworfen. Der große Ramses sollte nicht mit einem hässlichen Kratzer senkrecht durch sein Auge verschandelt werden. Und ein weiteres Problem machte den Planern zu schaffen: Da der Tempel nicht einfach frei stehend in die Wüste gebaut, sondern in einen Fels geschlagen wurde, musste notgedrungen der ganze Berg versetzt werden.

Zu allem Übel lag den Arbeitern bedrohlich die Zeit im Nacken. Innerhalb weniger Monate nach Beginn der Arbeiten würde Ägypten nach dem Motto »Nach mir die Sintflut!« schon den ersten Zulauf zum neuen Stausee freisprengen.

An anderer Stelle, dichter am Staudamm, staute sich das Wasser bereits. Dort stand der Isis-Tempel in Philae schon fast unter Wasser, als die Architekten damit begannen, eine Barriere aufzubauen, und das Wasser um den Tempel wieder abpumpten. Für einige Heiligtümer des Philae-Tempels kam diese Hilfe leider zu spät. Taucher mussten die Bauten mit Hammer und Meißel auseinanderklopfen und mithilfe von mit Helium gefüllten Hebesäcken nach oben driften lassen. In sechs Monaten konnten 450 Blöcke bei schlechter Sicht und gefährlich langen Tauchgängen nach oben geholt werden. Sie wurden auf der benachbarten, höher liegenden Insel Agilkia wieder aufgebaut.

In Abu Simbel wurde noch vor der Überflutung in aller Eile ein provisorischer Kofferdamm errichtet, doch wie lange er gegen die Fluten des aufsteigenden Nassersees halten konnte, wusste niemand mit Sicherheit zu sagen. Also machten sie sich so schnell es ging an die Arbeit. Und das hieß sägen, sägen, sägen. Mit Eisenblatt- und Seilsägen wurde der Tempel von Tausenden Arbeitern in transportierbare Stücke gesägt. Jeder sichtbare Schnitt durfte nicht mehr als acht Millimeter breit sein. Bei den Statuen mussten sie ihre schweißtreibende Arbeit zudem mit äußerster Vorsicht bewältigen, damit Ramses' Köpfe nicht einfach auseinanderbrachen. Fast neun

Monate wurde fast ununterbrochen durchgesägt und mit weiterhin großer Mühe an den höheren Standort versetzt.

Jeder Block hatte einen eigenen Identifikationscode, und 19 weitere Monate brauchten die Arbeiter dafür, um das gigantische Puzzle aus 1.036 Blöcken, einige bis zu 30 Tonnen schwer, wieder ineinanderzufügen. Über 1000 Felsstücke wurden zusätzlich hergeschafft, um dem Tempel sein altes Aussehen in einer Felswand möglichst originalgetreu wiederzugeben. Über dem Tempel errichteten die Ingenieure eine riesige Stahlbetonkuppel, ummantelt mit Sand und Felsen, um das Gewicht des darüber liegenden Materials abzufedern und den Tempel vor dem Einsturz zu sichern.

Die Verlegung des kleinen und großen Tempels von Abu Simbel wurde viereinhalb Jahre später, am 22. September 1968, vollendet. Sogar noch 20 Monate vor dem geplanten Termin. Gut, dass die Arbeiter so schnell waren, denn nur vier Monate nach Fertigstellung durchbrach das Wasser den Kofferdamm. Abu Simbel war gerettet!

Die Arbeiter haben mindestens genauso viel geleistet wie die Bauherren vor 3.000 Jahren. Nur dank ihnen konnten die Tempel von Abu Simbel 1979 in die UNESCO Liste des Weltkulturerbes aufgenommen werden. Als Dank für ihre Bemühungen erhielten einige Staaten komplette kleinere Tempel als Geschenk, wie der Tempel von Debod, der etwa 15 Kilometer südlich von Philae stand und heute in einer Parkanlage in Madrid zu besichtigen ist.

Selbst das Sonnenwunder konnten die Ingenieure retten, auch wenn es seit der Versetzung einen Tag später als in der Antike vonstattengeht, aber das lässt sich sehr leicht verschmerzen. Heute strahlt am 22. Februar und 22. Oktober die aufgehende Sonne 60 Meter tief in das Herz der mächtigen Anlage, um dort Ramses und zwei der drei Götter zu erleuchten.

Mit der gemeinsamen Kraft von 50 Nationen hatte man zwei riesige Tempel, und viele kleinere, bewegt. Ob die Welt in einer Zeit, in der für viele »my country first« gelebtes Motto ist, heute noch so ein Projekt stemmen könnte?

Weil die Bauzeit des Kölner Doms nichts im Vergleich zum Karnak-Tempel ist

Es ist immer wieder ein beeindruckendes Erlebnis, zwischen den imposant in den Himmel ragenden Säulen im großen Säulensaal von Karnak in Luxor zu stehen – dem größten Tempel ganz Ägyptens. Ein Säulenwald aus 134 Papyrussäulen, verziert mit Göttern, Pharaonen und Hieroglyphen, in der Antike noch mit einem Dach aus bemalten Sternen versehen, das die bunten Reliefs in ein mystisches Dunkel hüllte. Die bis zu 23 Meter hohen Säulen in der Mitte zeigen offene Papyrusdolden. Hier kam durch die oberen Fenster, die man auch heute noch teilweise sehen kann, Licht ins Dunkel. Die kleineren Säulen, an die kein Licht herantrat, zeigen oben eine geschlossene Papyrusdolde.

Die Säulen stellen nicht zufällig Papyrus dar. In der altägyptischen Kunst ist ohnehin selten etwas einfach nur dekorativ, sondern vieles hat eine tiefgründigere Bedeutung.

Der Karnak-Tempel (sowie auch alle weiteren Tempel Ägyptens) repräsentierte den Urhügel, der am Anbeginn der Schöpfung aus dem Urgewässer hervorstieg. Die Säulen in Form von Papyrusdolden symbolisieren das Marschland, das auf dem Urhügel wuchs, und die mit Sternen übersäte Decke ist der Himmel. Manche Ägyptologen glauben sogar, dass in der Antike das Umfeld des Haupttempels durch die ansteigende Nilflut überschwemmt worden ist. Das Heiligtum stieg also für jeden ersichtlich wie der Urhügel aus dem Wasser empor.

Ganz tief, im Herzen der »unbegreiflichen Tempelwelt von Karnak«, wie Rainer Maria Rilke diesen Ort beschrieb, liegt das Allerheiligste. Das steinerne Abbild des Gottes Amun war hier zu Hause. Ursprünglich war Amun der lokale Hauptgott der alten Stadt Waset, wie Luxor in der Antike hieß, doch sein Aufstieg ist in der Geschichte Ägyptens beispiellos. Weil sich einige Herrscher bei den Priestern und dem Volk von Waset beliebt machen wollten oder ihren Machtanspruch mithilfe der Amun-Priester legitimierten (wie die Pharaonin Hatschepsut), stieß Amun den alten Sonnengott Re vom Götterthron. Um Re und seine Priester Genüge zu tun, verband er sich mit ihm zum mächtigen Amun-Re, der den Beinamen König der Götter trug. Nur wenige Auserkorene durften sich dem Gott nähern, ihn waschen, salben und ankleiden und ihm jeden Tag ein kleines Festmahl herrichten. Die dargebrachten Opfer waren Teil eines sogenannten Opferumlaufs. Erst verspeiste der Gott magisch die Gerichte, dann gingen sie an die Toten, die ihre Statuen zu Lebzeiten in die Tempel gebracht hatten, und schließlich landeten die Opfergaben ganz real auf den Tellern der Priester.

Die Gans gehörte nicht zum Speiseplan des Gottes, denn dieses Federtier war ein heiliges Tier des Gottes Amun. Sie lebten im Heiligen See im Karnak-Bezirk, also dort, wo sich die Priester vor ihrem Dienst an dem Gott rituell reinigen mussten, was mit den Ausscheidungen von Gänsen eventuell schwierig gewesen sein könnte. Aber es waren heilige Gänse, und im 120 Meter langen und 77 Meter breiten See, der heute noch mit Wasser gefüllt ist, war bestimmt auch genügend Platz für Priester und Tiere.

Von Priestern, Pharaonen, Gänsen und Opfervieh einmal abgesehen, war allen anderen der Zutritt zum Tempel untersagt. Das einfache Volk konnte nur zu bestimmten Feierlichkeiten einen kleinen Hauch von Göttlichkeit hautnah miterleben. Versteckt in einem Schrein, wurden Amun, seine Gattin Mut und ihr Kind Chons in jeweils einer eigenen Schiffsbarke mit viel Tamtam vom Karnak-Tempel in den etwa 2,5 Kilometer entfernten Luxor-Tempel gebracht. Dort angekommen, gab Amun durch ein kompliziertes Ritual seine göttlichen Kräfte an den Pharao weiter. Dieses *Opet* genannte Fest wurde elf Tage lang von der gesamten Bevölkerung gefeiert.

Um 2000 v. Chr. begannen die Arbeiten an dem »Auserwählten Ort«, Ipet-Sut, wie der Tempel in der Antike genannt wurde. Seitdem baute und werkelte nahezu jeder ägyptische Herrscher an dem Tempel herum. Heute reicht ein Tag alleine nicht aus, um das 800.000 Quadratmeter große Weltkulturerbe mit aller Gebühr zu besichtigen. Kein Wunder, bei einer Bauzeit von mehr als 2000 Jahren. Der Kölner Dom war mit »nur« 632 Jahren Bauzeit im Vergleich dazu ganz schön fix fertig.

79. Grund

Weil ägyptische Artefakte weit mehr als drei Museen füllen können

Das berühmte Ägyptische Museum in Kairo hat mittlerweile das stolze Alter von fast 120 Jahren erreicht. Im Jahr 1835 gründete die ägyptische Regierung die »Service des Antiquités de l'Egypte«, mit dem Ziel, Schatzsuchern, Möchtegern-Archäologen und allen weiteren Plünderern das Handwerk zu legen. Der erste Leiter war der Franzose Auguste Mariette (1821–81), der sich intensiv für den Schutz der Altertümer und den Bau eines eigenen Museums einsetzte. Sein pompöses Grab liegt heute im Garten des Museums.

Doch bevor der erste Spatenstich des Museums gesetzt wurde, zog die Sammlung erst einmal einige Male innerhalb Kairos um. Im Jahr 1878 überschwemmte ein Hochwasser in Kairos Stadtviertel Bulaq eine der frühsten Heimstätten der Altertümer. Artefakte wurden zerstört, und Vandalen nutzten das Chaos für einen Plünderungszug durch das Museum. Was noch übrig blieb, wurde provisorisch in einem Anbau des Giza-Palastes untergebracht, bis schließlich am 1. April 1897 der Grundstein für ein neues Museum gelegt wurde. Die Bauzeit betrug vier Jahre und acht Monate und endete schließlich am 15. November 1902 mit der feierlichen Eröffnung.

Das prächtige Gebäude direkt am Tahrir-Platz ist in seinem extravaganten Ockerton hübsch anzusehen, doch von innen – das muss man leider ganz uncharmant sagen – sieht man ihm das Alter an. Vitrinen und Beschriftungen stammen teilweise noch aus der Kolonialzeit, wenn die Objekte denn überhaupt beschriftet sind.

Betrachtet man die Auslagen, fällt einem unwillkürlich der Spruch »weniger ist mehr« ein; die Auslagen sind mit Artefakten vollgestopft bis obenhin. Man mag sich kaum vorstellen, was in den 10.500 Quadratmeter großen Katakomben des Museums noch schlummert, wohin frühe Grabungsmissionen einfach alles ziel- und planlos verfrachtet haben. In den beiden Stockwerken und 100 Sälen über den Katakomben wurden bis vor Kurzem 150.000 Artefakte, die eine Zeitspanne von der Frühgeschichte Ägyptens bis in die römische Zeit überdecken, ausgestellt. Es ist kaum möglich, all das in einer angemessenen Zeitspanne zu betrachten. Irgendwann platzt einem fast der Schädel vor lauter Eindrücken, auch wenn die hier gezeigten Schätze natürlich jedes Kopfbrummen wert sind.

Doch das Bild der alten Hallen hat sich gewandelt und wird sich auch in Zukunft in einem neuen Gesicht präsentieren. Etliche Objekte verlassen die Ausstellungsräume und den Keller des Museums. Etwa 20 Prozent der Artefakte werden in das 2017 teileröffnete National Museum of Egyptian Civilization umziehen. Ein großer Teil der bisherigen Ausstellung wird seine neue Heimat im neuen Grand Egyptian Museum (GEM) ganz in der Nähe der Pyramiden finden. Die Ägypter sind schon fleißig dabei, die Objekte in die schon fertigen Labore des GEM zu transportieren. In einem der modernsten Konservierungszentren der Welt sollen sie für das neue Museum herausgeputzt, also restauriert und konserviert, werden. In dem 1-Milliarde-US-Dollar-Projekt soll alles im neuen Glanz präsentiert werden.

Im Jahr 2020, nach mehreren verschobenen Eröffnungsterminen, soll nun endlich das größte Museum der Welt seine Pforten öffnen. Es hat fünf Mal mehr Ausstellungsfläche als das alte. Aber das Schädelbrummen wird hier verhaltener werden als im Museum am Tahrir-Platz, immerhin sind es hier »nur« 50.000 Artefakte, also ein

Drittel weniger als im alten Museum – trotz der fünffachen Aus-stellungsfläche.

Die Verantwortlichen sind sogar optimistisch, Kurzzeitbesucher in das Museum locken zu können. Am neuen Sphinx International Airport können Fluggäste während ihres Zwischenstopps per Shuttle zum GEM gebracht werden, wo sie je nach Zeitrahmen mal eben schnell durchflitzen und sich durch die neuen digitalen Medientafeln wischen können.

In den alten, erlauchten Hallen des Museums weht indes ein frischer Wind. Für die Zukunft gerüstet, bekommt es innen einen neuen Anstrich, und die alten Holzvitrinen werden teilweise gegen moderne Schaukästen ausgetauscht.

Obwohl es an einigen Stellen eher wie eine Rumpelkammer wirkte, wird mir der alte, nostalgische Charme des Ägyptischen Museums Kairo fehlen. Aber der Besuch wird sich definitiv auch in Zukunft lohnen, da bin ich sicher. Ägypten hat genügend heraus-ragende Schätze, um mehr als drei lohnenswerte Museen alleine in Kairo zu füllen.

80. Grund

Weil die legendäre Bibliothek von Alexandria im digitalen Zeitalter angekommen ist

Als das griechische Herrschergeschlecht der Ptolemäer im 3. Jahr-hundert v. Chr. die Bibliothek von Alexandria erbauen ließ, war Athen – das bisherige Zentrum des Wissens – schnell auf dem aka-demischen Abstellgleis. Jedes im Hafen einlaufende Schiff wurde von den Soldaten inspiziert und jede noch so wichtig erscheinende Papyrusrolle konfisziert. Der ehemalige Besitzer bekam eine pope-lige Abschrift zurück, das Original landete in einem der zahl-reichen Regale der Bibliothek. Die Forscher und Studierende des angrenzenden Museion, der Forschungseinrichtung Alexandrias, konnten auf Tausende Schriftrollen – Schätzungen moderner Altertumsforscher reichen von 50.000 bis 700.000 – mit dem gesamten Wissen der Antike zurückgreifen. Dem Ruf der Schriftrollen folgten die begnadetsten Genies ihrer Zeit, deren Namen auch heute noch jedem Schulbankdrücker bekannt sind.

In Alexandria studierte der Ausrufer des berühmten »Heureka« mit Namen Archimedes, der dahintergekommen war, warum Schiffe nicht einfach untergehen (das Archimedische Prinzip), und der uns die Erfindung der Schneckenpumpe, die Archimedische Schraube, geschenkt hat, mit der man Wasser von einer unteren auf eine höhere Ebene befördern kann und die bis heute noch in der ägyptischen Landwirtschaft eingesetzt wird. Euklid ist ein weiterer dieser schlauen Köpfe, die in Alexandria gewirkt haben. Dort schrieb er die 13 Bücher der »Elemente«, in denen er das gesamte damals bekannte mathematische Wissen zusammenfasste, systematisierte und sogar erweiterte. Die »Bibel« der Mathematik, die es auf mehr als 1000 Auflagen geschafft hat, führte und quälte die Schüler bis ins 20. Jahrhundert in die Geheimnisse der Arithmetik und Geometrie. In die illustre Runde der berühmten Alexandrinischen Gelehrten reiht sich auch Eratosthenes ein, der 193 Jahre vor dem Julianischen Kalender auf die fuchsige Idee kam, jedem vierten Jahr einen weiteren Tag zu gönnen. Sein jedoch beachtlichster Erfolg bestand darin, dass er mit relativ hoher Präzision (relativer Fehler < 5%) den Erdumfang berechnen konnte – und das im 3. Jahrhundert v. Chr. wohlgemerkt.

Die Reihe der antiken Superhirne, die vor unserer Zeitrechnung in Alexandria studiert oder gelehrt haben und die die Stadt zu einem Zentrum der Astronomie, Medizin, Physik und Mathematik emporsteigen ließen, wie das Wasser auf der Archimedischen Schraube, lässt sich beliebig fortführen. Wäre da nicht jener verhängnisvolle Tag im Jahr 48 v. Chr. gewesen, als Caesar im Alexandrinischen Krieg aus Versehen die Bibliothek in Brand setzte – oder vielleicht doch nicht? Da die Bibliothek auch nach Caesars Feuersturm im

Hafen von Alexandria erwähnt wird, könnte man den Schriftstellern, die erst 100 Jahre später davon berichteten, zumindest Verdrehung von Tatsachen vorwerfen. Vielleicht ist nur ein Teil abgebrannt oder halt gar nichts. Das Ende der Bibliothek liegt im Dunkeln, wie auch das Bauwerk selbst. Unter den Häusern des heutigen Alexandrias ist sie bis heute wie vom Erdboden verschluckt.

Der Ausdruck »auferstanden aus Ruinen« ist daher vielleicht nicht ganz passend. Dennoch wurde im Jahr 2002 unter der Schirmherrschaft der UNESCO eine neue Bibliotheca Alexandrina aus dem Boden gestampft. Ganz in der Nähe ihres alten Standorts erhebt sich die außergewöhnliche scheibenförmige Architektur, deren Flachdach sich vom siebten Stockwerk aus schräg nach unten Richtung Meer neigt. Wenn das Sonnenlicht auf der metallischen Oberfläche reflektiert wird, sieht das Gebäude selbst wie die aufgehende Sonne aus. Nicht weniger beeindruckend sind die geschwungenen Außenmauern, an denen die Schriftzeichen von antiken und heutigen Schriftsystemen gezeichnet wurden. Im Inneren befinden sich ein Planetarium, Museen, Veranstaltungsräume und Forschungseinrichtungen. Da verpuffen die Kritiken, ob man das Geld für eine 220 Millionen US-Dollar teure Bibliothek nicht lieber für die Bildung von 30 Prozent Analphabeten im Land hätte ausgeben sollen – oder für die Bücher an sich. Acht Millionen sollen hier mal Platz finden, bei ihrer Eröffnung waren es gerade mal 240.000. Zumindest der siebenstöckige Lesesaal ist dem guten Ruf der alten Bibliothek würdig. Mit 2000 Leseplätzen ist er der größte Lesesaal der Welt.

Ganz im Geiste seines Vorgängers werden Bücher aus allen Ländern in der Bibliotheca Alexandrina gesammelt. Jedes einzelne wird für die Nachwelt digitalisiert. Kein Wissen soll mehr verloren gehen, auch kein digitales mehr. Über sechs Petabyte oder sechs Milliarden Megabyte an Internetseiten sind im digitalen Archiv der Bibliothek gespeichert.

Haben Sie auch so ein kleines Abhörgerät namens Echo bei sich zu Hause stehen? Dann fragen Sie Alexa doch mal, woher sie ihren heute weltbekannten Namen hat. Der Name ist eine Huldigung an die Bibliothek von Alexandria. Auch wenn es noch ein weiter Weg ist, bis so ein kleines Ding einen Wissensschatz wie in der Bibliothek von Alexandria anhäufen kann, einen passenderen Namen hätten sich die ehrgeizigen Erfinder wahrscheinlich nicht ausdenken können (außer Mata Hari vielleicht).

81. Grund

Weil Friedhöfe nirgendwo schöner sind und selbst Tote noch viel erzählen können

Der erste Ort, der einem direkt in den Sinn kommt, wenn man an Friedhöfe in Ägypten denkt, ist natürlich das Tal der Könige, das von schroffen Felsen überragte Tal am Westufer von Luxor. Seit die Gefolgsmänner Napoleons im 18. Jahrhundert damit begannen, das Tal zu dokumentieren, ist es der Hotspot von Filmcrews, Abenteurern, Archäologen und natürlich jeder Menge Touristen, die sich tagtäglich durch das glühend heiße Tal schieben.

Die Zeit der Pyramiden war vorbei, als um 1550 v. Chr. der erste Pharao seine letzte Ruhestätte hier anlegte. So ein in den Fels geschlagenes Grab ist ja auch um einiges unauffälliger als eine riesige Pyramide, die schon von Weitem die bösen Buben anlockte. Um doch wenigstens ein bisschen »Pyramiden-Feeling« in die neue Nekropole zu holen, ließen die Pharaonen ihre Gräber in einem Tal unterhalb eines mächtigen pyramidenähnlichen Bergs, El-Qurn (»das Horn«), anlegen.

Im Tal der Könige sind bisher 64 Gräber bekannt, die von ca. 1550–1070 v. Chr. hier angelegt wurden, alle durchnummeriert und mit der Abkürzung KV (Kings Valley) versehen. Das letzte Grab, KV 64, wurde erst 2012 gefunden. Das berühmteste von allen ist natürlich Tutanchamuns Grab, doch weitaus beeindruckender sind viele andere Gräber seiner Pharaonenkollegen, zum Beispiel die merkwürdigen, schon fast comicartigen Schwarz-Weiß-Zeichnungen in Thutmosis III. letzter Ruhestätte, oder das bemerkenswerte Grab Sethos I., das 137 Meter tief in den Fels geschlagen wurde und eines der größten und schönsten Gräber Ägyptens ist.

An den Wänden der Königsgräber sehen wir mystische und selbst für Ägyptologen manchmal schwer zu deutende Grabmalereien der Totenbücher – eine Ansammlung von magischen Texten, Beschwörungsformeln und Hymnen. Wir sehen mit Messern bewaffnete Dämonen, Feuer speiende Schlangen, Götter auf Barken, geflügelte Geschöpfe, Verdammte, die gefesselt durch die Unterwelt geführt werden, und Szenen, deren Sinn sich auch nach langem Betrachten nicht wirklich erschließen lässt.

Fast schon naiv sind dagegen die Bildnisse in den Gräbern von Beamten, die sich in gebührlichem Abstand zu ihren Herrschern in eigenen Nekropolen bestatten ließen. Sie zeigen uns Alltagsszenen und geben uns damit Einblicke in das Leben des Verstorbenen – wie er arbeitet, wie er zur Jagd geht, wie er mit Familie und Freunden beim Festmahl sitzt.

In Beni Hassan, in Mittelägypten, befinden sich 39 Gräber von Gaufürsten aus dem Mittleren Reich. Spielende Kinder, Ringkampfszenen, Jagdszenen, Fabelwesen und selten gezeigte Tiere wie Fledermäuse oder Mangusten sind hier dargestellt.

Doch für mich das schönste Grab in ganz Ägypten ist das Grab der Nefertari. Die mit viel Geschick restaurierten Wandmalereien haben so unglaublich strahlende Farben, als hätte der Künstler erst vor wenigen Minuten seinen Pinsel aus der Hand gelegt. Überall sehen wir das wunderschöne Gesicht der Lieblingsgemahlin von Ramses II., und man spürt die Liebe, die der mächtige Pharao für sie empfunden haben muss. Eine Liebe, die so groß war, dass er auf jegliches Abbild von sich selbst in ihrem Grab verzichtete. Ein unglaublicher und durch alle pharaonischen Jahrtausende hindurch wirklich einzigartiger Liebesbeweis.

Die altägyptischen Nekropolen sind nicht nur wundersame Orte, die ihre Besucher in eine Welt zwischen Dies- und Jenseits entführen, sie sind zudem eine unglaubliche Wissensdatenbank für die Archäologen. Durch sie wissen wir, wie Handwerker arbeiteten, welche Tiere an den Ufern des Nils lebten, und erhalten tiefe Einblicke in die Glaubenswelt der alten Ägypter. Speisen und Getränke, die den Verstorbenen zum Verzehr im Jenseits mit ins Grab gegeben wurden, erzählen uns von den Essgewohnheiten der alten Ägypter. Weinkrüge waren beschriftet mit dem Jahr der Herstellung, angelehnt an das Herrschaftsjahr des jeweils regierenden Pharaos, womit die Ägyptologen deren Regierungszeiten bestimmen konnten. Mumien verraten uns, an welchen Krankheiten die Ägypter litten und wie die Lebensumstände der damaligen Zeit waren.

Unser Wissen über die alten Ägypter wäre um so vieles ärmer, gäbe es die Nekropolen der Ägypter nicht. Doch ob nun Ägyptologe, interessierter Laie oder ganz normaler Urlauber: Alle stehen staunend vor der Schönheit dieser Gräber.

8. Kapitel

Malesch

Lustiges und Wissenswertes über Land und Leute

Weil Bakschisch eine Gabe
und nicht einfach Trinkgeld ist

Der Begriff »Bakschisch« kommt aus dem Persischen und heißt übersetzt einfach »Geschenk« oder »Gabe«. Ein solches »Geschenk« gaben diejenigen, die es entbehren konnten, den Ärmsten unter den Armen. Auch wenn heute mancher Tourist offenkundig darum angebettelt wird, ist die Grundlage von Bakschisch jedoch normalerweise eine erbrachte Leistung – selbst wenn es nur ein paar Papiertaschentücher sind, die von einer ärmlich gekleideten Frau auf der Straße angeboten werden. Aber damit bettelt sie eben nicht, sondern gibt auch etwas!

Dem Kofferträger etwas zukommen zu lassen, der uns den schweren Koffer abnimmt, oder dem Reiseführer etwas zu geben, der uns sieben Tage lang die Geschichte seines Landes näherbringt, fällt uns leichter. Hier ist das Bakschisch für uns nachvollziehbar und fühlt sich an wie bei uns das Trinkgeld. In der nordafrikanischen Kultur ist es aber ursprünglich eben kein Trinkgeld, sondern eine Gabe, um dem anderen eine Freude zu machen.

Situationen, in denen wir Bakschisch gerechtfertigt finden, gibt es daher genauso wie Begebenheiten, in denen wir aus unserer europäischen Sicht diese »Gabe« nur schwer nachvollziehen können. Manches erscheint uns sinnlos, wie beim Gang zur Toilette, wenn einem beim Eintreten ein Streifen Klopapier in die Hand gedrückt wird, obwohl die Klopapierrolle genauso gut in der Toilette stehen könnte. Im Gegensatz zur Toilettenreinigung, die ja keiner sieht, ist das Papier aber eine offensichtliche Leistung, für die dann eben ein Bakschisch erwartet wird.

Wenn man gedankenverloren durch die Straßen flaniert, kann es schnell passieren, dass einem plötzlich ein Junge mit Schuhputzzeug vor den Füßen hin und her wuselt. So schnell kann man die Füße oft gar nicht wegziehen, wie er »Bakschisch« sagen kann. Und wenn er beim ausgiebigen Putzen dann betont, dass er eine ganz hochwertige, aus Nubien stammende und ziemlich teure Schuhcreme benutzt, geht es ihm weder um Small Talk noch um Informationen zur Lederpflege.

Manche Kinder fragen sogar unverhohlen nach Bakschisch, und es fällt einem wahrscheinlich schwer – von den kugelrunden schwarzen Kinderaugen beinahe hypnotisiert –, nicht in die Tasche zu greifen. Bei Kindern ist dies jedoch ein zweischneidiges Schwert, denn je mehr sie nach Hause bringen, desto eher werden sie von den Eltern morgen wieder zum einträglicheren Betteln geschickt anstatt in die Schule. Hier wäre ein Bonbon oder ein Kugelschreiber eine sinnvollere Gabe, auch wenn die Begeisterung sich deswegen in Grenzen halten kann.

Manchmal sind die Ägypter aber auch einfach, nun ja, sagen wir mal »übermotiviert«. Als wir einmal ein Grab suchten, kam sofort ein junger Mann mit seinem Motorrad auf uns zugeschossen, um uns den Weg zu weisen. Obwohl wir das nur 20 Meter vor uns liegende Grab inzwischen längst selbst entdeckt hatten, ließ er es sich nicht nehmen, uns trotz unserer dankenden Ablehnung knatternd dorthin zu begleiten – und wollte anschließend natürlich ein Bakschisch dafür haben.

Ägypter können sehr erfindungsreich sein, wenn es um Bakschisch geht, und »umgangene« Verbote sind bei Besichtigungstouren ein Klassiker. »Psst«, raunt Sie der Wächter im Tempel an und guckt sich verschwörerisch um, bevor er Ihnen anbietet, die Absperrung vor einem Nebenraum beiseite zu schieben, damit Sie hineinsehen können. Da fragt man sich manchmal, ob die zwei Pfosten mit dem kurzen Seil nicht vielleicht genau aus diesem Grund da stehen. Aber das geht auch gänzlich ohne Absperrung. Da zückt man in einem Grab einen Notizblock, um darauf eine Skizze der Grabkammer zu zeichnen, oder man geht hinter der Tempelmauer ein paar Schritte auf die Steinblöcke zu, und direkt wird einem mit großem Gezeter klargemacht, dass dies auch ohne Hinweisschild oder Absperrungsseil natürlich verboten sei. Und es gäbe nur einen Weg, das wieder gutzumachen! Da erfordert es manchmal schon eine gehörige Portion Langmut oder Humor, um ruhig zu bleiben und den schlitzohrigen Ägyptern nicht alles durchgehen zu lassen.

Bakschisch gehört einfach zum Alltag der Menschen in Ägypten dazu, daher gehen die Ägypter viel entspannter damit um und sehen es überhaupt nicht so negativ, wie wir es tun. Für sie ist es selbstverständlich, einem Beamten ein bisschen Geld in die Hand zu drücken, um seinen Verwaltungsvorgang zu beschleunigen. Für die Ägypter eher motivierendes Trinkgeld denn Bestechung – quasi der vorweggenommene Dank für die noch zu erbringende Gegenleistung. Offiziell wird das Entgegennehmen von Bakschisch bei Staatsdienern allerdings äußerst ungern gesehen. Polizisten nehmen in der Regel kein Bakschisch an, auch dann nicht, wenn sie einem mit ihrer Begleitung auf einsamen Wegen tatsächlich einen Gefallen getan haben. Einmal waren wir völlig verdutzt, als sogar ganz normale Grabwächter unser angebotenes Bakschisch – wenn auch zähneknirschend – ablehnten. Dass zufälligerweise genau an jenem Tag der für diesen Bezirk zuständige Inspektor hier eine Stippvisite machte, erfuhren wir erst anschließend.

Für viele Touristen ist und bleibt Bakschisch ein leidiges Thema, und schon alleine das Wort führt bei manchen zu stressbedingten Schweißausbrüchen. Soll ich ihm jetzt Bakschisch geben? Wie viel Bakschisch ist angemessen? Oh nein, der will jetzt auch noch Bakschisch haben, ja bin ich denn ein Geldesel? Jeder scheint irgendwie wegen irgendwas die Hand aufzuhalten.

Das Thema Bakschisch kann schon anstrengend sein. Aber damit muss jeder Ägyptenreisende leben, und wenn man seine Einstellung zu dem Thema ändert und die Sache einfach entspannter angeht, klappt das auch wunderbar. Wir sind zu Besuch bei einer anderen Kultur, bei der Bakschisch als »freundliche Gabe« nun mal tief verankert ist. Sehen wir es doch als Unterstützung für Menschen an, die kaum so viel verdienen, dass es zum Leben reicht. Und sehen wir großzügig über die ausgebufften Ideen mancher »Bakschisch-Jäger« hinweg. Andere Länder, andere Sitten! Diese Einstellung hilft enorm dabei, den wohlverdienten Urlaub viel entspannter zu erleben.

83. Grund

Weil man beim Feilschen über sich hinauswächst

Das Feilschen ist vielen von uns nicht in die Wiege gelegt worden. Bei uns sind alle Waren im Geschäft ausgepreist (wenn man in Ägypten ein Ladengeschäft mit ausgewiesenen Preisen betritt, ist Handeln übrigens auch hier tabu), und wenn man mal auf einem deutschen Flohmarkt sein Verhandlungsgeschick unter Beweis stellen möchte, knickt entweder der Händler oder der Käufer schon nach kürzester Zeit ein. In Ägypten ticken die Uhren anders. Die Ägypter lieben das Feilschen und sind entsprechend gut darin.

Kommen wir zu einer typischen Szene in einem Souk. Unbedarfter Tourist vs. ägyptischer Händler. Der Tourist spaziert nach einem anstrengenden Sightseeing-Tag durch den Souk auf der Suche nach dem ultimativen Mitbringsel, hält den Blick aber starr nach unten gerichtet, weil er sich nicht so recht traut, in eine Verhandlung einzusteigen. Ein Verkäufer nimmt ihm diese schwere Last von den Schultern und spricht ihn von der Seite aus an: »Where do you come from?! Ahh. Germany! Germany first!! (…) Where?« – »Near Düsseldorf« – »Ahhh, my brother lives in Dusseldorf«« – Zack, Vertrauen aufgebaut. Ganz Düsseldorf muss von Ägyptern bevölkert sein, so oft wie ich das schon gehört habe …

Weiter geht's. »Look, look!« Deine Augen schweifen automatisch einen kurzen Blick über die Ware. Du bleibst stehen, und der Händler interpretiert das Zeichen direkt richtig. Der hat Interesse! Er lockt dich in sein kleines Geschäft, das von oben bis unten vollgestopft ist mit Touristennippes. Du zeigst auf eine kleine Statue, die nicht ganz so hässlich wie die anderen ist, und fragst »How much?« – »Ahh, good price for my good friend.« Du wiederholst deine Frage, und es kommt eine völlig überzogene Summe zurück, gerne auch mal auf einem Taschenrechner eingetippt, als kenne der Händler solch große Summen nicht auf Englisch. Du hast keinen blassen Schimmer, wie teuer so ein Stück ist. In deinem Kopf rattert es wie verrückt, du willst weder einen beleidigend niedrigen Preis nennen, noch einen utopisch hohen. Der Händler nutzt die Pause, um weiter die »good quality« seiner Ware anzupreisen. Du presst irgendeine Summe, die dir gerade einfällt, heraus, woraufhin die Empörung des Händlers groß ist. Es wird gefeilscht, und die Stimmung des Händlers schwankt zwischen verärgert und mitleidig. Er beharrt darauf, für seinen »good friend« einen besonders guten Preis gemacht zu haben, und um eure neue freundschaftliche Beziehung zu festigen, wird dir gleich noch ein Tee angeboten. Du nimmst ihn natürlich höflich an. Der Händler nutzt die hinzugewonnene Zeit, bis der Tee fertig und die Kehle hinuntergelaufen ist, um dir noch weitere Stücke seiner Kollektion anzupreisen. Nach gefühlten zwei Stunden enden die zähen Verhandlungen, und du hast mehr vor dir auf dem Tisch liegen, als du eigentlich haben wolltest. Der Händler tut enttäuscht, weil du so gut gefeilscht und alles für einen besonders günstigen Preis gekauft hast. Stolz ziehst du von dannen – bezahlt hast du zu viel.

So oder so ähnlich spielt es sich auf jedem ägyptischen Souk ab. Aber es ist noch kein Meister vom ägyptischen Himmel gefallen, und beim Feilschen kann und muss man über sich hinauswachsen. Doch wie feilscht es sich nun am besten?

Der erste Fehler ist zu viel Begeisterung zeigen. Der Händler merkt sofort, wenn die Augen gierig auf die Auslage schielen oder man in stürmischer Begeisterung für das Objekt seiner Begierde brennt. Wer nicht allerhöchstens gemäßigtes Interesse heuchelt, hat schon (Geld) verloren.

Nennt der Händler einen ersten Preis, sollte man nicht zu lange mit dem Gegenpreis zögern oder gar schüchtern fragen, ob man noch was am Preis machen könne. Beim Feilschen heißt es Selbstbewusstsein zeigen.

Aber welchen Gegenpreis nennt man? Wenn man gezielt etwas haben will, sollte man sich vorher überlegt haben, wie viel man dafür ausgeben möchte. Und entsprechend niedrig den ersten Preis ansetzen. Bei den Verhandlungen sollte man sich weder von wütenden Reaktionen noch von mitleidigen Erzählungen irritieren lassen. Die Ägypter sind großartige Schauspieler. Das oberste Gebot für einen selbst ist es, seinen Wunschpreis immer fest im Blick zu behalten.

Sollte der Händler trotz längeren Feilschens am Ende trotzdem nicht auf deinen Wunschpreis eingehen, kommt Plan B zum Zuge: Höflich verabschieden und langsam von dannen gehen. Der Händler wird einem schnell hinterherlaufen und mit dem Preis weiter runtergehen. Tut er es nicht, war die eigene Vorstellung vielleicht doch zu niedrig.

Besonders Pfiffige stecken sich vor der Verhandlung passend abgezählte Pfundnoten des Wunschpreises (wir sind in Ägypten und feilschen natürlich mit der Landeswährung und nicht in Euro oder Dollar, außerdem kann man in Ägyptischen Pfund viel kleinere Schritte bei der Verhandlung machen) in die Tasche oder in die Geldbörse. Zückt man dann am Ende der Verhandlung als letzte Möglichkeit das Geld mit der Bemerkung, man hat leider nicht mehr, kann dies oft wahre Wunder wirken. Funktioniert übrigens auch prima bei Taxi- oder Kaleschenfahrten.

Bei einem Spontankauf hilft es, den gesunden Menschenverstand einzuschalten. Ein Hotelangestellter arbeitet für umgerechnet 100 Euro im Monat 12–14 Stunden am Tag ohne Wochenende durch, am Roten Meer bekommen die Angestellten nach acht Wochen Arbeit 14 Tage Urlaub. Dass ein maschinell gefertigter Schal dann keine 50 Euro kosten kann, liegt da auf der Hand.

Wenn man gar keine Ahnung hat, was denn ein guter Preis sein könnte, kann man als einfache Faustregel mit einem Zehntel des angebotenen Preises beginnen und sich dann in kleinen Schritten langsam herantasten. Letztendlich trifft man sich dann irgendwo in der Mitte. Auch dies ist normalerweise noch zu viel, und die Profis im Feilschen hätten sicher noch mehr runterhandeln können. Aber bei nicht so wertvollen Mitbringseln können sich Ungeübte oder Talentfreie (so wie ich) relativ entspannt im Feilschen versuchen.

Und wenn man hinterher erfahren sollte, dass man doch viel zu viel bezahlt hat, ist das alles halb so wild. Wir haben es immerhin mit den Meistern des Feilschens zu tun. Beim Tennis schlägt die Hobbyspielerin ja auch nicht die Weltranglistenerste.

84. *Grund*

Weil die Ägypter ihren ganz eigenen Humor haben

»Welcome to Alaska!« – Mein erstes Zusammentreffen mit dem ägyptischen Humor. Es war brütend heiß, und jeder Wächter rief es uns entgegen, als wir schwitzend und nach Luft ringend an unserem Ziel angelangt waren. Obwohl meine Reisebegleitung und ich den Spruch während unseres Aufenthalts mindestens zwei Dutzend Mal gehört hatten, konnten wir nicht anders, wenn wir dabei in die grinsenden Gesichter der Wächter blickten – wir mussten einfach mitlachen.

Die Ägypter lieben Humor und greifen gerne die unterschiedlichsten Wortwitze auf, die sie bei Touristen aufschnappen. Manchmal einfach nur, weil es lustig klingt, sie müssen das Wort gar nicht verstehen oder die genaue Bedeutung kennen. »Schlawiner« ist so ein Wort, das ich schon ein paar Mal in den Souks gehört habe. Vermutlich hat es irgendwann einmal ein Tourist zu einem Händler gesagt und dieser fand das Wort so witzig, dass er es von Stund an jedem deutschen Touristen entgegenwarf. Und wir lachen darüber, weil wir es zu diesem Zeitpunkt und an diesem Ort überhaupt nicht erwarten würden. Das Ziel, sich von den anderen Händlern abzugrenzen, hat der Händler damit erreicht. Wortspiele, die Kaufwillige in die Läden locken sollen, finden sich reichlich. Die Logos von Billig-Supermärkten aus Deutschland prangen an etlichen Geschäften in den Souks, und der Spruch »Nicht teuer – wie ALDI!« verfolgt deutsche Touristen unablässig. Humor ist hier die beste Waffe, um ins Gespräch zu kommen. Bei der Benennung ihrer Ladengeschäfte sind die Ägypter besonders kreativ und lieben Wortspiele. Wie wäre es mit einem gut duftenden Parfum im »Sexy Mexy perfume palace« oder mit einem Erinnerungs-T-Shirt aus dem »Ali Baba & 40 T-Shirts« in Hurghada oder vielleicht doch lieber ein Geschenk für die Lieben zu Hause von »Santa Claus« in Luxor? Namen, die nicht nur lustig sind, sondern definitiv in Erinnerung bleiben.

Wie sehr die Ägypter Humor lieben, zeigt das Beispiel Bassem Youssef, dem Oliver Welke des ägyptischen Fernsehens. Mit seiner Show *Al-Bernameg* (übersetzt »Die Show«), die wie die *heute show* Politisches aufs Korn nimmt, ist ihm nach der Revolution ein echter Straßenfeger gelungen. Mehr als 30 Millionen Menschen saßen zu Hause oder beim »Public Viewing« in den Cafés und lachten über seine politische Satire. Leider versteht die Regierung bei derartigem Humor keinen Spaß, und Bassem Youssef musste im Jahr 2014 aus dem Land fliehen. Heute lebt er im Exil in den USA.

Über Politisches sollte man als Ägypter/in also besser keine Witze machen, insbesondere nicht über den Präsidenten, und der Prophet ist natürlich auch gänzlich tabu. Aber ansonsten kennen die Ägypter keine Grenzen, besonders nicht in den beliebten Karikaturen, in denen sie ihre Gedanken, Ärger und Wut über das Regime oder die alltäglichen Probleme des Lebens auf witzige Art und Weise zum Ausdruck bringen. Sogar sexistische Anspielungen oder Witze über Geistliche werden in dem ansonsten so konservativen Ägypten karikiert, sowohl in Zeitungen als auch in den Social Media. Doch am liebsten zeichnen sie mit spitzer Feder ihren Alltag, ihre Arbeit und den Zusammenprall der verschiedenen Gesellschaftsschichten und nehmen sich und ihre Marotten auch gerne mal selbst auf die Schippe. Die Ägypter können wahre Meister trockener Situationskomik sein. »Sind diese Gucci-Taschen auch echt?«, fragt die unbedarfte Touristin den Händler. »Ja, echt gefälscht«, kommt es ohne mit der Wimper zu zucken zurück. Der Nachbar einer Freundin hatte einmal verzweifelt seinen Esel gesucht und überall angeklopft, ob jemand ihn gesehen habe. Schließlich traf er auf seinen Vater, und es entwickelte sich folgendes Gespräch: »Hast du meinen Esel gesehen?« Vater: »Den grauen?« Er: »Ja!« Vater: »Mit den langen, gefleckten Ohren?« Er: »Jaaa, ganz genau!!« Vater: »Und der weißen Nase?« Er: »Jaja, hast du ihn gesehen??« Vater: »Nein.« – Und dabei lachte der Vater noch nicht einmal, sondern blickte seinen Sohn todernst an. Der Esel fand sich dann glücklicherweise auch ohne die unverzichtbare Hilfe des Vaters wieder.

Die Ägypter erzählen sich natürlich auch untereinander typische Witze, wie wir sie erzählen. Dabei bekommen gerne mal die Oberägypter, die Saidis, ihr Fett weg. Sie sind die Ostfriesen Ägyptens, die in den Witzen oftmals als, nun ja, nicht gerade hellster Stern am Firmament dargestellt werden. Doch wären die Oberägypter keine Ägypter, wenn sie nicht auch selbst über die Witze lachen könnten, die über sie erzählt werden. Humor ist ja bekanntlich, wenn man trotzdem lacht.

85. Grund

Weil Fälschungen hier kein Problem sind – solange man sie selbst fälscht

Beim Schlendern durch den Souk sind sie nicht zu übersehen: Plagiate, wohin das Auge reicht. Vor allem Fußballtrikots werden gerne gefälscht, aber auch Schuhe, Uhren und Sonnenbrillen von verschiedensten Firmen. Manche recht gut, bei anderen sieht man die billige Verarbeitung schon von Weitem. Dass Plagiate eine Verletzung des Urheberrechts darstellen, und das bei weltweit geschützten Markenprodukten eben weltweit = ergo auch in Ägypten –, stört die Händler indes wenig. Dass sich die betreffenden Weltkonzerne, die hinter den gefälschten Brands stehen, daran stören, liegt auf der Hand, aber auf den ersten Blick hat man nicht das Gefühl, dass viel dagegen unternommen werden würde. Die Polizei vor Ort interessiert sich herzlich wenig dafür. Andernfalls müssten sie wahrscheinlich jeden zweiten Laden schließen. Der Regierung werden diese Plagiate jedoch langsam zu bunt. Sie plant eine Gesetzesinitiative, um den ägyptischen Herstellern dieser Fälschungen den Garaus zu machen. Wir werden sehen, ob die Zeit der Plagiate in Ägypten bald der Vergangenheit angehört. Bis jetzt ist es noch unvorstellbar, dass die Souks ohne die Fälschungen mit den fantasievollen Namen daherkommen. Denn damit die Fälschungen nicht zu offensichtlich, aber dennoch sichtbar eine große Marke zum Vorbild haben, sind die Ägypter bei der Namensgebung besonders kreativ. In der Auslage liegen zum Verwechseln ähnliche Schuhe mit dem typischen springenden Puma, doch das Wort PAMU prangt in großen Lettern auf den Schuhen. Oder andere seltsame Wortkompositionen wie »Kucki« in den Labeln der Taschen. Der Fantasie sind kein Grenzen gesetzt. Die Hersteller selbst finden das vermutlich weniger witzig, auch wenn bezweifelt werden darf, dass sich ein Fan von den Schuhen mit drei Streifen dieselben nur mit zwei Streifen und dem Schriftzug »Dadidas« auf den Sohlen kaufen würde. Oder dürfen es vielleicht ein Paar Schlappen mit vier Streifen und dem Namen »Abibos« sein?

Wie beispielsweise in der Türkei auch, sind diese Plagiate bei Touristen sehr beliebt. Nicht einmal der Zoll macht dem geneigten Schnäppchenjäger da einen Strich durch die Rechnung – für den Eigenbedarf darf man tatsächlich gefälschte Waren im Wert von bis zu 430 Euro nach Deutschland einführen.

Wer einen Blick in die Supermärkte Ägyptens wirft, wird bei krea-
tiven Namensfälschungen ebenfalls fündig werden. In den Regalen
liegen Borio-Plätzchen mit der süßen Milchcreme, eingequetscht
zwischen schwarzen Gebäckteilen. Packung und Aussehen waren
dem Original so ähnlich, dass die Kraft-Gruppe, zu der auch die
Oreo-Kekse gehören, die ägyptische Family Nutrition im Jahr 2003
aufgekauft hat. Der Name ist geblieben. Nur wenige Schritte weiter
sieht man so offensichtliche Namen wie Newtella, dem Original auch
von dem Geschmack und der Konsistenz her zum Verwechseln ähnlich. Have a break, have a KatKot?, fragt es nur wenige Meter weiter
im Ladenregal. Alle natürlich in Verpackungen gesteckt, die von der
Schriftart bis zu der Farbe und Anordnung der einzelnen Elemente
auf der Verpackung dem Original so ähnlich sehen, dass der Fehler
im Detail erst bei genauem Hinsehen auffällt.

Wenn es allerdings um Fälschungen eigener Vorzeigeprojekte
geht, verstehen die Ägypter gar keinen Spaß. Als im Jahr 2007 eine
ägyptische Zeitung darüber berichtete, dass jährlich mehr Touristen in das pyramidenförmige Hotel in Las Vegas einchecken, als
Besucher nach Luxor kommen, war die Empörung riesig. Es war
sogar ein Gesetz für ein Copyright auf die Altertümer Ägyptens
im Gespräch. Die entsprechenden Lizenz-Gebühren sollten in den
Erhalt der antiken Stätten fließen – das Gesetz wurde jedoch nie
verabschiedet.

Im Jahr 2014 folgte dann die nächste Entrüstung über ein altägyptisches Plagiat, dieses Mal »Made in China«. Ägypten beschwerte sich bei der UNESCO über eine Kopie der Sphinx, die
zum Amüsement der Massen in einem chinesischen Freizeitpark
in Originalgröße nachgebaut worden war. Zwei Jahre später gaben
die Chinesen dem Druck nach und bauten sie tatsächlich wieder ab.

Im Jahr 2018 hofften die Chinesen, nun wäre Gras über die Sache
gewachsen, und bauten ihren Besuchermagneten klammheimlich
wieder auf. Natürlich bekamen die Ägypter wieder Wind davon,
und da China angeblich erneut Ägyptens intellektuelles Eigentum

verletzte, wurde zum wiederholten Male mit der Einreichung einer Beschwerde bei der UNESCO gedroht.

Fälschungen findet man in Ägypten überall, und sie sind, zumindest was die Namen betrifft, besonders fantasiereich. Nah am Original, aber doch ein bisschen anders – »same same but different«, sagt man in Thailand dazu. Und das ist für die meisten Ägypter völlig in Ordnung – jedenfalls solange man es selber macht. Aber Replikate der eigenen Kultur im Ausland? Nein, das dann doch nicht!

86. Grund

Weil Staatsbesuche voller Harmonie sind – wenn das Militärorchester nicht spielt

Der Präsident Abdel Fatah al-Sisi führt ein strenges Regiment. Als die protestierenden Massen 2013 die Absetzung von Präsident Mohamed Mursi verlangten, sah der Oberbefehlshaber der ägyptischen Armee seine große Chance. Er vertrieb Mursi und seine Muslimbrüder aus der Regierung und ging mit harter Hand gegen alle Demonstranten und Anhänger der Muslimbruderschaft vor. Sein Putsch kostete Tausende von Menschen das Leben. Als Übergangsregierung setzte er zuerst den Vorsitzenden des Obersten Verfassungsgerichtes, Adli Mansur, ein, aber wer im Hintergrund die Fäden zog, war allen klar. So kam das Wahlergebnis von 97 Prozent der Stimmen (bei 46 Prozent Wahlbeteiligung) für niemanden überraschend. Die Gegner, die ihm Wahlbetrug unterstellten, verstummten bald. Am 8. Juni 2014 wurde al-Sisi als Präsident vereidigt.

Die autokratische Führung, die seit der Absetzung des alten Präsidenten Hosni Mubarak beim Arabischen Frühling ausgerottet schien, wird nun wieder fortgeführt. Al-Sisi geht nicht nur gegen die Terroristen mit harter Hand vor, sondern auch gegen Kritiker im eigenen Land. Meinungsfreiheit und Demonstrationsrecht sind stark eingeschränkt. Gesetze und Erlasse, die die Rechte der ägyptischen Bevölkerung massiv einschränken, wurden erlassen. Massenhafte Todesurteile wurden vollstreckt, und Hunderte von regimekritischen Gegnern, politischen Oppositionellen und Menschenrechtsaktivisten sitzen zurzeit in den Gefängnissen Ägyptens, wo sie Folter und brutaler Polizeigewalt ausgesetzt sind.

Die Regierung al-Sisis steht vor allem in der EU unter großer Kritik. Doch al-Sisi lässt sich nicht beirren und schaltet bei jedweder Kritik auf Durchzug. Im Februar 2019 kam es beim ersten Spitzentreffen zwischen EU und Arabischer Liga in Sharm el-Sheikh zum Eklat. Der Generalsekretär der Arabischen Liga Ahmed Abul Ghait versicherte auf die Frage hin, ob es Kritik der EU an der Menschenrechtslage gegeben habe, dass »nicht einer der Anwesenden« darüber gesprochen habe. Daraufhin musste sich der EU-Kommissionspräsident Jean-Claude Juncker hart sein Wort erkämpfen und betonen, dass sehr wohl dieses Thema mehrfach angesprochen worden sei. Ägypten und der Rest der arabischen Welt reagierten entsprechend verschnupft. Kritik und Einmischung von außen wird nicht gerne gesehen.

Doch auch die EU verschließt im Angesicht der derzeitigen Weltlage gerne die Augen. Ägypten gilt als »Stabilitätsanker des Nahen Ostens«, wie der Deutsche Bundestag Ägypten offiziell auf seiner Internetseite bezeichnet. Die Bekämpfung von Terrorismus, illegaler Migration, intensive Wirtschafts- und Handelsbeziehungen, Kooperationen in Kultur, Bildung und Wissenschaft – all das macht Ägypten für Deutschland und die EU zu einem wertvollen Verbündeten. Kuschelkurs gegen das autokratische Regime ist angesagt. Es werden Kooperationen geschlossen und sanfte Töne angeschlagen.

So viel Harmonie in musikalischer Hinsicht könnte sich al-Sisis Armeeorchester ruhig mal zum Vorbild nehmen. Die Nationalhymnen ausländischer Gäste sind berühmt und berüchtigt. Sie werden mit scheppernder Blasmusik vorgetragen und mit so vielen schiefen Tönen, wie ein zusammengewürfeltes Schulorchester bei

der ersten Probe kaum ertönen lassen würde. Wie man da als Staats-
chef die Contenance bewahren soll, kann einem vermutlich auch der
diplomatische Dienst nicht ausreichend vermitteln. Al-Sisis Miene
bleibt bei solchen Auftritten »seiner« Soldaten dagegen unbewegt.
Vielleicht nimmt er es mit einem gedachten *Malesch* hin, weil es
einfach die ägyptische Lebensart widerspiegelt: Es muss nicht perfekt
sein, es muss nicht den Regeln entsprechen, aber mit Inbrunst vorgetragen ist es allemal.

Im März 2018 wurde al-Sisi erneut im Amt bestätigt. 2019 hat das
ägyptische Parlament eine Verfassung durchgewunken, die die Amtszeit des Präsidenten bis 2030 verlängert. Bei einem Referendum hat die
Mehrheit von 88,83 Prozent der Wähler den Verfassungsänderungen
zugestimmt. Al-Sisi hat die Amtszeit des Präsidenten von vier auf
sechs Jahre verlängern lassen, und trotz der maximal erlaubten zwei
Amtszeiten darf al-Sisi auch im Jahr 2024 erneut antreten.

Nach Jahren der Umbrüche und Unsicherheit steht al-Sisi für
Stabilität. Die harte Hand des Präsidenten macht ihn vor allem
beim einfachen Volk populär. Ruhe im Land und Touristen in den
Hotels sind den meisten Ägyptern wichtiger als Demokratie. Der
neue »Pharao Ägyptens« wird seinem Land und dem Rest der Welt
daher noch lange erhalten bleiben. Und die scheppernden Nationalhymnen seiner Armeemusiker bleiben Hits auf YouTube.

87. Grund

Weil IBM das Lebensmotto der Ägypter ist

Wenn Ihnen jetzt als Allererstes eine Computerfirma einfällt, dann
geht es Ihnen genauso wie mir, als mir ein Ägypter lachend den »Egyptian Way of Life« mit dieser Abkürzung beschrieb. Doch IBM steht für
etwas ganz anderes. Inschallah – »so Allah will«, Bokra – »morgen«
und Malesch – was man mit »So ist das halt« übersetzen könnte.

Mit diesen drei Wörtern haben Sie schon einmal den Grundwortschatz der Ägypter intus. Das bekannteste der drei Worte, auch hierzulande, ist *Inschallah*. Es ist der wohl am häufigsten verwendete Ausdruck in Ägypten, der grundsätzlich immer in Verbindung mit zukünftigen Ereignissen eingesetzt wird. »Treffen wir uns morgen?« – »Ja, *inschallah*.« Manchmal ist die Zukunft gar nicht weit: »Denken Sie auch an mein Getränk ohne Eiswürfel?« – »Ja, *inschallah*.« Es könnte ja sein, dass etwas Unvorhergesehenes dazwischenkommt. Man könnte plötzlich doch verhindert sein oder einfach gedankenverloren die Eiswürfel trotzdem in das Getränk schütten.

So manch einer interpretiert aus dem *Inschallah* ein »Jaja, vielleicht«, wie ich aus Gesprächen immer wieder mitbekommen habe. Doch als respektloses Hinhalten darf man das Wort nicht sehen. Man will einfach keine feste Aussage für die Zukunft tätigen, denn nur Gott weiß, was passieren wird. Der Wille des Menschen ist dem Willen Gottes untergeordnet. So steht es in einer Sure des Koran: »Und sprich nie von einer Sache: ›Ich werde es morgen tun‹ (18:23), es sei denn (du fügst hinzu): ›So Allah will.‹ (18:24).«

Die heutige Bedeutung von *Inschallah* ist aber viel umfassender als die ursprüngliche. Heute überlässt man gerne die großen und kleinen Dinge dem Schicksal, und das drückt man mit einem angehängten *Inschallah* aus. »Sind hier auch wirklich zehn Orangen in der Tüte?« Und anstatt nachzuzählen heißt es nur »Ja. *Inschallah*«, womit sich der Käufer ebenfalls zufrieden gibt. Wenn weniger Orangen drin sind, ist es nicht der Fehler des Verkäufers, sondern es ist Gottes Wille. Allah entscheidet auch, ob Kranke – *Inschallah* – wieder genesen werden oder das schrottreife Auto es noch bis zum Zielort schafft – *Inschallah* – es wird schon gut gehen. Wird der Erkrankte wieder gesund oder kommt das Auto tatsächlich noch mit einem letzten Schnaufen und Röcheln am Bestimmungsort an, dann ist die Freude groß. *Alhamdulillah* – ich danke Allah dafür.

Ein kleines Stoßgebet könnte ebenfalls hilfreich sein, wenn man sich mit einem Ägypter verabredet hat. Dieser kommt nämlich grundsätzlich zu spät. Ausnahmen könnten Treffen mit Touristen sein, denn da wissen die Ägypter, dass diese bei nicht eingehaltener Pünktlichkeit recht ungehalten werden können. Doch Ausnahmen bestätigen bekanntlich die Regel, und in Ägypten gehört es einfach zum guten Ton, nicht um Punkt genau auf der Matte zu stehen. Ein bis zwei Stunden sind keine Seltenheit. Handwerker & Co lassen einen auch mal gut und gerne einen ganzen Tag sitzen. Große Erklärungen und Entschuldigungen folgen meistens nicht, und – Ausländer ausgenommen – es regt sich auch keiner groß über Verspätungen auf. *Malesch,* so ist das halt. Ein weiteres beliebtes Wort in allen Lebenslagen. Bleibt das Auto liegen – *Malesch.* Zählt man zu Hause dann neun statt zehn Orangen – *Malesch.* Natürlich gibt es auch Ägypter, die wie ein typisches HB-Männchen in die Luft gehen können. Aber grundsätzlich gehen die Ägypter viel lockerer mit solchen Situationen um und damit auch entspannter durch ihr Leben. Da wird selbst an einer stark befahrenen Straße mal eben ein Nickerchen gehalten oder der Laden einfach mal für ein paar Stunden geschlossen. Stehen die Kunden vor geschlossener Tür, trollen sie sich achselzuckend ihres Weges. *Malesch,* dann halt *bokra* – morgen. Es muss nicht immer alles hier und jetzt passieren und »schnell, schnell« schon mal gar nicht. Denn morgen ist auch noch ein Tag. Die Ägypter sind wahre Meister darin, Aufgaben über alle Maßen in die Länge zu ziehen. Alles dauert viel länger in Ägypten, und man braucht, getreu dem arabischen Sprichwort: »Mit Geduld bekommst du auch aus unreinen Trauben Sirup«, jede Menge davon – also Geduld, nicht Sirup!

Wer einmal ein Häusle in Ägypten gebaut hat, der kann ein Liedchen davon singen. Nach jedem Arbeitsschritt wird erst mal ein Päuschen eingelegt, eine Zigarette geraucht oder ein Teechen getrunken, oder wir kommen dann halt *bokra* wieder. Hat der Handwerker mal irgendein Ersatzteil oder Werkzeug nicht dabei, dann wird nicht einfach noch mal schnell zur Werkstatt gefahren und es geholt, sondern alles passiert *bokra* – *inschallah.* Kommt er dann am nächsten Tag zum vereinbarten Zeitpunkt doch nicht, dann *Malesch*. Sie sehen also, mit diesen drei Wörtern kommen Sie schon ziemlich weit in Ägypten.

Als pünktlicher und ordentlicher Deutscher braucht man in Ägypten manchmal Nerven wie Drahtseile, weil man ja eigentlich anderes gewohnt ist. Aber wenn bei mir mal wieder einer dieser Tage ist, an denen einfach nichts klappen will, wenn ich mich über Belangloses oder nicht Änderbares so richtig aufrege und dazu noch bis tief in die Nacht an einer Aufgabe sitze, dann erwische ich mich oft bei dem Gedanken: Etwas mehr ägyptisches IBM könnte mir definitiv nicht schaden. Und Ihnen?

88. Grund

Weil Baurichtlinien hier überbewertet werden

Was haben die alten Ägypter nicht alles errichtet – mit den Pyramiden das älteste noch bestehende Weltwunder, in Karnak eine Tempelanlage, die doppelt so groß ist wie der Vatikan, und eine Wüstenstadt wie Amarna, die innerhalb von nur drei Jahren erbaut wurde und dennoch Platz bot für mehr als 20.000 Menschen. Ägypten war das Land der großen Architekten und imposanten Bauten. Und heute? Heute baut man nach dem Motto »Masse statt Klasse« windschiefe Häuser, die dem Turm von Pisa Konkurrenz machen, schräge Fenster, unebene Böden oder eine Treppe ins Nichts. Es werden nach Belieben Rohre verlegt, und die Verkabelungen gleichen den Tumbleweeds, die in den Western-Filmen im Hintergrund umherfliegen. Glühbirnen baumeln an dem sprichwörtlichen seidenen Faden von der Decke. Deckenlampen sieht man selten, denn die Ägypter denken diesbezüglich eher praktisch als wohnlich. Wie bei der Verlegung von Steckdosen: So eine Steckdose in der Dusche kann ja mal praktisch sein, wenn man gegen Ende des Duschens schon mal mit dem Föhnen der Haare beginnen möchte. Lebensgefährlich? Nicht in Ägypten. Da fragt man sich höchstens: Was war zuerst da, die Henne oder das Ei? Die Steckdose oder die Dusche? Und die Antwort ist egal.

Sicherheit wird beim Bauen heutzutage in Ägypten jedenfalls nicht großgeschrieben, meist nicht mal klein, und ganz oft wird sie völlig ignoriert. Tödliche Stromschläge durch eine fehlerhafte Verkabelung sind in Ägypten keine Seltenheit. Der Ehemann einer Freundin ist Elektriker, und leichte Stromschläge gehören für ihn zum Arbeitsalltag. Bauarbeiter leben mindestens genauso gefährlich wie Elektriker. Gerüstbauer turnen ungesichert und mit Schläppchen an den Füßen in 30 Metern Höhe auf wild zusammengewürfelten Klappergerüsten herum.

Die Bauvorschriften werden in Ägypten sehr großzügig ausgelegt. Hier noch eine Etage dazu, da noch ein weiterer Anbau oder gar einfach mal ein Haus, obwohl die entsprechende Baugenehmigung fehlt. Insbesondere den Menschen, die unterhalb der Armutsgrenze leben – und das ist in Ägypten etwa ein Viertel der Gesamtbevölkerung –, fehlt bezahlbarer Wohnraum in den Großstädten. Klar, der fehlt in Deutschland auch, aber in Ägypten hat das ganz andere Auswirkungen. In den sogenannten informellen Siedlungen sprießen illegale Häuser wie Pilze aus dem Boden. Ihnen folgen die Gewerbestätten, denn die dort lebenden Menschen bauen ihre Arbeitsplätze einfach mit. Sie können dann direkt dort arbeiten, wo sie leben, und brauchen kein teures Auto oder müssen nicht mit öffentlichen Verkehrsmitteln fahren. Wohn- und Arbeitsstätten in diesen informellen Siedlungen sind oft stümperhaft von Laien erbaut und höchst einsturzgefährdet. Was noch bis vor wenigen Jahren einfach geduldet wurde, wird in letzter Zeit nun vermehrt wieder beseitigt. Immer mehr Häuser ohne Baugenehmigung fallen dem Bulldozer zum Opfer, Menschen werden obdachlos, und Geschäftsleute verlieren ihre Einnahmequellen. Trotzdem wird illegal weitergebaut. Wo sollen die Menschen auch hin? Ein Dach über dem Kopf ist wichtiger als jede Bauvorschrift.

Ironischerweise stehen etliche Häuser in Ägypten leer. Um Kairo herum gibt es Trabantenstädte, die jedoch alle wegen Misswirtschaft der Regierung leer stehen. Staatliches Land wurde an private Investoren verkauft, ohne die Auflage, dort Sozialwohnungen zu bauen. Oder die Wohnblöcke wurden weder an Infrastruktur noch an die Versorgung mit Strom und Wasser angeschlossen. Der Staat selbst errichtet lieber die lukrativeren Wohnungen für den Mittelstand als für den armen Teil der Bevölkerung. Über eine Million Wohnungen stehen schätzungsweise leer, während der große Teil der Bevölkerung seinen Wohnraum auf den Dächern von Kairo oder in den informellen Siedlungen errichtet.

Während in Großstädten wegen Platzmangels eher in die Höhe gebaut wird, prägen in ländlichen Gegenden unfertige Häuser das Landschaftsbild. Unverkennbar an den aus den Eckpfeilern nach oben herausragenden Stahlstangen zu erkennen. Entweder ist den Besitzern einfach das Geld ausgegangen, oder die nächste Etage wartet nur darauf, bis die Kinder flügge werden und ihre eigene Familie und den eigenen Hausstand gründen wollen. Da diese sich vermutlich kein eigenes Haus leisten können, baut man einfach auf das Elternhaus eine weitere Etage drauf. Generationen von Familien leben so auf mehreren Etagen unter einem Dach. Die unfertigen Bauten haben auch noch ganz andere praktische Gründe. Solange ein Haus noch nicht fertig ist, müssen noch keine Steuern an den Staat abgeführt werden. Und die Familienplanung ist in Ägypten eigentlich nie »fertig« …

Auch wenn die Bauvorschriften oft nicht eingehalten werden, sei es aus Verzweiflung, Misswirtschaft oder Profitgier, prägt dieser Wildwuchs deutlich das Bild der Städte in Ägypten. Ein Gewusel aus Häusern unterschiedlichster Bauweisen, die sich in engen Gassen dicht an dicht aneinanderdrängen. Unfertige Häuser, Hochhäuser, Langhäuser oder Häuser, die nur auf kleinster Fläche erbaut werden konnten. Keine Straße gleicht der anderen. Auch das ist Ägypten.

Weil Einfach einfach nicht ägyptisch ist

Na, auch genervt vom Behördenwahnsinn in Deutschland? Mussten Sie bei Ihrem letzten Versuch, ein Auto an- oder abzumelden, auch erst von A nach B rennen, um dann festzustellen, dass die Behörde gerade eben geschlossen hatte? Haben Sie auch schon Monate gewartet, bis die Baugenehmigung für Ihr auf einem Betonboden geplantes Gartenhäuschen endlich in Ihrem Briefkasten lag? Deutschland ist berühmt-berüchtigt für seine Bürokratie, die im Ausland oft charmant als »deutsche Gründlichkeit« bezeichnet wird. Nun, wie charmant man das als Bundesbürger wirklich findet, muss jeder selbst entscheiden. Doch all das ist gar nichts im Vergleich zu dem, was einen bei ägyptischen Behörden so erwartet. Dort muss jeder Bittsteller das Maximale aus sich herausholen: jede Menge Geduld, ein sanftes Gemüt und vor allem Nerven wie Drahtseile.

Das fängt für Touristen schon bei der Landung im Flughafen an. Haben Sie noch kein E-Visum zu Hause beantragt, reiht man sich geduldig in die Schlange des Reiseveranstalters oder des Bankschalters ein. Danach geht es gleich in der nächsten Reihe mit einem Schalterbeamten weiter, der Ihnen Ihren Stempel für Ihr Visum gibt. Bumm! Der Urlaub kann endlich beginnen! Denkste! Will man endlich in die Ankunftshalle und in seinen wohlverdienten Urlaub stürmen, hält ein weiterer Beamter dich in deinem Enthusiasmus zurück. Passkontrolle, ob der Visumsstempel auch drin ist, den der letzte Beamte nur fünf Meter vor der Nase des anderen erst vor zwei Minuten reingedrückt hatte. Jetzt aber Urlaub! Nein, leider noch nicht! Wer Pech hat, wird vom nächsten Beamten kurz vor dem Ausgang noch einmal angehalten, seinen Koffer zu öffnen. Ein kurzer überfliegender Blick sagt dem Beamten alles über etwaige illegale Einfuhren, wie Drogen, Sprengstoff oder Waffen, die vom Scanner im Einreiseland übersehen hätten werden können, aber seinem geschulten Auge niemals entgehen würden. Aber jetzt! Jetzt kann der Urlaub tatsächlich beginnen!

Behördenwahnsinn gibt es nicht nur in Kairos riesigem Verwaltungszentrum Mogamma, von dem ich gleich noch extra berichten werde, sondern auch in jeder anderen kleineren Behörde wiehert der ägyptische Amtsesel. Man wird von A nach B geschickt, die eine Hand weiß nicht, was die andere tut, und man ist tagelang damit beschäftigt, benötigte Dokumente zusammenzusuchen. Nur mühsam bekommt man alle Informationen, die man braucht. Die Beamten arbeiten nach dem Motto: Wer nicht fragt, bekommt keine Antwort. Wer fragt, bekommt vielleicht die richtige Antwort – oder wird an die nächste Stelle weitergeleitet. Vielleicht weil der Gefragte es wirklich nicht weiß, oder vielleicht weiß er es doch – aber die Sache gehört nicht in seinen Zuständigkeitsbereich. Eigentlich kann man ja froh sein, wenn sich überhaupt jemand um einen kümmert. Es gibt auch Fälle wie bei einem Bekannten, der von Luxor mehrere Hundert Kilometer nach Mittelägypten fahren musste, um sich vom Militärdienst befreien zu lassen. Den ganzen Tag musste er in der zuständigen Behörde warten, und die einzige Information, die er erhielt, war die am Ende des Tages, dass er morgen wiederkommen soll. Mehrere Tage ließ man ihn jeden Tag dort sitzen und vertrösten. Hier wäre jeder vermutlich Sturm gelaufen, wenn er sich für einen Behördengang gleich mehrere Tage hätte frei nehmen müssen. Aber hier – *Malesch*!, so ist das halt, und die Beamten sitzen sowieso immer am längeren Hebel.

Meine in Luxor wohnende Freundin klagt mir öfters ihr Leid über den Bürokratiewahnsinn in Ägypten. Um an Papiere zu kommen, ist man gut und gerne mal den ganzen Tag unterwegs. Das ist besonders umständlich, wenn man wie sie in Luxor lebt. Dann muss man schon mal mehrmals über den Nil schippern, um alles bei den am West- und Ostufer gelegenen Behörden einzusammeln. Der Aufwand mit all den langen Wegen und unendlich langen Wartezeiten vor den Schaltern auch mal gerne für nur einen einzigen Stempel.

Die Ägypter lieben ihre Stempel! Jedes Dokument bekommt seinen bürokratischen Touch durch einen Stempel, und ohne diesen geht sowieso nichts. Der Stempel ist der heilige Gral in Ägyptens Behörden. Für meine Freundin endete die Beantragung ihres sechsmonatigen Visums in einem nervenaufreibenden Ramasuri. Wo anfangs immer Passbilder und Einreisevisum reichten, wollte die Behörde nach einer Gesetzesänderung nun einen registrierten Mietvertrag und die Stromrechnung haben. Da der Strom mit in den Nebenkosten verrechnet wurde und Mietverträge in Ägypten eher Ausnahme denn die Regel sind, ließ sie sich vor Gericht einen Mietvertrag mitgeben und vom Vermieter ausfüllen und unterschreiben. Wieder zurück zur Visumsbehörde, verlangte der zuständige Beamte aber noch einen Stempel vom Gericht zur Beglaubigung. Also wieder zurück zum Gericht, wo sie nach langen Wartezeiten von einem ahnungslosen Beamten zum nächsten geschickt wurde, bis sie schließlich doch noch die richtige Auskunft bekam: Der Mietvertrag muss von einem Rechtsanwalt erstellt – und natürlich abgestempelt – werden. Anschließend dürfte sie noch mal vor dem Gericht erscheinen, aber nur in Begleitung eines Dolmetschers, der vor den Augen des Beamten den ägyptischen Mietvertrag im Wortlaut ins Deutsche übersetzen sollte. Umständlicher geht's nimmer.

So kreativ die Ägypter sein können, ihre Alltagsprobleme mit einer ganz simplen Idee oder etwas Bindfaden und Klebeband zu lösen, auf den Amtsstuben gilt das Gegenteil: dass nämlich der einfache Weg einfach nicht der ägyptische Weg ist.

Weil der Passierschein A 38 in den Fluren
des Mogamma zu finden ist

Es gibt diese berühmte Geschichte in dem Asterix-Film *Asterix er-obert Rom*. Zwölf Aufgaben stellt Julius Casaer den Galliern, um die Gerüchte über deren Göttlichkeit zu widerlegen. Eine davon ist »eine Formalität verwaltungstechnischer Art«. Asterix und Obelix müssen den Passierschein »A 38« in dem vielsagenden Amt namens »Das Haus, das Verrückte macht« besorgen. Angeblich am Schalter 1 zu bekommen, endet die vermeintlich leichte Aufgabe in einer Nerven-schlacht und einer zeitraubenden Odyssee durch das mehrstöckige Gebäude. Nur mithilfe eines Tricks gelangen Asterix und Obelix schließlich an den Passierschein A 38.

Genauso eine nervenaufreibende Odyssee erwartet Sie im be-rüchtigten Mogamma in Kairo. Das Gebäude für Verwaltungs-angelegenheiten aller Art ist mit 14 Stockwerken und 18.000 be-schäftigten Staatsdienern das größte Amt in Ägypten. Ja, Sie haben tatsächlich richtig gelesen, und es ist auch kein Druckfehler: Eine ganze Kleinstadt arbeitet in diesem »Haus, das Verrückte macht« Ägyptens. Nicht nur Einheimische erkämpfen sich hier ihre Stempel und Genehmigungen, auch Ausländer hatten hier noch bis Mitte 2019 das »Vergnügen«, ihr Visum für einen längeren Aufenthalt zu verlängern. Sie alle müssen an diesen Ort, das Mogamma, direkt am Tahrirplatz, wo die Flure dunkel und voller Schrecken sind.

Stellen Sie sich vor, Sie stehen in einer riesigen Menschenmenge, z. B. bei einem Konzert Ihres Lieblingsstars. Und jetzt multiplizieren Sie diese Massen noch mal mit vier, und schon haben Sie einen ersten Eindruck, was vor den Schaltern des Mogamma los ist. An so einem Schalter, voll mit drängelnden, schwitzenden Menschen – oder gerne auch irgendwo willkürlich in den Fluren abgelegt –, be-kommt man seine Anträge. Sind alle vergriffen, findet sich unter den 18.000 Mitarbeitern niemand, der mal eben ein paar Kopien machen kann. »Bokra« – morgen ist auch noch ein Tag! Hat man noch eins von den begehrten Antragsformularen ergattert, nimmt der nächste Schalter ihn entgegen, bei einem weiteren Schalter holt man sein Visum, oder was man sonst im Mogamma beantragt hat, wieder ab. Manchmal nach ein paar Stunden, manchmal erst am nächsten Tag. Man bekommt nicht immer Auskunft. Es ist ein bisschen wie in der freien Wildbahn: Man lernt durch das Beobachten anderer. Wie ein Löwenbaby, das seine Mama dabei beobachtet, wie sie eine Antilope jagt und erlegt. Nur dass du im Mogamma die Antilope bist.

Stundenlang steht man an, dann schließt der Schalter – egal ob noch 50 Menschen in der Schlange warten. Der Beamte braucht eine Pause oder hat vielleicht etwas Besseres vor, als eine Traube entnervter Menschen zu bedienen. Am Nebenschalter drängeln und schwitzen die Menschen nun noch mehr. Panik macht sich breit. Der noch arbeitende Beamte könnte vielleicht mit seinem bereits Feierabend machenden Kollegen verabredet sein. Dann hätte man stundenlang umsonst gewartet! Was allerdings auch ohne plötzlich schließende Schalter ein häufiges Szenario im Mogamma ist.

Der erste Versuch klappt übrigens selten; die ägyptischen Beamten sind so flexibel wie eine Bahnschranke. Steht man an falscher Stelle an oder hat das gewünschte Formular nicht dabei, heißt es »Game over«. Haben Sie dies dabei? Haben Sie jenes dabei? Und haben Sie auch die Stempelmarken für Ihr Visum dabei? Mist! Ab zum nächsten Schalter. Ein bisschen wie bei Monopoly: »Gehe drei Felder zurück! Gehe nicht über Los«! Man irrt durch die Gänge, auf der Suche nach Schildern und Hinweisen. Keiner weiß etwas, und manche tun nur so, als ob sie etwas wüssten (was man in dem Monstrumkomplex niemandem verübeln kann). Die Health App deines Handys sprengt die empfohlene 10.000er-Schrittmarke. Da! Ein Lichtstreif am Horizont und davor wieder fünf Fußballmannschaften Wartender. Eingedrückt wie ein Sandwich steht man in den drängelnden, schwitzenden Massen. Nicht nur die Hitze und die vielen Menschen lassen einen transpirieren, es ist die pure Panik. Wohin muss ich? Bin ich hier richtig? Habe ich dieses Mal alles dabei? Die Stempelmarken hat man jetzt zumindest dabei! Die Dame hinter dem ersten Schalter nimmt erneut alles entgegen. Erleichterung macht sich breit. Aber halt! Da ist etwas falsch ausgefüllt! Moment, das kann ich doch eben schnell hier korr…« Yallah! Der Nächste!« Kein Erbarmen. Der Hintermann hat dich schon zur Seite geschubst.

Korrigieren, wieder anstehen, warten, Stoßgebete gen Himmel schicken, dass dieses Mal alles vollständig und richtig ausgefüllt ist.

Am Ende fühlt man sich wie nach einem gewonnenen Boxkampf. Du hast ein paar Cuts, aber viel Schweiß, Kampf und etwas Glück haben dich am Ende zu deinem Ziel gebracht. Dein »Passierschein A 38« liegt wie eine Trophäe in deinen Händen. Mogamma kann auch glücklich machen!

91. Grund

Weil sich die Kreativität der Ägypter auch in Handtüchern ausdrückt

Die Ägypter sind ein kreatives Völkchen. Es sind die offensichtlichen Dinge, wie ihre bunt bemalten Häuser, die kunstvollen Graffiti oder die spitzfindigen Karikaturen, die nicht nur von gestalterischem Können zeugen, sondern auch von ihrer scharfen Beobachtungsgabe, Ereignisse und Menschen gekonnt in Motive zu fassen. Ebenso sind es Dinge des Alltags, in denen sie ihr künstlerisches und schöpferisches Können unter Beweis stellen.

Die einfache Bevölkerung ist Meister im Lösen von Alltagsproblemen. In vielen Dingen beweisen sie unglaubliches Talent, mit Kreativität ihr beschwerliches Leben ein bisschen leichter zu machen. Sie sind einfallsreich in der Auslegung von Vorschriften oder

Verkehrsschildern, haben einen eigenen Autohupen-Morsecode und fahren mit manchmal schreiend komischen Innenausstattungen ihre Taxis und Autos. Einige Häuser sind aufgrund Platzmangels genauso sonderbar gebaut, wie ihre Geschäfte die ausgefallensten Namen haben. Sie sind äußerst erfinderisch, wenn es darum geht, ihre Ware an den Mann zu bringen oder ein besonders dickes Bakschisch einzuheimsen.

Es sind Dinge, bei denen wir Deutschen entweder den Kopf schütteln, schmunzeln oder sogar lachen, weil die Lösung so ausgefallen ist, dass wir nicht einmal in Traum darauf gekommen wären. Es gab sogar eine eigene Facebookgruppe, die uns mit »Could only happen in Egypt« jahrelang mit Bildern über recht eigenwillige Kreationen der Ägypter versorgt hat. Leider ist die populäre Gruppe Anfang 2019 aus bisher unbekannten Gründen eingestellt worden.

Selbst wer seinen Urlaub nur in einem der Luxusresorts am Roten Meer verbringt, macht die Bekanntschaft mit der Kreativität der Ägypter: In den Zimmern finden sich nach einem langen Tag am Pool, Strand oder an den Stätten Ägyptens die mit viel Liebe und Witz zusammengeknoteten Handtuch-Figuren der Roomboys (Damen sind selten für die Reinigung der Zimmer zuständig) auf dem Bett. Tiere wie Krabben, Elefanten, Skorpione und Schildkröten sind besonders beliebte Vorlagen. Schwäne, die kunstvoll wie in einer Hochzeitssuite drapiert wurden und die in einem Handtuch-Herz schwimmen, das mit roten Blumenblättern verschönert ist. Romantik pur!

Doch es muss nicht immer Romantik sein, auch ein Schrecken sorgt gerne einmal für Belustigung beim Zimmergenossen oder beim Künstler selbst, der oft nicht weit entfernt weilt und sich über die Reaktionen seiner Gäste – und natürlich, wie sollte es anders sein, auch über ein wenig Bakschisch freut. Mir ist es schon das ein oder andere Mal passiert, dass ich mich beim Reinkommen im Zimmer fast zu Tode erschreckt habe. Auf einmal baumelt ein Handtuch-Äffchen von der Decke herunter, oder auf dem Zimmersessel lümmelt sich ein mit der Hose des Gastes bekleidetes mannsgroßes Handtuch-männchen. Der Schrecken kann schon im Flur lauern. Da geht man nichts ahnend um die Ecke in Richtung Zimmer, und auf einmal liegt dort ein lebensgroßes Krokodil aus Handtüchern, mit aufgerissenem Handtuchmaul. Der erste Schrecken weicht glücklicherweise immer schnell. Es ist einfach zu komisch, wie manche Figuren gestaltet sind. Selbst Zimmerinventar oder selbst mitgebrachte Gegenstände werden in den Figuren eingearbeitet. Das eben erwähnte Männ-chen trägt neben der mit Tüchern aufgeplusterten Hose noch die im Zimmer zurückgelassene Sonnenbrille, und ein Schlapphut auf dem Handtuchhaupt macht die Illusion eines echten Menschen auf den ersten Blick wirklich perfekt. Das Krokodil schnappt gierig nach der Fernbedienung, ein Kissen dient der Krabbe als Panzer oder dem Elefanten als Bauch. Zwei Flaschendeckel sind die Knopfaugen des Tieres, ein paar Pflanzenblätter modellieren das Gesicht des Hand-tuch-Geschöpfes, und der am Tag zuvor erworbene Schal dient als Reitdecke für einen Elefanten.

Die Figuren sind in ihrer Originalität immer etwas Besonderes, auch wenn sie sich bei jedem Aufenthalt so ähnlich wiederholen, trägt jede doch die Handschrift des jeweiligen Modellierers. Außer-gewöhnlich und individuell, wie so viele Ideen der Ägypter.

92. Grund

Weil Zusammenhalt hier wichtiger ist als alles andere

»Und dient Allah und stellt Ihm nichts zur Seite, und erweist den Eltern Wohltaten und ebenso den Verwandten, den Waisen und Armen, den nahestehenden Nachbarn und den fernen Nachbarn, und dem Gefährten an eurer Seite und dem Reisenden und den Unfreien. Wahrlich, Allah liebt nicht die, die überheblich und stolz sind.« *Sure Nisâ, 4:36*

In diesem Kapitel haben wir viel über die Marotten der Ägypter ge-schmunzelt. Man möge mir verzeihen, wenn ich hier und da mal pauschalisiert habe. Gut, dass die Ägypter gerne auch über sich selbst lachen. Am Ende dieses Kapitels möchte ich ein paar ernstere Töne anschlagen und über etwas erzählen, was mich an den Ägyptern immer wieder tief beeindruckt.

Bei uns ist die Nachbarschaftshilfe an manchen Stellen so gut wie ausgestorben. In einigen Straßen und Häusern kann man schon froh sein, wenn der Nachbar überhaupt mal ein Paket annimmt, geschweige denn, dass man sich untereinander aushilft. Jeder lebt anonym und nur für sich. Das ist leider auch manchmal in Familien der Fall, wenn jeder nur sein eigenes Ding macht und die Unter-stützung nur darin besteht, beim Familientreffen mal einen Kuchen mitzubringen. Das ist in Ägypten ganz anders, wobei jetzt direkt die Relativierung kommt. Natürlich kann man nicht alle über einen Kamm scheren. Auch in Ägypten leben, insbesondere in Groß-städten, die Menschen oft für sich, oder es gibt auch hier Zank und Streit innerhalb der Familien. Genau wie es hier bei uns Nachbarn und Familien gibt, die immer zusammenhalten. Aber insbesondere in den Dörfern Ägyptens leben die Menschen noch wirklich eng zusammen. Hier hilft man sich noch gegenseitig. Der eine hat eine Leiter, der andere den Gartenschlauch. Braucht einer die Hilfe des anderen, ist es eine Selbstverständlichkeit, ihm zur Hand zu gehen. Nach dem Islam soll man die Nachbarschaft immer gut pflegen, wie neben dem Zitat oben auch noch weitere unterschiedliche Stellen im Koran belegen.

Wer das Glück hat, einen guten ägyptischen Freund zu haben, wird diese Verbundenheit ebenfalls kennen. Er wird dich nie im Stich lassen und in Notlagen immer an deiner Seite stehen. Aber die größte Bande besteht natürlich innerhalb der Familien. Blut ist halt dicker als Wasser. In einem Dorf leben teilweise ganze Familien im selben Haus oder wenigstens in derselben Straße. Hat man mal keine Lust aufs Kochen, geht man einfach zur Verwandtschaft und wird dort mit offenen Armen empfangen. Alle passen untereinander auf, genau wie die Familie die Kinder der Verwandtschaft gerne bei sich hat. Ägypten ist ein sehr kinderfreundliches Land. In einem Staat, in dem es so gut wie keine Alters- und Pflegeheime gibt und Kinder sich auch nach ihrer Hochzeit noch um ihre Eltern kümmern und ihnen mit großem Respekt begegnen, ist eine kinderreiche Familie eine gute Versicherung für das Rentnerdasein. Finanzielle Unterstützung vonseiten der Kinder ist dabei nicht unbedingt erforderlich. Manche Firmen zahlen freiwillige Beiträge in eine Rentenversicherung, die für ein monatliches Grundeinkommen im Alter sorgt. Wenn der Ehemann stirbt, bekommt die Ehefrau den größten Teil seiner Rente. Seit einigen Jahren bekommen sogar unverheiratete Frauen, die noch bei den Eltern wohnen, einen monatlichen Betrag, mit dem sie einigermaßen über die Runden kommen. Stirbt nach dem Vater noch die Mutter, gehen die Rentenansprüche auf die alleinstehende Tochter über. Ihr »Single«-Geld bekommt sie dann allerdings nicht weiter.

Die Familie hält natürlich auch in Notsituation eng zusammen. In Ägypten gibt es keine gesetzliche Krankenversicherung. Wer Glück hat, bekommt neben der Rentenversicherung noch eine Krankenversicherung von seinem Arbeitgeber bezahlt. Eine andere Möglichkeit wäre eine private Krankenversicherung, doch die ist für viele Ägypter kaum bezahlbar. Da legt man sich lieber etwas auf die hohe Kante, falls mal ein Arztbesuch anliegt. Kommt es zu einer teuren Operation, die sich der Kranke nicht leisten kann, spendet die ganze Familie Geld für die notwendige OP. Reicht auch das nicht oder hat der Kranke keine Familie, die ihn unterstützen kann, ruft die Moschee zu Spenden auf, und das Dorf oder die Nachbarschaft sammelt für den Bedürftigen. Die Familie ist immer an der Seite des Kranken. Im Krankenhaus schlägt nicht selten ein zweistelliger Familienanhang seine Zelte auf und bleibt so lange, bis der Kranke wieder nach Hause kann. Eine Krankenschwester gibt es in den einfachen Krankenhäusern nicht, der Kranke wird von den

Familienangehörigen gewaschen, ihm werden Mahlzeiten gekocht und Medikamente aus einer Apotheke besorgt. Eine Rundum-Versorgung im Kreis der Familie. Hier undenkbar.

Das gleiche Bild bei leichten Erkrankungen, bei denen man nur zu Hause das Bett hüten muss. Die besorgten Verwandten schauen ebenfalls regelmäßig vorbei und wünschen gute Genesung. Nachbarn bringen kleine Aufmerksamkeiten in Form von Tee und Keksen, damit man ja wieder schnell auf die Beine kommt.

Familie und Nachbarn sind ein wichtiges Netzwerk in Ägypten. Wo der Staat einen im Stich lässt und andere Sorgen das Leben bestimmen als ein nicht zugestelltes Paket, muss man untereinander zusammenhalten wie Pech und Schwefel. Nur gemeinsam sind wir stark – ein gelebtes Motto unter Nachbarn, Freunden und Familien in Ägypten.

9. Kapitel

Auf Indys Spuren

Von Abenteurern, Archäologen und Grabräubern

Weil man auf Agatha Christies Spuren wandelt

»Die ganze Landschaft verströmte Melancholie und verbreitete einen beinahe bösartigen Charme.« *Agatha Christie, Der Tod auf dem Nil*

Über zwei Milliarden Bücher hat die britische Schriftstellerin, die von 1890–1976 lebte, verkauft. Eine bemerkenswerte Frau, die ihrer Zeit weit voraus war. Sie war in zweiter Ehe verheiratet mit ihrem 14 Jahre jüngeren Ehemann, dem Archäologen Max Mallowan. Mit ihm zusammen leitete sie mehrere Ausgrabungen im Irak und Syrien und besuchte 1933 zum zweiten Mal das Land am Nil. Das erste Mal war sie viele Jahr zuvor in Kairo, als sie dort in die feine englische Gesellschaft eingeführt wurde. Sie soll im Gezirah Palace genächtigt haben, das 1869 im Zuge der Einweihung des Suezkanals eröffnet wurde. Heute ist es Teil des Cairo Marriott Hotels, eines Luxushotels in Zamalek, direkt im Herzen von Kairo.

Ihre Reisen in Ägypten haben Agatha Christie zu drei Romanen inspiriert; der mit Abstand bekannteste ist *Der Tod auf dem Nil* (1937). Berühmtheit erlangte er nicht nur durch die illustre Autorin, sondern vielmehr durch die Verfilmung von 1978 mit dem herausragenden Sir Peter Ustinov als Meisterdetektiv Hercule Poirot. Es ist für jeden Ägypten-Fan ein Muss, diesen Film mindestens einmal gesehen zu haben, und viele von uns gucken ihn jedes Mal wieder.

Es ist die spannende Kriminalgeschichte über eine Reisegruppe auf einer Nilkreuzfahrt und eine tote Millionenerbin, bei der jeder Mitreisende ein Motiv hat, sie zu töten. Nicht nur die packende Story mit einem überraschenden Ende fesselt einen vor dem Fernseher, sondern auch die famosen Bilder der Originalschauplätze, die einen am liebsten in den nächsten Flieger nach Ägypten steigen lassen würden. Der Regisseur John Guillermin führt uns an die bekanntesten Schauplätze in Ägypten, darunter die Pyramiden, den Tempel von Ramses II. in Abu Simbel und den Karnak-Tempel in Luxor mit seinem imposanten Säulensaal.

Die meisten Szenen wurden auf dem 1885 erbauten Dampfschiff »SS Sudan« (SS steht für Steam Ship) gedreht, das im Film in »Karnak« umbenannt wurde. Einst gehörte es dem ägyptischen König, heute ist es eines der ältesten Schiffe auf dem Nil. Auf jeden Fall ist der Raddampfer der geheime Star des Films, und nur selten hat man das Glück, dieses auffällige Schiff mit der Holzverkleidung und dem riesigen Schaufelrad auf dem Nil zu sehen. Die »SS Sudan« ist noch 40 Jahre nachdem *Tod auf dem Nil* in die Kinos kam, eines der begehrtesten Fotomotive in Ägypten. Die Zukunft ließ sich jedoch trotz aller Nostalgie an Bord nicht aufhalten: Seit der Jahrtausendwende ist der alte Raddampfer mit einem Dieselmotor ausgestattet. Heute bieten nur noch wenige Reiseveranstalter eine Fahrt auf dem geschichtsträchtigen Schiff an, und für viel Vergangenheit und wenig Komfort muss man tief in die Tasche greifen.

Das entsprechende Kleingeld muss man auch an anderer Stelle aufbringen: im »Old Cataract Hotel« in Assuan, wo Agatha Christie ihr Buch *Der Tod auf dem Nil* geschrieben hat. Das Hotel im viktorianischen Stil wurde 1899 von Thomas Cook auf einer Anhöhe über dem Nil erbaut. Das rot-weiße Anwesen ist ein Blickfang, den sich die französische Hotelkette Sofitel 100 Millionen Dollar für die Renovierung des Hauses kosten ließ.

Im ersten Stock mit der Zimmernummer 1201 ist Agatha Christies Zimmer, zumindest steht das auf dem Türschild. Ebenfalls im ersten Stock kann ihr alter Mahagonischreibtisch in Augenschein genommen werden, auf dem sie ihren Bestseller *Der Tod auf dem Nil* geschrieben haben soll. Gegen ein Bakschisch kann man meist einzelne Zimmer im »Old Cataract« besichtigen, Fragen lohnt sich in jedem Fall, denn es ist unbestritten eines der schönsten Hotels in Ägypten, mit einem grandios erhaltenen und liebevoll gepflegten Kolonialstil. Den Besucher erwartet eine Zeitreise mit für die Zeit typischen dunklen Möbeln, pompösen Kronleuchtern und eindrucksvollen Rundbögen. Übernachten kann man natürlich in dem Hotel ebenfalls – das hat allerdings einen stolzen Preis. Wer in Agatha Christies Zimmer nächtigen möchte, zahlt mal eben 6.500 Euro – pro Nacht wohlgemerkt. Normale Suiten mit weniger illustrer Geschichte bekommt man je nach Saison ebenfalls für ein stattliches, aber noch einigermaßen bezahlbares Sümmchen.

Unsere und Agatha Christies Reise geht weiter auf dem Nil Richtung Norden. Wer in Luxor mit dem Schiff ein- oder ausfährt, dem wird dieser imposante Prachtbau – ebenfalls im viktorianischen Stil, aber in dezenteren Sandsteinfarben – gleich ins Auge fallen: Das »Old Winter Palace«. Agatha Christie schrieb in dem 1886 erbauten 5-Sterne-Hotel ebenfalls an ihrem Roman *Tod auf dem Nil.* Im Gegensatz zum »Old Cataract«, wo das Gästebuch leider irgendwann verloren ging, gibt es für das »Winter Palace« sogar heute noch Beweise, dass Agatha Christie tatsächlich hier genächtigt hat. Sie schrieb auf einer Postkarte an eine Freundin, dass sie Tutanchamuns Grab besichtigt hat und nun mit ihrem Mann »glücklich wie eine heilige Kuh« auf der Terrasse des »Winter Palace Hotels« liegt.

Der Vollständigkeit halber seien zum Schluss noch die beiden anderen Romane Agatha Christies erwähnt, die Ägypten als Schauplatz haben: *Das Abenteuer des ägyptischen Grabes* (1923) und *Rächende Geister* (1944). Letzterer ist insofern außergewöhnlich, als dass er – anders als alle anderen Romane der großen Meisterautorin – im alten Ägypten angesiedelt ist. Fans der Autorin dürfen sich übrigens schon jetzt auf zwei Neuverfilmungen freuen. Ebenjene *Rächenden Geister* sollen Ende 2019 als Neuverfilmung der BBC im britischen Fernsehen gezeigt werden. Ein Jahr später soll auch Kenneth Branagh als Hercule Poirot in *Tod auf dem Nil* in die Kinos kommen und uns erneut Lust machen, auf Agatha Christies Spuren zu wandeln.

Weil kein Pharao verloren geht

Am Westufer von Luxor, in Theben-West, ist das Reich der Toten. An dem Ort, an dem die Himmelsgöttin Nut die Sonne am Abend verschluckte, liegt der Eingang in das Reich des Totengottes Osiris. Pharaonen und ihre Familien ließen sich hier bestatten, aber auch Handwerker und hohe Beamte haben ihre Gräber in der westlichen Wüste anlegen lassen.

Diese letzten Ruhestätten legten Arbeiter an, die in einem kleinen Dorf namens Set Maat (Ort der Wahrheit) lebten. Das heutige Deir el-Medina liegt in der Nähe des Tals der Königinnen, wo die Prinzen und Ehefrauen der Pharaonen ihre letzte Ruhe fanden. Ungefähr 68 Häuser standen hier einst dicht an dicht, heute sind nur noch die Grundmauern und ein paar wunderschöne Gräber der dortigen Arbeiter zu besichtigen. Die kleine eingeschworene Gemeinschaft, die hier von ca. 1520 bis 1069 v. Chr. abgeschirmt von der restlichen Welt lebte, waren Geheimnisträger, denn sie durften niemandem sagen, wo sich die Gräber der Pharaonen befanden – was natürlich nicht funktionierte. Gerichtsakten bezeugen sogar, dass ein Anwohner selbst, ein zwielichtiger Typ namens Paneb, die Gräber schändete. Alle bekannten Gräber – außer dem von Tutanchamun – waren all ihrer Schätze beraubt worden. Nicht nur die kostbaren Grabbeigaben waren auf Nimmerwiedersehen verschwunden, sondern es befand sich keine einzige Mumie eines Herrschers in seinem Grab. Konnte es denn wirklich sein, dass die Menschen so gar keinen Respekt vor den Toten hatten?

Als im Jahr 1881 der deutsche Ägyptologe Emil Brugsch zu einem geheimen Versteck in den Bergen von Theben-West geführt wurde, ahnte noch niemand, auf welchen großartigen Fund er hier stoßen würde. Zehn Jahre zuvor hatte eine berühmte Grabräuberfamilie, die Abd el-Rassuls, ein Felsversteck in der Nähe des berühmten

Hatschepsut-Tempels entdeckt. Grabbeigaben wurden auf dem Schwarzmarkt verhökert, bis schließlich der Leiter der Altertümerverwaltung, der Franzose Gaston Maspero, Wind davon bekam. Pech für die Abd el-Rassuls! Ihnen blieb nichts anderes übrig, als Masperos Assistent Brugsch zu ihrem Geheimversteck zu führen. Dort angekommen, traute Brugsch seinen Augen nicht: In einem in den Fels geschlagenen Grab lag das Who-is-Who der Pharaonen aus dem Neuen Reich, der Blütezeit der ägyptischen Geschichte. Unter den Mumien waren der wegen seiner zahlreichen gewonnenen Feldzüge »der Napoleon Ägyptens« genannte Thutmosis III., Ramses II. – auch »der Große« genannt –, der Vorgänger seines Namens Ramses I. und einige seiner Nachfolger.

Als Emil Brugsch die vielen Mumien, Sarkophage und Grabbeigaben sah, ergriff ihn die nackte Angst vor weiteren Plünderungen! Zumindest kann man nur so das jetzt folgende Harakiri-Kommando erklären: Im Eiltempo trommelte er 200 Mann zusammen, und innerhalb von nur 48 Stunden waren 40 Sarkophage und über 6000 Fundstücke aus dem Mumienversteck geholt worden.

Brugsch hatte zwar einen wahrscheinlich ewig währenden Langzeitrekord für eine Grableerung aufgestellt, doch hinterließ er dummerweise ein undokumentiertes Schlachtfeld. Ein Graus für alle nachfolgenden Archäologen!

Erst Ende der 1990erJahre machte sich Dr. Erhart Graefe vom Institut für Ägyptologie und Koptologie der westfälischen Universität Münster auf die Suche nach Antworten auf die vielen Fragen, die Brugsch hinterlassen hatte. Ihm bot sich ein erschreckendes Bild: Überall auf dem Boden lagen durch Steinschläge zerbrochene Grabbeigaben und Scherben, die von Brugschs Männern zusätzlich zertrampelt und durch das ganze Felsengrab geschleift worden waren. Die Sarkophage, so die Vermutung Graefes, wurden unverpackt mit einer Seilwinde den Schacht hochgezogen. Die Särge mit ihrer kostbaren Fracht knallten beim Hochziehen mehrfach gegen den Schacht. Durch die unsanften Stöße wurden nicht nur die empfindlichen Mumien kräftig durchgeschüttelt, sondern es platzten Teile ihrer Särge ab. Graefes Team fand etliche dieser Fragmente überall auf der Erde verteilt. Die letzte Ruhe der großen Pharaonen war 1881 mit Brugschs Rettungsaktion vorbei.

Wer hatte die Königsmumien eigentlich in dieses Versteck geholt und dort ihrem Schicksal überlassen? Manche Mumien wurden sogar mehrfach umgebettet, wie in den antiken Schriften in dem Versteck zu lesen war. Man mag es kaum glauben, aber es waren ausgerechnet diejenigen, die die Pharaonen einst zu Grabe trugen und mit ihren Ritualen ein ewiges Leben im Jenseits sicherten …

Um 1000 v. Chr. war die Zeit der großen Pharaonen vorbei. Die Hohepriester des Reichsgottes Amun lenkten die Geschicke des Staates in Theben. In ihrem frühen Berufsleben waren sie Generäle gewesen, die ihre Macht durch dieses hohe Amt legitimierten und sich schließlich selbst zum Pharao krönten. Sie sollen es gewesen sein, die die Gräber öffneten und die kostbaren Grabbeigaben plünderten. Die Pharaonen wurden all der Dinge beraubt, die sie doch eigentlich für ihr Leben nach dem Tod mitgenommen hatten. Was hatte die Priester zu ihrer Tat bewegt? Pure Habgier? Oder doch pure Verzweiflung?

Eine Theorie: Vielleicht brauchten sie das Gold für kostspielige Kriege gegen das elende Kusch oder die »Habgier-Theorie«: Die Priester wollten einfach nur den Grabräubern zuvorkommen und sich lieber selbst das ganze Gold in den Staatssäckel stecken. Wir kennen die Beweggründe heute nicht. Wir wissen nur, dass die Königsmumien eben in genau dieser Cachette von Deir el-Bahari (und in einem Nebenraum des Grabes von Amenophis II.) umgebettet wurden. Edle Beweggründe dürfen zumindest bezweifelt werden, denn selbst von den Mumien konnten sie ihre gierigen Finger nicht lassen. So mancher einst mächtige Herrscher wurde aus seinem kostbaren Sarkophag gerissen und in den drittklassigen Sarkophag eines anderen Königs gesteckt. Der Ägyptologe Nicholas Reeves will sogar in den Kopflöchern einiger Mumien Belege dafür sehen, dass die Priester die Mumienkartonagen erbarmungslos von oben bis unten aufgeschlitzt haben, um an die wertvollen Schutzamulette zwischen den Mumienbinden zu kommen.

So viel zum Thema Respekt vor den Toten! Zumindest erging es den Königsmumien besser als so manchen anderen. Manche Grabräuber verbrannten die Mumien nämlich aus Angst vor der Heimsuchung durch die verärgerten Toten, und in der Neuzeit wurden Mumien ebenfalls verbrannt und dann pulverisiert, um daraus geheimnisvolle Elixiere zu machen. Die Königsmumien des Neuen Reichs haben zumindest »überlebt«, auch wenn man ihnen vielleicht ein besseres Schicksal gewünscht hätte. Heute liegen einige dieser in der Cachette gefundenen Mumien im großen Mumiensaal des Ägyptischen Museums Kairo. In naher Zukunft werden sie im neuen Kairoer National Museum of Egyptian Civilization in ihren gläsernen Schaukästen jeden Tag Tausenden neugierigen Blicken ausgesetzt sein, die in das nackte Antlitz der einst stolzen Pharaonen glotzen werden. Da denkt sich so manch einer: Vielleicht wäre es doch besser gewesen, wenn die Cachette von Deir el-Bahari nicht entdeckt worden und die Mumien bis heute unbekannt geblieben wären …

95. Grund

Weil die Schöne nach Berlin gekommen ist

Würde man eine Umfrage machen, welche Bilder einem zum Stichwort »Ägypten« zuerst in den Sinn kommen, so wären diese drei wohl immer ganz weit vorn: die Pyramiden von Gizeh, die Totenmaske von Tutanchamun und die Büste der Nofretete – und in Deutschland wäre die Reihenfolge vielleicht sogar umgekehrt. Sie hat zweifellos eines der beiden berühmtesten Gesichter Ägyptens – weit vor allen realen Personen, wie dem Fußballer Mohamed Salah, dem ägyptischen Indiana Jones Verschnitt Zahi Hawass oder Staatspräsident al-Sisi. Millionen von Besuchern pilgern jährlich nach Berlin, um sie zu sehen: Nofretete. Der Name ist Programm – er bedeutet: »Die Schöne ist gekommen«.

Wie aus dem Tagebuch des Grabungsleiters Ludwig Borchardt hervorgeht, wurde die Büste am 6. Dezember 1912 in den Überresten einer Bildhauerwerkstatt in Tell el-Amarna gefunden. An diesem Ort hatte Echnaton vor mehr als 3.300 Jahren seine neue Hauptstadt gebaut: Achet-Aton. Hier hatte er mit seiner Frau Nofretete und seinen sechs Töchtern gelebt. Hier hatte der Bildhauer Thutmose Statuen und Büsten von der ganzen Königsfamilie angefertigt. Und hier also fanden die Archäologen der Deutschen Orient-Gesellschaft die Nofretete-Büste.

Heute gilt: Wer auch immer was auch immer in Ägypten findet, es gehört auf jeden Fall dem ägyptischen Staat. Dem Ausgräber bleibt immerhin der Ruhm. In der Kolonialzeit bekamen die Ausgräber und ihre Heimatländer ein dickes Stück vom Kuchen ab. Die Ausgräber teilten die Funde in zwei Hälften, von denen sich anschließend die ägyptische Altertümerverwaltung eine Hälfte davon für die ägyptischen Museen aussuchte. Und genau so geschah es damals: Borchardt teilte, und Gustave Lefebvre, zu jener Zeit Inspektor für die Altertümerverwaltung in Assiut, suchte sich eine Hälfte aus. Alles ganz gerecht, nach Recht und Gesetz, mit beiden Unterschriften unter dem Teilungsprotokoll – unanfechtbar! Oder?

Leider nicht so ganz. Es gibt eine Reihe von Ungereimtheiten, die auch noch 100 Jahre später für hitzige Gemüter sorgen. Versetzen wir uns einmal in die Lage Ludwig Borchardts. Wir haben eine Büste gefunden, höchstwahrscheinlich Nofretete, und sie ist wunderschön, und wir wollen sie unbedingt mit nach Deutschland nehmen! Aber morgen kommt einer aus Assiut angereist, der sich dann selbst aussucht, was in Ägypten bleibt und was wir mitnehmen dürfen. Selbst wenn wir die etwa 1000 Fundstücke so »teilen«, dass auf der einen Seite 999 Stücke und auf der anderen Seite nur die Nofretete-Büste steht: Was wird Lefebvre nehmen? Nein, wir müssen zwei ungefähr gleichwertige Hälften zusammenstellen und die Büste vielleicht irgendwo in der Mitte »verstecken«? Mist, geht auch nicht, es gibt ja eine Teilungsliste, und wenn darauf steht: »Nofretete« … – das kannst du nicht verstecken! Vertrackte Situation!

Na ja, aber wer sagt denn, dass das wirklich die Nofretete ist? Ist ja noch gar nicht wissenschaftlich untersucht worden! Und man soll ja auch keine voreiligen Schlüsse ziehen! Schreiben wir in die Teilungsliste mal »Bemalte Gipsbüste einer Prinzessin«. Prinzessinnen hatte Echnaton ja echt viele gezeugt – mit seiner Frau, wie hieß die noch …? Soll die Wissenschaft doch später selbst entscheiden, von wem das nun hier die Büste ist. Ein guter Plan. Oder?

In einem Erinnerungsbericht an die damalige Situation vermerkt ein Sekretär der für die Grabung verantwortlichen Deutschen Orient-Gesellschaft, dass die Stimmung im Team am Vorabend der Fundteilung sehr gedrückt gewesen sei, weil alle vermuteten, Lefebvre würde trotz allem die Hälfte mit der Büste wählen. Mit einer Kerze in der Hand seien viele Teilnehmer noch einmal in den Lagerraum gepilgert, um von der Büste Abschied zu nehmen. Aber Borchardt hatte noch ein paar Asse im Ärmel.

Nach seiner langen Anreise aus Assiut sollte der Inspektor erst einmal mit einem Dinner begrüßt werden. Dazu könnte es einen leckeren Rotwein geben, schließlich war Lefebvre Franzose. Und bevor man danach in den nächtens doch recht kalten Lagerraum gehen würde, könnte man die wichtigsten Stücke doch auch erst mal hier in der Wärme auf Fotos anschauen und besprechen. Dazu noch ein Gläschen Rotwein? À votre santé! Kaum zu glauben, wie unscheinbar die Büste in Schwarz-Weiß und aus diesem unvorteilhaften Winkel aussieht. Na ja, ist ja vielleicht auch nichts Besonderes. Dieses bemalte Altarbild dagegen, auf dem Echnaton, Nofretete und ihre Töchter drauf sind – ein wirklich schönes Stück! Kommen Sie, dann gehen wir mal ins Lager und gucken uns das mal persönlich an.

So oder so ähnlich hat es sich am Abend des 20. Januar 1913 zugetragen. Die Details liegen heute im Dunkeln. Fakt ist aber: Die

Büste stand auf der Teilungsliste ganz oben, an Position 1, und Fakt ist auch: Lefebvre wählte für Ägypten die andere Fundhälfte, die mit dem bemalten Altarbild.

So kam »die Schöne« also nach Berlin, und zog dort seit ihrer ersten Ausstellung 1924 die Massen an – und tut das bis heute. In Ägypten wurden während des arabischen Frühlings etliche Museen geplündert. Sogar aus dem berühmten Ägyptischen Museum an Kairos Tahrirplatz wurden Artefakte entwendet, in Mallawi ein ganzes Museum annähernd plattgemacht. In Berlin überstand Nofretete zwei Weltkriege, den Bombenhagel, die Trümmerzeit, weil sie immer rechtzeitig geschützt wurde, in einem Bunker, einem Tresor und sogar in einem Salzbergwerk.

Natürlich gibt es in Ägypten Stimmen, die eine Rückgabe der Büste fordern, die die Rechtmäßigkeit der Teilung infrage stellen. Hat es schon immer gegeben, wird es wohl auch immer geben. Die ägyptische Regierung hat bisher jedoch kein offizielles Rückgabeverlangen ausgesprochen. Es sind immer laute Einzelpersonen, die aber gar keine Befugnis dazu haben. Inwieweit ein offizielles Rückgabeersuchen Erfolg haben würde, ist bei einem unterschriebenen und rechtsgültigen Vertrag eh fraglich. Und das Neue Museum wird seinen Zuschauermagneten ungern freiwillig abgeben.

Nofretete wird ihren Platz also höchstwahrscheinlich auch in Zukunft in der Hauptstadt Deutschlands haben. Alle Kritiker, die eine Rückführung nach Ägypten fordern, können sich damit trösten, dass die Büste der Nofretete auch in Berlin viel für das Interesse an diesem Urlaubsland tut. Einfach nur, weil sie da ist, weil sie schön ist, weil sie ägyptisch ist, weil sie fasziniert. Wie sagte der ägyptische Botschafter Mohamed al-Orabi bei der Feier 2005, als die Büste auf die Museumsinsel zurückkehrte, so treffend: Sie sei »die schönste und beliebteste ständige Vertreterin Ägyptens in Deutschland«. Recht hat er!

Weil die Kolonialzeit (auch für Altertümer) glücklicherweise vorbei ist

Es gab eine Zeit, als das Geltungsbedürfnis der Europäer, anderen Kulturen ihren eigenen Stempel aufzudrücken, sich im großen Stil in Afrika manifestierte. Es waren nicht nur wirtschaftliche Interessen, die vor allem Engländer und Franzosen in das Land am Nil lockten, es war vor allem Prestige, denn Ägypten war voll von archäologischen Schätzen, die sich die Kolonialherren nur zu gerne in die eigene Tasche oder wenigstens in die eigenen Museen stopften. Ein imperialistischer Wettstreit tobte innerhalb unseres Kontinents, in dem die Europäer so viel Einfluss wie möglich auf Afrika nehmen wollten. Willkommen in der Kolonialzeit.

Die ausländischen Herren herrschten wie Könige über das usurpierte Land und mischten sich dabei in Traditionen, Riten und Glaubensstrukturen ein, die sie weder verstanden noch nachvollziehen konnten – damals wie heute ein Problem.

Die Kolonialzeit hatte wenig Erfreuliches zu bieten, von den schmucken Hotels und Gebäuden dieser Zeit einmal abgesehen, und auch hinsichtlich der geschichtlichen Erforschung des Landes hatte die Kolonialzeit – zumindest auf den ersten Blick – immerhin einige positive Aspekte. Als die Ägypter noch keinerlei Interesse für die Vergangenheit ihres Landes zeigten, haben die ersten britischen, französischen, italienischen und auch deutschen Archäologen die Tempel vom Sand befreit, ihre Funde mehr oder weniger wissenschaftlich dokumentiert, die gefundenen Schätze konserviert und restauriert. Doch jetzt folgt das große Aber: Natürlich geschah das alles nicht ganz uneigennützig. Unter dem Motto »Welches Land hat das schönste Museum« wurden während der Kolonialzeit schätzungsweise 30 Millionen Kunst- und Kulturobjekte aus aller Welt in die europäische Heimat verschleppt.

Wie bereits an anderer Stelle erwähnt, konnte bis Kriegsanfang 1914 der Chefausgräber sogar bei der Fundteilung einen Anteil für sein Heimatland selbst zusammenstellen – sehr praktisch. Die Leitung der Altertümerverwaltung, unter anderem zuständig für die Fundteilung, wurde dabei ebenso von den Kolonialherren gestellt – noch praktischer. So verschwanden einige der schönsten Stücke in die Museen Europas. Sogar die Privatsammlungen »eifriger« Sammler, die begierig ihre Altertümer horteten, stecken heute in den Museen dieser Welt. Für einen Interessenten war es ein Leichtes, ein antikes Souvenir in seine heimische Vitrine zu bringen. Erst in den 30er-Jahren des 20. Jahrhunderts schob die ägyptische Altertümerverwaltung einen Riegel vor diese regelrechte Ausschlachtung der ägyptischen Geschichte. Heute fordert Ägypten diese Geschichte zurück.

Bei den Objekten, die zur Kolonialzeit außer Landes gebracht wurden – neben der Nofretete aus Berlin wäre auch noch der berühmte Stein von Rosette im British Museum zu nennen –, beißt Ägypten jedoch sprichwörtlich auf Granit. Wie sehr dem Land die Hände gebunden sind, zeigt das Beispiel der Statue des Sekhemka. Im Jahr 2014 versteigerte das Museum in Northampton, England, die 76 Zentimeter hohe und hervorragend erhaltene Statue des hohen Beamten, um das nötige Kleingeld für den Ausbau ihres Museums zusammenzubekommen. Der Aufschrei und das mediale Interesse waren riesig. Die oberste Priorität eines Museums sollte es doch sein, Schätze für die Allgemeinheit zu bewahren – und nicht zu verhökern.

Ägypten versuchte verzweifelt, die Rückgabe der 1849/50 erworbenen Statue zu erreichen, bat um Spenden und appellierte an das Gewissen des Museums. Das Land bekam viel Unterstützung, jeder wollte Sekhemka retten. Doch es half nichts. Die 4.500 Jahre alte Statue verschwand in den vier Wänden eines Privatsammlers und damit für immer aus den Augen der Öffentlichkeit.

Ein kleiner Trost an dieser Stelle – bei illegal ausgeführten Artefakten konnte Ägypten in der jüngeren Vergangenheit einige Erfolge verbuchen. Stolz wird über jede erfolgreiche Rückführung eines antiken Artefaktes ins Heimatland in der ägyptischen Presse berichtet. Stolz sind sowieso mittlerweile immer mehr Ägypter auf ihre Geschichte. Wo die antiken Artefakte und Stätten früher oftmals nicht mehr als eine sprudelnde Geldquelle waren, hat mittlerweile ein Umdenken in der ägyptischen Bevölkerung stattgefunden. Noch vor wenigen Jahrzehnten hielten sich in den Touristenstätten und Museen hauptsächlich ausländische Touristen auf, heute sieht man immer mehr ägyptische Schulklassen und Familien, die die geschichtlichen Spuren ihres Landes entdecken wollen.

Ausgrabungen haben bis vor wenigen Jahren fast ausschließlich ausländische Grabungsteams durchgeführt, heute graben immer mehr ägyptische Archäologen im Boden Ägyptens nach ihrer Geschichte. Der bis an die Decke vollgestopfte Keller des Ägyptischen Museums am Tahrir-Platz, wo viele Jahrzehnte archäologische Schätze einfach planlos hineingestopft worden waren, wird mühevoll neu katalogisiert. Kaum ein Objekt verlässt das alte Museum in Richtung des neuen, ohne zuvor in den dortigen Superlabors eingehend überprüft und bei Bedarf restauriert und konserviert zu werden.

Ägypten nimmt seine Vergangenheit endlich selbst in die Hand. Die Kolonialzeit ist Geschichte, und das ist auch gut so.

97. Grund

Weil es ein ganzes Dorf mit Grabräubern gegeben hat

Sie hatten bereits in einem der vorherigen Themen das Vergnügen, die Familie Abd el-Rassul, die berüchtigtste Grabräuberfamilie Ägyptens, kurz kennenzulernen. Sie lebten in einem kleinen Dorf auf der Westseite von Luxor, direkt an den thebanischen Bergen. Das Dorf Scheich Abd el-Qurna, oder kurz el-Qurna, wurde nach einem

Heiligen benannt, der hier bestattet wurde. Doch heilig war es ganz und gar nicht, was die Bewohner hier trieben. Unter den Häusern der Anwohner schlummerten die Gräber antiker – und vor allem reicher – Würdenträger. Zwar oft schon in der Antike geplündert, doch es fand sich immer noch etwas, was man an gut betuchte Touristen verkaufen konnte. Fand sich mal kein Schatz zum Mitnehmen, wurde einfach fachmännisch gefälscht, oder ganze Wandmalereien wurden am Stück aus den Gräbern geschlagen.

Der Altertümerverwaltung wurde das Treiben Anfang der 1940er-Jahre zu bunt. Das Dorf der Grabräuber sollte verschwinden. Also beauftragte sie den noch jungen Architekten Hassan Fathy (1900-1989), der in den folgenden Jahrzehnten über die Landesgrenzen hinaus berühmt wurde und dem das Deutsche Architektur Museum in Frankfurt im Jahr 2005 sogar eine ganze Ausstellung widmete.

Richtung Nil erbaute Fathy im Jahr 1946 das Dorf Fathy al-Qurna al-Dschadīda (Hassan Fathy Village). Dieses Neu-Qurna mit seinen Lehmziegelbauten und Kuppeldächern sollte das neue Zuhause von 7000 Einwohnern werden. Doch die Altertümerverwaltung hatte die Rechnung ohne die Qurnis gemacht. Sie weigerten sich standhaft, von ihrem Heimatdorf und ihrer sprudelnden Einnahmequelle wegzuziehen. Im Jahr 1952 wurde das Projekt Neu-Qurna eingestellt, und das ambitioniert erbaute Dorf zerfiel. Das Projekt war gescheitert, aber die Architektur so einzigartig, dass die UNESCO das Dorf zum Kulturerbe ernannte. Zusammen mit dem World Monuments Fund versuchte sie in den vergangenen Jahren, zu retten, was zu retten ist, um Neu-Qurna auch in Zukunft als Kulturerbe zu erhalten. Doch leben tut hier heute fast niemand.

Die Qurnis hatten sich erfolgreich geweigert, in ihr nigelnagel-neues und verführerisch schönes Dorf zu ziehen. Sie saßen auch die nachfolgenden Jahre an alter Stätte, wie ein Drache auf seinem Schatz. Derweil machten nicht nur die Raubgrabungen, sondern auch Abwässer – el-Qurna wurde nie an ein Wassernetz angeschlossen – den Gräbern immer weiter zu schaffen.

Es vergingen noch mehr als 50 Jahre, bis ein Mann in der Altertümerverwaltung sich allen Widerständen zum Trotz durchsetzte. Unter Zahi Hawass' Leitung wurden zwischen 2006 und 2008 die Bewohner letztendlich in ein neues Dorf namens al-Qurna al-Dschadīda zwangsumgesiedelt. Ein frisches Neu-Qurna, doch dieses Mal nicht Richtung Nil, sondern ein karger Fleck mitten in der Wüste nordöstlich ihrer alten Heimat.

Was das archäologische Herz freuen mag – sind in el-Qurna doch seit vielen Jahrhunderten wertvolle Schätze für immer verloren gegangen –, hinterlässt aus menschlicher Sicht einen faden Beigeschmack. Fest verwurzelt in einer eingeschworenen Gemeinschaft lebten hier seit 400 Jahren mehrere Generationen von Familien mit einer ganz eigenen Kultur und Tradition. Das waren nicht nur Fälscher und Grabräuber, sondern auch Handwerker, Touristenführer und Arbeiter, die bei archäologischen Funden tatkräftig mithalfen. Die Qurnis waren maßgeblich bei der Entdeckung von Tutanchamuns Grab beteiligt. Heute leben sie weit entfernt von den Ausgrabungsstätten und den Touristen. Den Qurnis wurde ihre Lebensgrundlage geraubt, und viele sind heute arbeitslos. Einige haben den Absprung rechtzeitig geschafft. Nachfahren der Abd el-Rassuls gründeten das bei Archäologen beliebte Marsam-Hotel und das Ramesseum-Café ganz in der Nähe des alten el-Qurna.

Wer zu den Königs- und Beamtengräbern auf der Westseite von Luxor fährt, kann das alte el-Qurna mit seinen wenigen, bunten Häusern, die wie eine Geisterstadt aus dem thebanischen Westgebirge herausragen, noch sehen. Fast niemand lebt hier mehr, und die wenigen, die hier noch ausharren, müssen ohne fließend Wasser und Strom in ihren abbruchreifen Gemäuern leben. Die geplünderten Gräber werden die Zeit überdauern, die Häuser der Grabräuber aber werden nach und nach zerfallen …

Weil man sich hier wie Indiana Jones fühlen kann

Als Kind war es mein größter Berufswunsch, Archäologe zu werden – natürlich in Ägypten. Meine Vorstellungen von der Archäologie waren damals geprägt durch die Indiana-Jones-Filme. Auf der Suche nach sagenumwobenen Schätzen durch Gräber und Tempel stürmen, große Abenteuer erleben und Gefahren trotzen. Meine kindliche Naivität verkannte die Realität. Die richtige Archäologie hat mit Indiana Jones ungefähr so viel zu tun wie *Star Wars* mit der NASA.

Archäologie ist zu 90 Prozent Geduld und Sisyphus-Arbeit. Schicht für Schicht wird die Erde abgetragen und ausgesiebt. Jeder noch so kleine Fund ist wichtig und könnte eine auf den ersten Blick nicht zu erkennende, überragende Bedeutung haben. Bei neu entdeckten Gräbern müssen zunächst Tonnen von Schutt aus teilweise klaustrophobisch engen und stickigen Schächten herausgetragen werden. Eine schweißtreibende und anstrengende Arbeit. Der Lohn für all das sind oft nur Scherben. Zigtausende von kleinen Bruchstücken, die mühselig sortiert und katalogisiert werden müssen. Doch Scherben und Gefäße sind für die Archäologie unwahrscheinlich wichtig. Von Grabräubern einfach links liegen gelassen, lagern sie normalerweise noch genau dort, wo man sie vor mehreren Tausend Jahren hingelegt hat. Die Archäologen können mit geschultem Blick den Zeitraum der Fertigung erkennen und somit Fund und Fundort datieren. Jede Epoche hatte ihren eigenen Stil, wie heute noch. Das Flower-Power-Geschirr aus den 70er-Jahren beispielsweise können wir sogar, ohne groß zu überlegen, direkt in die richtige Zeit einordnen.

Statt also wie Indiana Jones auf der Jagd nach sagenhaften Schätzen durch Tunnel und unterirdische Tempel zu jagen, sitzt der Feld-Archäologe folglich die meiste Zeit vor einem Berg von Scherben – oder zumindest für die Auswertung der Funde an seinem

Schreibtisch. Hält also nur noch der für seine medienwirksamen Auftritte bekannte Zahi Hawass mit seinem Indiana-Jones-Hut den Glauben an die »Jäger der verlorenen Schätze« aufrecht? Nicht ganz. Auch in Ägypten gibt es für die Archäologen kleine Indiana-Jones-Momente. In Katakomben tief unter der Erde müssen die Forscher teils kriechend durch Tunnel und Schächte von einer Grabkammer in die nächste, ohne zu wissen, welche Überraschung sie dort erwartet.

Selbst Besucher können in den Genuss dieses Abenteuers kommen. Manche Gräber lassen sich nur kriechend oder mit klapprigen steilen Holzleitern besichtigen. Weitere Stoßgebete folgen bei kleinen Schächten, die wie ein Fenster mitten in die Wand geschlagen wurden und zum nächsten Raum führen. Wenn sie mal so groß wie ein Fenster wären! Hier kann man sich nur durchquetschen und hoffen, dass man nicht in die peinliche Situation kommt, stecken zu bleiben. Die Wächter vor Ort haben wahrscheinlich einen der unterhaltsamsten Jobs in ganz Ägypten.

Obwohl ich mich letztendlich gegen den Beruf der Archäologin entschieden habe (gibt es etwas Langweiligeres als Scherben?), hatte ich in einem Gräberfeld im Assasif, gleich neben dem Hatschepsut-Tempel in Theben-West, dann doch noch mein persönliches Indiana-Jones-Erlebnis. Im Assasif liegen die Grabstätten von Würdenträgern aus mehreren Jahrhunderten ägyptischer Geschichte. Neben einigen hübschen Gräbern über der Erdoberfläche – unter anderem das sogenannte Bienengrab, auf dessen Wänden eine Bienenzuchtdarstellung zu sehen ist – geht es unter der Erde umso schauerlicher zu. Wir stiegen tief hinab in ein Labyrinth aus Gängen und Schächten. Fledermäuse flatterten uns entgegen, als wir teilweise auf allen vieren durch den Grabkomplex rutschten. Wir mussten in aller Vorsicht nur im Schein einer Taschenlampe langsam voran tappen, damit wir nicht aus Versehen in eine der metertiefen Gruben stürzten. Teilweise im Spagat mussten wir Schächte überwinden und bis zwei Meter in die Tiefe springen. In kleinen Nischen lagen Überreste menschlicher Knochen, ob zurückgelassen oder für die neugierigen Touristen dort einfach hindrapiert, vermochten wir nicht zu sagen. In einer kleinen Kammer löschte unser Wächter das Licht und hielt uns an, innezuhalten. Eine unendlich tiefe Stille umfing uns, und wir waren eingehüllt in eine Dunkelheit, wie ich sie noch nie zuvor erlebt hatte.

Als wir, über und über mit Staub bedeckt, wieder zurück ins grelle Sonnenlicht traten, waren wir überwältigt von dem, was wir gerade erlebt hatten. Wir hatten zwar keinem verlorenen Schatz hinterhergejagt, mussten uns keinen zwielichtigen Schergen entgegenstellen oder vor rollenden Steinen davonlaufen, aber unser Erlebnis in der Unterwelt der ägyptischen Wüste war für uns eines Indiana Jones würdig: Ein aufregendes Abenteuer voller Nervenkitzel und unvergesslicher Augenblicke.

99. Grund

Weil man von oben tief in die Vergangenheit blicken kann

Der Wüstensand Ägyptens hat bisher nur einen Bruchteil seiner Geheimnisse preisgegeben. Wenig verwunderlich – überlegen Sie mal, wie viele Schätze wir in nur einem Menschenleben im Keller und Dachboden ansammeln. Wie viel mag dann erst in einer 5000-jährigen Geschichte zusammengekommen sein? Doch Ägypten ist groß, wo soll man den nächsten erfolgversprechenden Spatenstich setzen? Die Antwort darauf könnte die Satellitentechnologie geben.

Die amerikanische Archäologin Sarah Parcak hatte im Jahr 2011 eine grandiose Idee. Satellitenbilder zeigen nämlich nicht nur das Haus des Nachbarn und den nächsten McDonald's, sondern kleinste Erhebungen, alte Gemäuer und enge Gassen, die von der Wüste schon längst wieder verschluckt wurden.

Also wertete Parcak über ein Jahr lang die Aufnahmen eines NASA-Satelliten aus, der, obwohl er in 700 Kilometer Höhe um die Erde kreist, Objekte bis zu einem Meter Durchmesser erkennen kann. Beeindruckend! Sie suchte nach Lehmziegelbauten der alten Ägypter, die sich dank angewandter Infrarottechnik deutlich vom restlichen Wüstensand unterscheiden. Ein weiterer Hinweis auf menschliche Hinterlassenschaften baulicher Art sind gerade Linien und perfekte Kreise, die in der Natur nur äußerst selten auftauchen. Wo sich also solche geometrischen Formen befinden, ist die Wahrscheinlichkeit recht hoch, dass hier wirklich einmal Menschen gelebt haben.

Sarah Parcak war auf einem guten Weg, die bisherige Feldarchäologie auf den Kopf zu stellen. Doch mit dem Ergebnis ihrer Untersuchung versetzte sie sogar die Fachwelt in Staunen: 17 potenzielle Pyramiden, 3.100 bisher unbekannte Siedlungen und 1000 Grabmäler, deren Totenruhe bisher mutmaßlich noch nicht gestört wurde, wollte sie auf ihren Bildern erkannt haben. So manch ein Hobbyarchäologe saß von da an gebannt vor seinem Monitor und versuchte angestrengt, auf den von der NASA veröffentlichen Satellitenbildern weitere Stätten zu finden.

Mit finanzieller Unterstützung der BBC konnte Parcak ihr scharfes Auge für Satellitenbilder im Feld unter Beweis stellen. Sowohl zwei Pyramiden als auch ein rund 3000 Jahre altes Haus konnten bei Ausgrabungen vor Ort entdeckt werden. Doch die Skepsis war, wie so oft in der Wissenschaft, wenn jemand vom klassischen Weg abweicht, groß. Die meisten Ausgrabungen, die auf Parcaks Satellitenbildern beruhen, sind mehr oder weniger im Wüstensand versickert.

Die Luft-Archäologie ist heute wichtiger denn je, auch wenn Satellitenaufnahmen eher ein Randbereich dieser Zunft sind. Wichtiger sind die kleineren und kostengünstigeren Drohnen, die über die etwaigen Ausgrabungsstätten fliegen und zum Beispiel mit Wärmebildkameras helfen, dem Land weitere Rätsel zu entlocken.

Satellitenbilder und Drohnen zeigen nicht nur mögliche Hotspots für die nächsten Ausgrabungen, sondern auch Orte, an denen andere auf der Suche nach Schätzen ihre Taschen füllen wollen.

Seit der Revolution 2011 konnten auf den Satellitenbildern jährlich mehr als 38.000 neue Löcher durch illegale Ausgrabungen ausfindig gemacht werden. An einigen Stellen, wie bei el-Lisht, 60 Kilometer südlich von Kairo, waren diese illegalen Löcher so zentriert, dass die Archäologen vor Ort nach dem Rechten sehen mussten. Etliche Gräber konnten so gefunden und vor dem Schlimmsten bewahrt werden.

Wenn man über die Zigtausenden neuen illegalen Löcher jedes Jahr nachdenkt, möchte man doch am liebsten selbst den Spaten schwingen und die Archäologie mit eigenen Ausgrabungen unterstützen, aber Privatleute haben in Ägypten wenig bis gar keine Chance auf eine Ausgrabungsgenehmigung. Wer keinen Doktortitel in Archäologie oder Ägyptologie hat, braucht in Ägypten gar nicht erst aufzuschlagen. Für eine Genehmigung, die nicht nur das zuständige Antikenministerium, sondern auch das Militär erteilt, braucht es in Ägypten jede Menge Geduld und eine noch größere Menge Geld in der Tasche. Selbst Universitäten, die all diese Vorgaben bereitstellen können, werden in Ägypten vermehrt aus nicht weiter erwähnten Gründen abgelehnt.

Zumindest auf Sarah Parcaks Spuren aber können auch nicht-studierte Hobbyarchäologen wandeln. Natürlich nicht ganz so weit oben wie ein Satellit, obwohl die private bemannte Raumfahrt immerhin schon in den Startlöchern steht, aber doch in recht schwindelerregender Höhe in einem Heißluftballon. In Luxor zum Beispiel kann man mit einem solchen Ballon über die antiken Stätten am Westufer fahren. Nach zwei Unglücken in den letzten Jahren gehört ein bisschen Mut dazu, aber die Tapferkeit wird mit einer atemberaubenden Aussicht belohnt: Majestätisch erheben sich die Totentempel der Pharaonen vor den staunenden Augen der Menschen, die in den Körben der Heißluftballons dicht gedrängt auf die grandiose

Welt unter ihnen blicken. Der Sonnenaufgang – die Ballons starten im Morgengrauen – taucht die Stätten, die sich wie Miniaturen im Wüstensand erheben, in ein wärmendes Rot, und man bekommt einen ganz anderen Blick auf die Vergangenheit, als wenn man einen Meter vor einer Tempelmauer steht. Was die alten Ägypter wirklich bautechnisch geleistet haben, wird nirgends so deutlich wie aus luftiger Höhe.

Wenn Sie das Vergnügen haben, mit einem Heißluftballon über der Wüstenlandschaft zu schweben, werden Sie hier und da einen kleinen Hügel, eine kleine Erhebung, einen Kreis oder eine Mauer sehen. Dann können Sie sich getrost folgende Frage stellen: Liegt hier vielleicht ein kleiner, unbekannter Schatz im Wüstensand vergraben?

100. Grund

Weil Hohlräume ganze Presseseiten füllen können

Ägypten ist voll von Geheimnissen, nicht gelösten Rätseln und unentdeckten Schätzen. Forscher und Wissenschaftler finden immer neue Mittel und Wege, mit modernster Technik diesen Geheimnissen auf die Spur zu kommen. Doch die neuen Technologien sind Fluch und Segen zugleich. Manchmal werfen die Ergebnisse mehr Fragen auf als Antworten. Doch spannend sind sie allemal.

Im Jahr 2017 veröffentlichten japanische Forscher die Ergebnisse ihrer neuartigen Myonen-Technologie, die sie in den Pyramiden Ägyptens angewandt hatten. Myonen sind natürlich vorkommende und durch kosmische Strahlung entstandene Elementarteilchen, die feste Körper durchdringen können. Stellt man das entsprechende hochmoderne Empfangsgerät in eine untere Kammer, kann man die darüber liegenden Strukturen quasi »scannen« und eventuelle Hohlräume darüber aufdecken. In der Cheops-Pyramide kamen mit dieser Methode sensationelle Ergebnisse zum Vorschein. Die Japaner entdeckten über der großen Galerie einen bisher unbekannten Hohlraum, so groß wie eine Passagiermaschine. Die Ergebnisse machten weltweit Schlagzeilen, und es begann das große Rätselraten. Der Hohlraum sei doch nichts weiter als ein konstruktionsbedingter Schacht zur Erhöhung der Stabilität, mutmaßte die Vernunft, oder ist es vielleicht doch eine geheime Schatzkammer des Cheops, flüsterte die Hoffnung …

Schon einmal hofften die unverbesserlichen Optimisten unter uns auf eine unentdeckte Kammer voller Schätze in der Cheops-Pyramide. Unsere Hoffnungsträger waren mehrere kleine Roboter, die nur schuhschachtelgroße Schächte in der Königinnenkammer hochfuhren. Der erste war 1993 ein Roboter namens Upuaut. Der »Öffner der Wege« wurde nach 63 Metern Fahrt von einem Verschlussstein gestoppt. Neun Jahre später schob sich der nächste Roboter die Schächte hoch. Mitten in tiefster Nacht und nahezu live (mit einer Verschiebung von einer Stunde) vor den Augen von 770.000 Zuschauer alleine in Deutschland. Eine beachtliche Zuschauerquote von fast 45 Prozent, also nahezu jede zweite Nachteule vor dem Fernseher sah das mit viel Tamtam präsentierte Spektakel unter der Leitung von Zahi Hawass. Doch es ließ uns alle nur ratlos zurück. Der kleine Roboter führte seine Kamera durch ein kleines, zuvor von ihm gebohrtes Loch und präsentierte uns … – Trommelwirbel – gähnende Leere … Und am Ende ein weiterer Verschlussstein. Hurra! – Ach ne, doch nicht. Aus der Traum von einer sagenhaften Schatzkammer. Trotz Kritik von allen Seiten wegen dieses medienwirksamen Spektakels, das im Fernsehen als Sensation präsentiert wurde, war die Cheops-Pyramide wieder in aller Munde. Weitere neun Jahre später schaute die Welt erneut gespannt nach Ägypten, dieses Mal ohne Live-Übertragung – man hatte ja gelernt. Ein weiterer kleiner Roboter namens Djedi, benannt nach einem altägyptischen Zauberer, sollte uns nun erneut verzaubern. Zumindest ein bisschen, denn viel erwarteten wir nun nicht mehr.

Dieses Mal mit an Bord war eine schwenkbare Kamera, die durch das 2002 gebohrte Loch zwei kupferne Verschlusshaken auf einer glatt polierten Rückwand und merkwürdige rote Schriftzeichen auf dem Boden filmen konnte. Cheops hatte sein Geheimnis immer noch nicht preisgegeben. Falls es denn dort überhaupt ein Geheimnis gibt und die beiden Schächte nicht nur symbolisch in einem weiteren symbolischen Hohlraum oder im Nichts enden. Die Welt wartet nun auf einen weiteren Roboter, der die Verschlusssteine überwindet und vielleicht endlich Licht ins Dunkel bringen wird. Forscher der Universität von Leeds arbeiten seit mehreren Jahren an Djedi II und stellen sich (hoffentlich) der Herausforderung. So einfach ein Loch in einen Stein bohren wie 2002 können wir jedoch mit ziemlicher Sicherheit abhaken. Es weht mittlerweile ein anderer Wind in Ägyptens Altertümerverwaltung.

Dies ist nüchtern betrachtet natürlich erst einmal richtig, denn Bohrlöcher richten irreparable Schäden an Altertümern an. Doch ohne die kleinen Löcher, die uns so schnell einen Einblick in den nächsten Hohlraum geben können, müssen wir uns auf eine harte Geduldsprobe einstellen. Nicht nur im Fall der Cheops-Pyramide …

Im Jahr 2015 sorgte der Ägyptologe Nicholas Reeves für eine Sensation. Auf hochauflösenden Bildern von Tutanchamuns Grabkammer meinte er mehrere Linien zu erkennen, die auf bisher noch unentdeckte Kammern in Tutanchamuns Grab hindeuten könnten. Die Welt war in heller Aufregung. Nach Reeves' Theorie war es niemand Geringeres als die berühmte Nofretete – nach dem Tod ihres Mannes Echnaton vielleicht selbst Herrscherin über Ägypten – die in den versteckten Räumen bestattet sein könnte. Stücke aus Tuts Grabschatz konnten ihr zugeschrieben werden, und Tutanchamuns Grab ist von der Architektur her wie ein Königinnengrab angelegt – und hat die Person da auf der Wand von seiner Grabkammer nicht eher die typischen Merkmale Nofretetes?

Reeves' Theorien fußten auf ein paar gestochen scharfen Bildern und einigen wirklich guten Argumenten. Doch es fehlte die archäologischen Beweise. Natürlich hätte man einfach ein Loch bohren und hinter der Nord- und Westwand von Tuts Grabkammer nachschauen können, wo Reeves die weiteren Kammern vermutete. Aber wie bereits erwähnt, ist das heute nicht mehr so einfach. Also wurden Radarscanner angekarrt, deren Ergebnisse in der Fachwelt oft umstritten sind – und entsprechend strittig waren dann auch die Resultate. Während ein Japaner beim ersten Mal noch Hohlräume auf seinem Radarscanner erkennen konnte, waren die Amerikaner beim zweiten Scan überzeugt, keine geheimen Kammern dort zu sehen. Die dritten und endgültig letzten Scans, so das Machtwort des Antikenministeriums, erledigte Anfang 2018 ein Team von italienischen Experten – mit dem gleichen nüchternen Ergebnis wie ihre amerikanischen Kollegen.

Doch dann die Überraschung: Die gleichen italienischen Experten veröffentlichten im September 2018 ein von der Öffentlichkeit fast unbemerktes Ergebnis ihrer Georadar-Untersuchung, die dieses Mal über und nicht innerhalb Tutanchamuns Grab durchgeführt wurde. Ganz in der Nähe konnten sie zwei große Anomalien ausmachen, die Hohlräume sein könnten. Zwei bisher unentdeckte Gräber? Das Antikenministerium brach daraufhin sein eigenes Wort und karrte 2019 die nächsten Radarscanner an. Und ja! Da sind tatsächlich Hohlräume und vielleicht sogar mit organischen Inhalten! Aber halt! Das muss erst alles noch mal wissenschaftlich überprüft werden …

Also heißt es erneut: abwarten, Tee trinken, auf die endgültigen Ergebnisse warten und sich insgeheim wünschen, dass doch mal jemand ein Loch bohrt oder wenigstens mit einer Schaufel vorbeischaut. Es bleibt uns nur die Erkenntnis: Solange Ägypten noch nicht all seine Geheimnisse preis gegebenen hat, wird die Welt weiterhin gespannt auf das Land am Nil blicken …

Weil es hier noch viel zu entdecken gibt

Insbesondere während der Grabungssaison im Frühjahr und Herbst jagt in Ägypten eine Entdeckung die nächste. Fast könnte man meinen, in Ägypten bräuchte man nur einen Spatenstich zu setzen und schon sprudeln einem die Schätze vergangener Zeiten entgegen. So einfach ist es dann aber doch nicht. Die Archäologie ist immer auch die Suche nach der berühmten Nadel im Heuhaufen und vieles schlummert unter den Häusern der heutigen Ägypter. Normalerweise rücken die Archäologen vor jedem Bau noch einmal aus, um nach dem Rechten zu sehen, doch viele stören sich nicht an Genehmigungen, und illegale Bauten schießen in Ägypten wie Pilze aus dem Boden.

Manche Ägypter wittern einen Ausweg aus ihrer Armut und buddeln auf der Suche nach antiken Funden metertiefe Löcher in ihren Häusern. Doch es ist ein riskantes Spiel, nicht nur was die Stabilität der Häuser betrifft. Denn bekommt die Antikenpolizei Wind davon, droht den Ausgräbern eine lange Gefängnisstrafe. Durch die illegalen Ausgrabungen sind aber auch einige bemerkenswerte Funde ans Tageslicht gekommen. Unter den Häusern lagen wunderschön bemalte Gräber, und sogar ganze Tempel konnte die Antikenpolizei retten, bevor die Bewohner die Grabbeigaben oder mit Bildern und Inschriften verzierte Steinblöcke auf dem Schwarzmarkt illegal verkaufen konnten.

Den Archäologen und Restauratoren hilft oft König Zufall. Artefakte und Gräber wurden in der Vergangenheit häufig bei Reinigungs- oder Konservierungsarbeiten entdeckt. Einer der berühmtesten Zufallsfunde wurde Ende der 90er-Jahre gemacht, als ein Esel nahe der Bahariya-Oase in ein Loch einbrach. In einer kilometerweiten Grabanlage, die zwischen 500 v. Chr. bis 500 n. Chr. den Anwohnern vor Ort als Ruhestätte diente, lagen mehrere Tausend

Mumien, teilweise mit goldenen Gesichtsmasken. Als »Das Tal der goldenen Mumien« ging der Fund in die Geschichtsbücher ein.

Selbst an Orten, an denen man glauben könnte, die Erde wurde schon etliche Male auf der Suche nach archäologischen Schätzen auf links gedreht, werden die Archäologen heute noch fündig. Sogar der Karnak-Tempel, dessen Areal jeden Tag Tausende von Touristen durchstreifen, ist noch für die eine oder andere Überraschung gut. Erst im April 2018 entdeckten Archäologen einen bedeutenden Schrein, dem Totengott Osiris geweiht. Und auch das Tal der Könige hat noch nicht all seine Geheimnisse preisgegeben. Im Jahr 2011 stießen Schweizer Archäologen bei Reinigungsarbeiten ebenfalls per Zufall auf ein bisher unentdecktes Grab, das der fortlaufenden Nummerierung zufolge nun KV64 heißt. Seit Jahrhunderten wird das Tal von Archäologen durchforstet, und niemand hatte das Grab, das unter anderem eine intakte Mumie in ihrem Sarkophag enthielt, bisher entdeckt. Nur zwei Jahre später fanden die Schweizer Archäologen über 50 Mumien von Königskindern und königlichen Gemahlinnen des Neuen Reiches in einem Grab (KV40), das schon 1899 entdeckt und anschließend in Vergessenheit geraten war. Und auch das wird nicht der letzte Fund in diesem Tal gewesen sein. Von den hier bestatteten Königen des Neuen Reiches fehlen noch drei Namen auf der Liste der entdeckten Gräber – Amenophis I., Thutmosis II. und Ramses IV. Auch ihre Gräber müssen irgendwo sein …

Wir dürfen aber nicht nur im Tal der Könige gespannt sein, welche Geheimnisse die Archäologen diesem geschichtsträchtigen Ort noch entlocken können. Schätzungsweise 70 Prozent aller Funde warten noch auf ihre Entdeckung – genug für viele weitere Archäologen-Generationen.

10. Kapitel

Geheimnisvoll

Rätsel, Mythen und unglaubliche Geschichten

Weil sich um kein anderes Bauwerk der Welt so viele Mythen und Mysterien ranken

»Alles fürchtet sich vor der Zeit, aber die Zeit fürchtet sich vor den Pyramiden.« *Ägyptisches Sprichwort*

Ein bunter Strauß tierköpfiger Götter, jahrtausendealte Legenden und technisch fast unmögliche Bauten – die Kultur des alten Ägyptens erstaunt die Welt seit ihrer Wiederentdeckung vor über 200 Jahren. Und alles ist immer gerne eine Schlagzeile wert: Tutanchamun, Nofretetes »gemopste« Büste, ein neu entdecktes Grab, Außerirdische an den Pyramiden. Über so manches Problem zerbrechen sich die Forscher seit Jahrzehnten ihre Köpfe, ohne eine zufriedenstellende Lösung zu finden. Obwohl die alten Ägypter gerne und wortreich über ihre großen Taten und Errungenschaften palaverten, schweigen sie ausgerechnet bei einem der größten Rätsel der Menschheitsgeschichte: Wie um alles in der Welt haben sie bloß die Pyramiden erbaut?

Keine leichte Antwort, oder viel zu viele – und so schießen die Theorien wie Papyrus aus dem Nil. Eine der Lieblingstheorien sind die Rampen: Rampen innen, Rampen außen, lange Rampen, schräge Rampen, kurvige Rampen oder vielleicht ein großer Rampen-Geröllhaufen im Inneren, womit die Ägypter die Außenverkleidung der Pyramide errichtet haben? Ehrlich? Die erhabenen Pyramiden erbaut auf einem Haufen Schutt? Wie bei all den anderen Theorien gibt es auch hier viele Archäologen, die viele gute Gründe dagegen haben.

Wo keine überzeugende Begründung vorhanden ist, da wächst ein Nährboden für Esoteriker, Pseudowissenschaftler und wie sie sonst noch so heißen. Im Zentrum der Pyramidenforschung werden sie ja gerne einmal abwertend »Pyramidioten« genannt. Ich persönlich bevorzuge den Begriff »Pyramidologen« – schon weil es eine Spur höflicher ist. Sie versuchen Erklärungen für Rätsel zu finden, für die die moderne Ägyptologie keine oder keine für sie befriedigenden Antworten bereithält. Beispielsweise für den Sinn und Zweck der Pyramiden. Warum befinden sich eigentlich keine Hieroglyphen in den Pyramiden von Gizeh? Und sollten in einem Grabmal nicht irgendwo Mumien und Grabbeigaben zu finden sein? Gut, in keiner Pyramide bis zu dem Zeitpunkt, als die Pyramiden von Gizeh erbaut wurden, fanden sich Hieroglyphen, und diese monumentalen Bauwerke waren schon immer ein begehrtes Ziel für Grabräuber. Aber könnten sie nicht doch einem anderen Zweck gedient haben? Einige »Pyramidologen« kamen auf recht abstruse Ideen, die sie ihrer treuen Fangemeinde aber dennoch überzeugend darlegen konnten. Die Pyramiden als Kornspeicher für magere Jahre, gehört noch zu den überzeugenderen Argumenten. Aber ein Kraftwerk, das elektrische Energie durch Blitze oder durch akustische Signale gewinnt? Oder die Pyramide als Wasserspeicher mit einer Riesenpumpe, wie unter anderem Stefan Erdmann und Jan van Helsing in der in der Szene gefeierten Dokumentation *Die Cheops-Lüge* behaupten?

Auch an der Frage, warum die Pyramiden genau in dieser Anordnung erbaut wurden, rauchten die Köpfe der Pyramidenforscher in den vergangenen Jahrzehnten. Eine Antwort gab im Jahr 1994 das bis heute populäre Buch *The Orion Mystery* (»Das Geheimnis des Orion«) von Robert Bauval. Der Autor behauptet in dem Buch, die Ägypter hätten die Pyramiden genau nach dem Sternbild des Orion ausgerichtet. Dummerweise stand das Sternbild des Orion aber laut seinen eigenen Berechnungen um 10500 v. Chr. in der richtigen Anordnung. Demnach hätten die Ägypter also schon 8000 Jahre vor dem Bau mit den Planungen begonnen. Eine ganz schön lange Planungsphase …

Andernorts sind Zweifel auch aus der wissenschaftlichen Ecke sicher angebracht. Wie konnten die Ägypter den tonnenschweren Granitsarkophag in der Grabkammer der Cheops-Pyramide nur mit weichen Bronzewerkzeugen behauen, wie in vielen Lehrbüchern behauptet wird? Über das im wörtlichen Sinn steinharte Gestein sagt man ja nicht umsonst »hart wie Granit«. Manche Ägyptologen vertreten die Meinung, dass die Ägypter Kupfer irgendwie so härten konnten, dass es hart wie Stahl wurde. Doch so ein Verfahren gab es weder in der Antike, noch gibt es dies heute, da können Sie jeden Metallurgen oder Steinmetz fragen. Also gab es vielleicht doch schon Eisenverarbeitung vor 5000 Jahren, wie manche Pseudo- und Laienforscher behaupten? Über 2000 Jahre, bevor die Assyrer die Eisenverarbeitung nach Ägypten brachten? Die archäologischen Beweise fehlen bisher, und so darf auch in diesem Bereich gerne von allen Seiten aus weiter gerätselt werden.

Vielleicht stimmt ja die einfachste aller Erklärungen: Die Pyramiden wurden von Außerirdischen erbaut. Punkt. Alle Rätsel gelöst. Sogar das, warum die Ägypter eine so vielfältige Götterwelt anbeteten. Das Raumschiff landete mit einer vollen Besatzung von Aliens mit Hunde- und Katzenköpfen. So einfach kann es manchmal sein.

Die Theorie der Anhänger von Erich von Däniken und Co brachte auch ein Fund aus dem Jahr 2012 nicht ins Wanken. Archäologen fanden in Wadi el-Jarf am Roten Meer Papyri aus der Zeit des Cheops. Ein Logbuch mit ganz menschlichen Aufzeichnungen über Tätigkeiten und Transporte von Kalksteinblöcken für den Bau der Cheops-Pyramide. Aber auch das wirft einen echten »Pyramidologen« nicht um: Natürlich waren es nicht die Aliens selbst, die die Steine geschleppt haben, das waren schon die Ägypter – halt unter der Anleitung von Außerirdischen, so die Überzeugung der Alien-Befürworter.

Vielleicht ist es ja auch einfach nur der Glaube, der Berge versetzte? Götter gab es ja immerhin genug. Wie dem auch sei, die Pyramiden von Gizeh werden auch in Zukunft genügend Stoff für Spekulationen und Theorien bieten. Zumindest das ist so sicher wie die vielen außerirdischen Galaxien, die nie ein Mensch zuvor gesehen hat.

Weil die Sphinx das unbekannte Wesen ist

Bevor Sie Ihren imaginären Rotstift rauskramen und zu Recht den »die«-Artikel durch »der« ersetzen: Ja, es heißt eigentlich DER Sphinx, weil in Ägypten ein männlicher Pharaonenkopf auf dem Rücken eines liegenden Löwen sitzt, während in der griechischen Mythologie dieses rätselhafte Mischwesen immer weiblich dargestellt wurde. Wir bleiben dennoch beim geläufigeren »die«, also bei »der großen Sphinx von Gizeh« – und groß ist dieses Wesen auf jeden Fall. Mit 73,5 Metern Länge und 20 Metern Höhe ist sie die größte Sphinx, die wir kennen, und natürlich auch die berühmteste und die älteste sowieso. Erbaut worden ist sie um ca. 2500 v. Chr. von einem Herrscher namens Chephren. Zumindest steht die Statue am Fuße eines zeremoniellen Weges, der direkt zu seiner Pyramide führt. Auch das Gesicht hat gewisse Ähnlichkeiten mit Statuen des Herrschers, wobei aufgrund der fehlenden Nase solche Vergleiche etwas schwierig sind. Diese Nase hat aber weder Obelix auf einer Klettertour abgebrochen, noch haben Napoleons Soldaten sie abgeschossen, wie wir lange Zeit geglaubt haben. Ein radikaler Scheich soll sie schon im Jahr 1378 abgeschlagen haben. Die Rache des »Vaters des Schreckens« (Abu el-Hol), wie sie im Arabischen genannt wird, folgte auf der Pfote – zumindest glaubten das die Menschen damals, und sahen einen darauffolgenden Sandsturm als untrügliches Zeichen einer wütenden Sphinx, woraufhin der Scheich von einer mindestens genauso wütenden Menge gelyncht wurde. Zu dieser Zeit hatten sich neue Glaubensvorstellungen schon längst in die Gestalt der Sphinx gemischt. Sie schützte nicht nur vor Sandstürmen, sondern galt auch als Erfüllerin von Wünschen und als mythologische Beschützerin.

Zumindest letztere Vorstellung, als Bewacherin des Pyramiden-Plateaus, könnte eventuell auch auf die antiken Glaubensvorstellungen gemünzt werden. Aber der genaue Sinn und Zweck der wohl berühmtesten Skulptur der Welt ist – wie sollte es anders sein – strittig. Wahrscheinlich ließ sich Chephren, wie alle anderen löwenbäuchigen Pharaonen nach ihm, nur zu gerne mit der Kraft und dem Mut eines Löwen vergleichen bzw. abbilden. Zudem ist der eigene Kopf auf dem Körper eines Löwen eine gute Marketing-Maßnahme für den Dunstkreis des Göttlichen, in dem sich jeder Pharao gerne bewegte.

Eine unglaublich gute Marketing-Maßnahme in eine etwas andere Richtung bewies ein Mann namens Thutmosis um 1400 v. Chr. Dieser schlief nach einer anstrengenden Jagd im Schatten der damals halb verschütteten Sphinx ein. Im Traum erschien ihm der dieser Sphinx innewohnende Gott mit dem Zungenbrechernamen Harmachis-Chepre-Re-Atum. Und wie es sich für eine Sphinx gehört, orakelte sie Thutmosis eine verheißungsvolle Zukunft als Pharao. Aber nur, wenn er sie von den Bergen von Sand befreie, eine Hand wäscht schließlich die andere. Thutmosis folgte ihrer Bitte, woraufhin die Sphinx ihr Versprechen hielt und er der vierte Pharao seines Namens wurde. Als Erinnerung ließ der frischgebackene Pharao eine Stele zwischen ihren Pranken aufstellen, die jedem von seinem wundersamen Traum erzählen sollte. Die 3,60 Meter hohe und zwei Meter breite Traumstele von Thutmosis IV. steht dort bis zum heutigen Tag.

Gegenwärtig hat die Sphinx ganz andere Probleme als einen Haufen Sand. Sie trägt unter sich ein düsteres Geheimnis. Und damit sind nicht die angeblichen Geheimgänge gemeint, die unter ihrem Körper schlummern sollen, sondern etwas, was man erst einmal nicht in der Wüste vermutet: Wasser. Die direkt aus einem Kalksteinfelsen gehauene Skulptur liegt 40 Meter tiefer als die Pyramiden und damit näher am Grundwasser. Während die Pyramiden im alten Glanz (von der abgetragenen ursprünglichen Kalksteinummantelung einmal abgesehen) erstrahlen, saugt sich der Kalkstein der Sphinx voll wie ein Schwamm und wird dadurch immer poröser. Der Körper der mächtigen Sphinx ist das große Sorgenkind der heutigen Restauratoren.

Apropos Körper. Ist Ihnen schon aufgefallen, dass der Pharaonenkopf im Verhältnis zum Körper zu klein ist? Dass die sonst für ihre Kunstfertigkeit so berühmten Ägypter dort Steinmetze mit einem Knick in der Pupille beschäftigten, bezweifeln einige (Pseudo-) Wissenschaftler allerdings gehörig. Könnte eine »ursprüngliche« Sphinx ohne Pharaonenkopf schon viele Tausend Jahre früher dort gestanden haben? Oder war es einfach die Beschaffenheit des Kalksteinfelsens, die die Ägypter dazu zwang, einen kleinen Kopf auf den gewaltigen Körper zu meißeln? Wir können es uns vielleicht denken, aber wir wissen es nicht. Die Sphinx ist und bleibt ein geheimnisvolles Wesen.

104. Grund

Weil die SOKO Tutanchamun trotz schwacher Aufklärungsrate ein Quotenhit ist

Seit Dr. Quincy in den 70er-Jahren Mordfälle löste, gibt es TV-Serien, in denen Gerichtsmediziner die Helden sind. Heute quillt das TV-Programm über von solchen Forensik-Krimis, und das Motiv hat selbst den deutschen *Tatort* erreicht. Und was können die Pathologen dieser Spezialeinheiten nicht alles herausfinden: Ein Sandkorn verrät, an welchem Strand der Tote zuletzt gesurft hat, eine Magenprobe, womit er vergiftet wurde, und eine Hautschuppe unter dem Fingernagel sogar die DNA des Mörders. Es scheint, als gäbe es keine unlösbaren Kriminalfälle mehr.

Am »Fall Tutanchamun« aber beißen sich die Fachleute noch immer die Zähne aus. Wir wissen ja noch nicht einmal, ob der Kindkönig eines gewaltsamen oder eines natürlichen Todes starb. Und das, obwohl sein Grab in unberührtem Zustand gefunden wurde.

Alle vorher entdeckten Königsgräber waren beraubt worden, die Grabausstattung verwüstet, die Mumien zerstört oder zumindest beschädigt. Über die Pharaonen dieser Gräber war daher vieles im Unklaren geblieben, manchmal konnte man kaum den Namen herausfinden. Aber hier? Bemalte Wände, perfekte, teils beschriftete Grabbeigaben, eine gut erhaltene Mumie – die beste Quellenlage ever! Als würde die Kripo bei der Leiche Brieftasche, Hausschlüssel und Smartphone finden! Tuts Leben und Tod zu rekonstruieren muss doch ein Kinderspiel sein, bei den heutigen technischen Möglichkeiten! Aber denkste …

Das geht schon mit seiner Abstammung los: Wer waren Tutanchamuns Eltern? Ein einziger Steinblock aus Hermopolis besagt, dass Tut ein Königssohn war. Immerhin! Der Name des Königs steht leider nicht dabei. Experten meinen, das könne nur Echnaton gewesen sein. Aber einem Mann, der so viele Selfies von sich und seiner Familie gepostet hat (damals noch auf Kalksteintafeln), dem soll ausgerechnet bei seinem einzigen Sohn der Akku ausgegangen sein? Nach sechs Töchtern wäre der lang ersehnte männliche Thronfolger doch sicher das Mega-Ereignis gewesen in Amarna, wo Echnaton und sein Hofstaat lebten. Nun haben aus dieser Zeit, gegen Ende der Regierung Echnatons, leider kaum Artefakte die Zeit überdauert. Vielleicht hatte der »Ketzer-König« damals so große politische Probleme, dass er keine Muße mehr für die sozialen Medien seiner Zeit hatte. Dass die dynastisch so wichtige Fortführung der königlichen Linie aber gar keinen archäologischen Fußabdruck hinterlassen hat, ist schon eigenartig.

2010 ermittelte die »SOKO Tutanchamun« unter der Leitung von Hutträger Zahi Hawass dann mit einer DNA-Untersuchung endlich die genetischen Eltern: die männliche Mumie aus dem Grab KV55 und die jüngere der beiden weiblichen Mumien aus Grab KV35, die sogenannte »Younger Lady«. Wenn man jetzt noch genau wüsste, wer diese Mumien einmal waren, wäre man einen großen Schritt weiter. Weiß man aber nicht. Was die Gene allerdings auch verraten:

Vater und Mutter waren auch Bruder und Schwester oder wenigstens Cousin und Cousine (es waren halt andere Zeiten damals). Trotz Restzweifeln ist die vorherrschende Meinung heute, dass die Mumie KV55 höchstwahrscheinlich Echnaton ist und Tutanchamun damit Echnatons Sohn. Bei der Mutter tappen wir allerdings noch ziemlich im Dunkeln.

Auch über seinen Tod wissen wir noch relativ wenig. Wie in jeder guten Krimiserie kann man zwar auch hier zumindest den Todeszeitpunkt einengen: Nein, nicht zwischen 22 Uhr und Mitternacht, aber immerhin die Jahreszeit, nämlich zwischen Ende Dezember 1324 und Mitte Februar 1323 vor unserer Zeitrechnung. Das ermittelt der Kriminologe aus dem Blütenschmuck, von dem einige Blumen nur wenige Wochen im Jahr blühen. Mit der Todesursache hapert es dagegen. Trotz aller TV-Serien, in denen Rechtsmediziner oder Pathologen jede noch so verrückte Todesart ermitteln können und manchmal den Täter gleich mitliefern, will das bei Tutanchamun auch mit modernsten Methoden nicht gelingen. Dabei ist seine Mumie die am zweithäufigsten untersuchte der Welt – gleich nach Ötzi, der Nummer 1 der Mumien. Tutanchamun sitzt dem Tabellenführer aber dicht im Nacken und wird ihn vermutlich bald einholen, denn es sind schon wieder neue Untersuchungen an Tuts Mumie angedacht.

Seit fast 100 Jahren fragen sich die Ägyptologen, wie und warum der Kindkönig starb – mit 19 Jahren, in der Blüte seines Lebens. Und was gab es nicht alles schon für kernige Theorien: Er sei erschlagen worden, er habe einen Unfall mit dem Streitwagen gehabt, er sei an einem Oberschenkelbruch gestorben. Weit weniger königlich sind die Untersuchungsergebnisse aus den letzten zehn Jahren: eine Knochenkrankheit, Malaria oder Sichelzellenanämie. Nicht ganz so sexy …

Apropos sexy: Auf CT-Scans aufbauende Körpermodelle zeigen, dass Tut wohl keine Schönheit war – ganz im Gegensatz zum schönen Antlitz seiner Totenmaske. Er hatte vermutlich vorstehende

Schneidezähne, eine Gaumenspalte, eine schiefe Wirbelsäule und einen verkrüppelten Fuß. Vielleicht das Ergebnis mehrerer Generationen Inzucht. Seine Füße haben vermutlich so geschmerzt, dass er zum Gehen einen Stock benutzen musste. Weit über 100 solcher Gehstöcke fand Howard Carter in seinem Grab (die Ewigkeit im Jenseits kann ja lang werden) und auch auf einem Kalksteinrelief im Berliner Museum sieht man Tut beim »Spaziergang im Garten« mit seiner Frau Anchesenamun – gestützt auf einen Stock. Solche Bilder waren wohl nur in der Amarnazeit möglich. »Mut zur Hässlichkeit« könnte man es nennen: Echnaton selbst ließ sich mit Hängebauch und weiblichen Hüften darstellen, und Tut eben tatsächlich mit einem antiken Rollator. So etwas hatte es in den drei Jahrtausenden vorher nicht gegeben – und gleich danach wurde es dann auch wieder abgeschafft. Ein König musste schön, stark und unbesiegbar sein, kein östrogenweicher Mann und kein kleiner Junge, der am Gehstock humpelt. Warum diese beiden sich dennoch so abbilden ließen? Tja, Echnaton hatte eben nicht nur die Religion, sondern auch die bildliche Darstellung revolutioniert, und Tutanchamun folgte ihm zumindest in dieser zweiten Hinsicht. Ihre Epoche zählt künstlerisch aber genau deshalb auch zu den interessantesten des alten Ägyptens.

Über Tutanchamun wissen wir, trotz der Massen an Fundstücken, leider noch lange nicht alles. Aber auch wenn die Aufklärungsrate der vielen Forscherteams, die sein Grab und seine Mumie bereits untersucht haben, eher mangelhaft ist: Ein Quotenhit sind die Pressemeldungen über neue Scans und neue Theorien jedes Mal. Die zuschauerträchtige Serie der »SOKO Tutanchamun« wird uns also sicher noch mit ein paar weiteren, spannenden Folgen unterhalten.

Weil eine englische Dame
das größte Mysterium Ägyptens ist

Ein Hauch von Mysterium umwehte bereits in der Spätantike das alte
Ägypten, weil es viele Fragen, aber wenig Antworten gab und das alte
Wissen durch den Einzug des Christentums schnell verloren ging.
Die Priester zogen sich durch den Einfluss von Fremdherrschern und
neuen Religionen tief in ihre Tempel zurück und lebten danach ab-
geschottet von der Außenwelt. Sie gingen weiterhin ihren mystischen
Kulten nach, die von der christlichen Religion nicht mehr verstanden
werden konnten. Als Kaiser Justinian in den Jahren um 535–537
n. Chr. den letzten Tempel der Isis auf der Insel Philae gewaltsam
schließen ließ, ging damit auch das Wissen um die Hieroglyphen verloren. Für die Menschen waren es nur noch geheimnisvolle Zeichen
einer längst untergegangenen Kultur. Uraltes Wissen ging verloren
und wartet bis heute auf seine Wiederentdeckung – so zumindest der
Tenor aller spirituell Veranlagten unter uns. In den ägyptisch-esote-
rischen Strömungen spielen Wiedergeburt und Reinkarnation eine
große Rolle, wobei dieser Glaube im alten Ägypten überhaupt keine
Relevanz hatte. Dennoch gibt es heute einige Vertreter, die glauben,
sie hätten schon einmal im alten Ägypten gelebt. Diese werden in
der Außenwelt oft belächelt. Doch es gibt eine Person, bei der selbst
die größten Zweifler ins Grübeln geraten: Omm Sety.

Omm Sety hieß eigentlich Dorothy Eady und wurde am 16.1.1904
in London geboren. Nach einem schweren Treppensturz im Alter
von nur drei Jahren wird sie von den Ärzten für tot erklärt, doch nur
eine Stunde später sitzt sie wieder spielend in ihrem Bett. Danach
ist für Dorothy und ihre Eltern nichts mehr, wie es vorher war. Die
vier Jahre alte Dorothy küsst im British Museum in London die Füße
der ägyptischen Statuen und nennt sie »ihre Leute«. In Träumen und
auf Bildern erkennt sie den Tempel von Abydos als ihre Heimat und

in der Mumie von Sethos I. ein bekanntes Gesicht. Als Zehnjährige nimmt sie der Kurator des British Museums E.A. Wallis Budge unter seine Fittiche und lehrt sie, zu seinem eigenen Erstaunen, innerhalb kürzester Zeit das Lesen der Hieroglyphen.

Im Alter von 29 Jahren heiratet Dorothy Eady einen Ägypter, den sie bei ihrer Arbeit an einem ägyptischen Magazin kennenlernte, und zieht mit ihm nach Ägypten. Die beiden bekommen zusammen einen Sohn, den sie nach demjenigen Pharao benennen, der ihr in der Vergangenheit mehrfach erschienen ist und der ihr auch in Zukunft ein stetiger Begleiter sein wird: Sety. Der Tradition nach nennt man sie von da an Omm Sety – Mutter von Sety.

Als sie mit ihrem Mann und seiner Familie in Kairo lebt, erscheint ihr eine Gestalt namens Hor-Ra, die ihr die Geschichte ihres früheren Lebens erzählt. Sie schreibt 70 Seiten auf Hieratisch mit – einer altägyptischen Schreibschrift, die sie nie gelernt hatte. Sie soll sich als Priesterin Bentreshyt mit vierzehn Jahren in Pharao Sety I. (im deutschsprachigen Raum nennen wir den Pharao Sethos I.) verliebt haben. Die beiden begannen eine Affäre, und sie wurde schließlich schwanger. Als Priesterin dieses Tempels hatte sie jedoch jungfräulich zu sein. Nicht nur sie, sondern auch der Pharao hatten ein schweres Vergehen begangen. Um ihn vor den Konsequenzen zu schützen, beging sie aus Liebe zu ihm Selbstmord.

Nach der Scheidung von ihrem Mann und anschließenden Anstellungen im Antikendienst in Gizeh zieht Omm Sety im Alter von 52 Jahren in die Nähe des Tempels von Abydos, wo sie nach ihrer Überzeugung im alten Ägypten gelebt hatte. Bis zu ihrem Tod praktiziert sie die alte Religion und heilt die Anwohner nach altägyptischen Riten.

So weit, so merkwürdig. Und Omm Sety wäre vielleicht nur eine unter vielen Reinkarnations-Jüngern geworden, wenn die Geschehnisse in Abydos nicht sogar Ägyptologen auf den Plan gerufen hätten. Sie zeigte den Archäologen einen bis dato noch nicht entdeckten Garten in dem Tempel und einen geheimen Tunnel, den sie aus ihrem früheren Leben kannte. Sie bewies ein so großes Wissen über die altägyptische Religion und ihre Gebräuche – und das obwohl sie nie studiert oder Zugang zu wissenschaftlichen Bibliotheken hatte –, dass die Ägyptologen zu ihr kamen und sie um Rat fragten. Einige Funde sollen nur dank Omm Setys Erinnerungen gemacht worden sein und werden es vielleicht auch noch in Zukunft. Im Abydos Tempel soll unterirdisch eine versteckte Bibliothek liegen, und Pharao Sethos I. soll ihr erzählte haben, dass Nofretetes Grab ganz in der Nähe von dem Tutanchamuns liegen soll. An einem »höchst unwahrscheinlichen Ort« …

Omm Sety starb am 21. April 1981 im Alter von 78 Jahren und wurde, entgegen ihrem letzten Willen, nach dem sie in einem eigens angelegten Grab am Abydos Tempel bestattet werden sollte, auf dem koptischen Friedhof beerdigt. Kritiker werfen der Geschichte über Omm Sety vor, dass es keine neutralen Quellen gibt. Alle Berichte kommen aus ihrem Freundes- und Verwandtenkreis und aus ihren veröffentlichten Büchern. Außerdem gibt es Zweifel, warum Omm Sety erst im Alter von 52 Jahren das erste Mal nach Abydos kam, und das, obwohl sie doch seit ihrer frühsten Kindheit einen so starken Bezug zu diesem Ort hatte.

Die Zeitzeugen, darunter auch einige angesehene Ägyptologen, sind sich zumindest in einem Punkt gänzlich einig: Omm Sety war eine der faszinierendsten Personen, denen sie in ihrem Leben jemals begegnet sind – Reinkarnation hin oder her.

106. Grund

Weil ein Fluch auch ein Lebenselixier sein kann

Eine hollywoodreife Geschichte: Der Brite Howard Carter hatte im Auftrag des Earls of Carnarvon schon sechs Jahre lang im Tal der Könige gebuddelt, ohne auf ein Grab zu stoßen. 1922 wollte Lord

Carnarvon daher seine finanziellen Bemühungen einstellen, aber Carter wollte unbedingt weitermachen. Lord Carnarvon knickte schließlich ein und finanzierte doch noch eine allerletzte Grabungssaison. Vielleicht hätte er seinen prall gefüllten Geldbeutel stecken lassen, wenn er auch nur geahnt hätte, was da auf ihn zukommen würde. Howard Carter fand tatsächlich ein Königsgrab – und Lord Carnarvon den Tod. Der Fluch des Pharaos?

Das erste Opfer dieses Fluchs war jedoch ein gefiedertes. Der kleine Kanarienvogel von Howard Carter war ein beliebter Glücksbringer bei den ägyptischen Arbeitern. Am Tag der Graböffnung starb der kleine Vogel angeblich durch den Biss einer Kobra. Ausgerechnet das Schutztier des Pharaos tötete das arme Federvieh – ein böses Omen! Nur wenige Monate später starb Lord Carnarvon in einem Hotel in Kairo infolge eines entzündeten Mückenstichs. Genau zum Zeitpunkt seines Todes sollen in Kairo alle Lichter ausgefallen und seine Hündin Susie in England einmal kurz aufgeheult haben und dann tot umgefallen sein.

Frei nach Jonathan Frakes in *X-Faktor* können wir nun fragen: »Ist diese Geschichte wirklich so passiert oder haben wir sie frei erfunden?« Der Kanarienvogel soll nach späteren Augenzeugenberichten bei einer Bekannten Carters untergekommen sein und sich eines langen Lebens erfreut haben. Bei Lord Carnavons und Susies Tod am 5. April 1923 tappen wir allerdings zumindest im Halbdunkeln. Stromausfälle waren und sind in Kairo nicht unüblich – kann also sein, muss aber nicht. Carnarvons Hund Susie ist zwar wirklich in der Nacht auf Highclere Castle verstorben (Serienfans werden den Wohnsitz aus der Serie *Downton Abbey* kennen), allerdings erst einige Stunden nach Lord Carnarvons Tod. Dennoch: Es war eine denkwürdige Nacht, mit einer Verkettung merkwürdiger Umstände. Und damit war der Mythos über den Fluch des Pharaos geboren …

Um genau zu sein, wurde er eigentlich nur wieder aufgewärmt. Die Geschichte über einen Fluch der Pharaonen war zu dem Zeitpunkt bereits seit fast 100 Jahren Thema in diversen Romanen und Kurzgeschichten, wie beispielsweise in *Der Ring des Thot* vom Sherlock-Holmes-Autor Arthur Conan Doyle. Doch für die Menschen damals war der Fluch des Pharaos Tutanchamun keinesfalls nur fiktional. Okkultes und Übersinnliches waren zu jener Zeit gesellschaftsfähig und Fluch-Geschichten für die Presse ein gefundenes Fressen. Gerüchte verbreiteten sich schon damals schnell. Man munkelte von seltsamen Tafeln mit Inschriften à la »Der Tod soll den mit seinen Schwingen erschlagen, der die Ruhe des Pharaos stört«, die zwar von Howard Carter im Grab gefunden, aber mit Rücksicht auf seine abergläubischen Arbeiter zerstört worden wären.

Der Fluch beflügelte mit seinen Schwingen die absonderlichsten Theorien. Nach Carnarvons Tod wurden von den Zeitungen morbide Todeslisten geführt und akribisch jedes Opfer aufgelistet, das von der Rache des in seiner Totenruhe gestörten Pharaos angeblich dahingerafft worden war. Bis in die 1980er-Jahre sollen es über 25 Personen gewesen sein, darunter Expeditionsteilnehmer, Besucher, Museumsdirektoren, Sekretäre, Leibwächter und deren Schwippschwager …

Selbst Howard Carter konnte nach Überzeugung der Medien dem Fluch nicht entrinnen. Er starb im Alter von 64 Jahren plötzlich in seiner Wohnung in Kensington. Andere wiederum sehen in dem Umstand, dass ausgerechnet der Entdecker des Grabes erst 17 Jahre nach der Graböffnung im fortgeschrittenen Alter starb, das beste Argument gegen einen Fluch. Aber was hilft Vernunft, wenn Übersinnliches am Werke ist – die Liste wurde fortgesetzt. In den 1980er- und 1990er-Jahren, als keiner von den Augenzeugen mehr am Leben war, mussten dann diejenigen herhalten, denen bei der Produktion von Dokumentationen über Tutanchamun so einige Missgeschicke passierten. Am schlimmsten traf es den BBC-Teamleiter Christopher Frayiing, der bei der Serie *The Face of Tutankhamun* mit dem Hotelaufzug 21 Stockwerke in die Tiefe stürzte. Aber an dem Fluch habe das sicher nicht gelegen, erklärte er im Nachhinein trotzig.

Die Geschichte des Fluchs ist auch nach der Jahrtausendwende noch lange nicht aus der Welt geschafft. Als Tutanchamuns Mumie im Jahr 2005 für CT-Scans aus ihrem Grab geholt wurde, fegte ein übler Sandsturm über die Köpfe der Forscher hinweg. Das Forschungsauto hatte auf der Hinfahrt einen Beinahe-Unfall, und der CT-Scanner gab nach der Ankunft erst einmal den Geist auf, bevor es nach zwei Stunden bangen Wartens endlich weitergehen konnte.

Auch die Wissenschaftler versuchen, eine Erklärung für die Todesopfer zu finden. Der Hauptverdächtige war ein Schimmelpilz namens Aspergillus flavus, der sich in organischen Materialien im Grab festgesetzt und insbesondere bei Lungenkranken einen schleichenden Tod verursacht haben soll. Das Wunder, wie ein Schimmelpilz über tausend Jahre überleben kann, wurde in dem Zusammenhang nicht geklärt. Neben Schimmelpilzen ganz hoch im Kurs waren antike Gifte, die garstige Priester im Grab verteilt haben könnten. Doch von einer Vergiftung wäre dann jeder betroffen gewesen, der das Grab betreten hatte (und das waren viele!). Die Theorien schossen wie Pilze aus den Boden. In einem Fall waren es sogar radioaktive Pilze. Manche waren überzeugt davon, antike radioaktive Strahlung hätte diesen Super-GAU mit all den Fluch-Opfern herbeigeführt.

Die Geschichte über den Fluch des Pharaos beschäftigte nicht nur Wissenschaftler, sondern inspirierte eine Menge Filme, Bücher und letztendlich auch unsere Fantasie. Doch gibt es nun einen Fluch, oder ist alles nur Humbug? Eine interessante Statistik hilft, uns ein wenig die Augen zu öffnen: Die Ausgrabungsteilnehmer und deren Kollegen starben im Durchschnitt erst 24 Jahre nach Öffnung des Sarkophages und wurden im Schnitt 73 Jahre alt – damit lagen sie sogar noch drei Jahre über der damaligen durchschnittlichen Lebenserwartung. Von wegen Fluch – Tutanchamun als Lebenselixier! Wer hätte das gedacht …

Weil die Ägypter ein Auge und eine Hand auf die Dschinns halten

Natürliches mit Unnatürlichem zu erklären ist schon seit vielen Jahrhunderten eine weit verbreitete Angewohnheit in Ägypten. Geschieht einem ein Unglück, passiert ein Missgeschick oder wird man von einer Krankheit befallen, argwöhnt so mancher Ägypter, Neid und Boshaftigkeit eines anderen seien dafür verantwortlich. Verliert man ein Schmuckstück, könnte die neidische Freundin den Verlust mit ihrem Blick herbeigeführt haben. Fährt man mit seinem neuen Auto in den Straßengraben, ist bestimmt der missgünstige Schwager verantwortlich. Stolpert man einfach nur über seine eigenen Füße und landet auf dem Allerwertesten, könnte natürlich auch der Nachbar daran schuld sein. Also hält man sich lieber von Menschen fern, denen man solche bösen Kräfte zutraut, oder geht ganz besonders freundlich mit ihnen um. Man will es sich ja nicht verscherzen.

Die Angst vor dem »bösen Blick« wird umso stärker, wenn es um Personen und Dinge geht, die einem besonders am Herzen liegen: Babys und Kinder allgemein, aber auch Schwangere oder die Braut wären besonders leichte Ziele, so die Befürchtung. Andererseits kann der eigene Blick aber auch durchaus Gutes hervorrufen. Eine schwangere Frau sollte ihren Blick nicht auf hässliche Kinder richten, sondern nur besonders hübsche anschauen, damit sie selbst bald ein wunderschönes Kind in ihren Armen hält. Doch von Blicken Fremder hält sie das Neugeborene dann lieber fern. Sicher ist sicher.

Es sind aber nicht immer nur die Menschen, die einem nicht wohlgesinnt sind, sondern auch übernatürliche Wesen können den Menschen in Ägypten das Leben schwer machen. Da wären zum Beispiel die Dschinns – die wir vor allem mit den Märchen aus Tausendundeiner Nacht verbinden. Ein Geist wird aus einer alten Lampe befreit und schenkt dem verdutzten Aladin als Dank drei

Wünsche. So einen Dschinn könnte wirklich jeder gut gebrauchen. In der arabischen Welt gibt es gute wie böse Dschinns, doch unterm Strich sollte man besser allen aus dem Weg gehen.

Der Koran erwähnt die Dschinns an mehreren Stellen, wie übrigens auch den bösen Blick. Laut Koran gehören die aus rauchlosem Feuer entstandenen Dschinns, neben den aus Licht geschaffenen Engeln und aus Erde modellierten Menschen, zu den drei elementaren Geschöpfen. Dschinns werden in eine Art Parallelwelt hineingeboren, wo sie an einsamen Orten wie in der Nähe von Friedhöfen oder in Brunnen hausen. Sie können durchaus in Kontakt mit der »normalen« Welt treten, sich in Tiere – insbesondere Kriechtiere wie Schlangen und Skorpione – verwandeln oder in Menschen hineinfahren. Beides verheißt meist nichts Gutes. Vermutet jemand wegen seiner Krankheit und seinem Leid einen Dschinn, sollte dieser durch einen Exorzismus ausgetrieben werden. Bei den Zar-Geistern, die hauptsächlich in Frauen fahren sollen, wird alles dafür getan, die Dschinns gnädig zu stimmen. Bei den Zar-Feiern versucht die Scheicha, die Leiterin der Zeremonie, zwischen Opferungen und Tänzen Kontakt mit dem Dschinn aufzunehmen und seinen Namen zu erfahren. Mit der Macht seines Namens und begleitet von an ihn gerichteten Liedern will sie ihn anschließend überzeugen, von seinem Opfer abzulassen.

Neben den Zar-Geistern fürchten und verehren die abergläubischen Ägypter noch weitere Wesen. Zu den gefürchtetsten gehören die Afrits – Geister, die aus dem Blut gewaltsam ums Leben gekommener Menschen geboren werden. Eine Art Doppelgänger nennen die Ägypter Qarin. Das Wesen soll zum gleichen Zeitpunkt wie ein Mensch geboren werden und wie ein Schatten an der Seite seines menschlichen Abbildes leben. Mit ihm sollte man es sich besser ebenfalls nicht verscherzen.

Was also tun, um sich gegen den »bösen Blick« und böse Dschinns zu schützen? Gegenmittel Nummer 1 sind natürlich die Schutzamulette in Form von blauen Augen, die in Scharen als Anhänger, Ketten oder Armbänder auf den Souks Ägyptens verkauft werden.

Das Auge, das immer aus Glas oder Türkis besteht, ist auch in der »Hand der Fatima« eingearbeitet. Diese nach oben oder unten ausgestreckte Hand wurde nach Fatima (606–632), der jüngsten Tochter des Propheten Mohamed, benannt. Obwohl sie zwei Söhne hatte, wird sie noch heute als sündenfreie Jungfrau verehrt. Aber das halten wir Christen mit der unbefleckten Empfängnis ja ähnlich. Das blaue Auge und die Hand der Fatima baumeln häufig an den Rückspiegeln von Autos (da hat der Rückspiegel also doch eine Funktion!) oder als Anhänger bei Kindern oder im Haus.

Das Böse von seinem Eigentum fernzuhalten ist eine blutige Angelegenheit. Zum Einzug in ein neues Heim wird ein Schaf geschächtet und an der Tür aufgehängt, bis es ausblutet. Das Fleisch wird nachher zerteilt und an bedürftige Familien verteilt. Um das Übel aus dem Haus zu halten, taucht der Hausbesitzer seine Hand in das Blut eines Opfertiers und hinterlässt seine Handabdrücke auf den Wänden. Als eine in Ägypten lebende Freundin einmal unliebsame Haustiere in Form von Skorpionen in ihrem Heim hatte, sprach ihr ägyptischer Ehemann irgendwann mal ein Machtwort, holte ein Opfertier und verteilte seine blutigen Handabdrücke überall im Haus. Die Skorpione waren jedoch nicht im Geringsten beeindruckt … Selbst beim Kauf eines neuen Autos wird übrigens erst einmal reihum mit blutigen Händen an das Auto gepatscht, damit der glückliche Besitzer eine allzeit gute Fahrt hat.

Was bei uns das Hufeisen ist, durch dessen Eisenbogen angeblich kein Dämon hindurchzugehen vermag, ist tief im Süden Ägyptens das Krokodil. Ausgestopft hängt das Tier über den Türeingängen, damit dessen Kraft alles Übel vom Haus fernhalten kann. Manche Ägypter in den nubischen Dörfern halten sich sogar ein lebendiges Krokodil im Haus als Schutzmaßnahme. Die tierfreundlichste Methode zeigt einfach das Bildnis dieses Reptils an den farbenfrohen Außenwänden der dortigen Behausungen.

Bei konservativen Geistlichen werden all diese Abwehrmaßnahmen natürlich nicht gern gesehen, Gott ist der Einzige, den man bei Unheil um Hilfe bitten soll! Doch die meisten Ägypter haben kein Problem damit, Aberglauben und Religiosität miteinander zu verbinden. Denn aller Aberglaube ist ja nur ein Glaube mit einem Aber, wie ein altes Sprichwort sagt.

108. Grund

Weil wir jedes Jahr zu Ostern erst nach und dann aus Ägypten geführt werden

Jedes Jahr zu Ostern läuft im deutschen Fernsehprogramm der Film *Die Zehn Gebote.* Das ist so sicher wie die Schokohasen im österlichen Ladenregal. Cecille B. DeMilles Meisterwerk von 1956 ist so etwas wie das *Dinner for One* zu Ostern – nur ein paar Stunden länger. Die Geschichte von Moses, der die Israeliten aus der Knechtschaft Ägyptens befreit, brauche ich Ihnen wahrscheinlich nicht zu erzählen, sie ist auch bei weniger bibelfesten Zeitgenossen – Hollywood sei Dank – wohlbekannt. Der Exodus ist die bekannteste Geschichte des Alten Testaments und die von Forschern am häufigsten durchgekaute Szene. Immer wieder werden Argumente für und wider den Wahrheitsgehalt dieser Story gesucht und gefunden.

Die Geschichte über den Exodus muss bereits über mehrere Jahrhunderte erzählt worden sein, weil die frühesten Textstücke erst im 8. Jahrhundert v. Chr. auftauchen. Viele Generationen haben die Geschichte also weitererzählt, hier etwas Spannendes hinzugedichtet, dort etwas weglassen oder dieses und jenes durcheinandergebracht; bis die Geschichte in ihrer endgültigen Fassung schließlich Einzug in die Bibel und den Koran fand – unsere beiden Hauptquellen zum Thema Exodus. Die kann man jetzt beide nicht gerade als objektiv bezeichnen. Aber nach dem Motto »In jeder Geschichte steckt mindestens ein Fünkchen Wahrheit« brüten Forscher und Gelehrte noch heute über Wahrheit und Fiktion der biblischen Geschichte.

308

Die Theorien rund um Moses und den Exodus sind natürlich – wie sollte es anders sein – nicht unumstritten. Und insbesondere zu den mysteriösen Ereignissen am Nil, die den Pharao zur Freilassung der israelitischen Sklaven bewegt haben sollen, gibt es einige sehr kreative Vorschläge. Nach manchen Forschern könnten eine giftige, blutrote Alge und der Vulkanausbruch von Santorini, zusammen mit einer Verkettung von unglücklichen Umständen, Auslöser der zehn Plagen gewesen sein. Auch bei der Person Moses' und seinem Volk haben sich findige Köpfe mit den unterschiedlichsten Theorien auseinandergesetzt. Moses könnte ein Enkel von Ramses II. namens Mase-saja (Amenmesse) gewesen sein (meint Rolf Krauss in *Das Moses-Rätsel*, 2001). Ähnlicher Name und ähnliche Vita – nach der Niederlage gegen seinen Rivalen Sethos II. musste Mase-saja außer Landes fliehen – könnten der Kern von Moses' Geschichte sein. Oder das Volk der Israeliten könnte aus der Anhängerschaft Echnatons und seinem 1-Gott-Glauben entstanden sein. Oder Moses könnte gar Echnaton selbst gewesen sein. Wie schon in einem vorherigen Grund erwähnt, hat Echnatons Sonnenhymnus erstaunliche Ähnlichkeit mit dem Psalm 104 der Bibel. Könnte aber auch nur Zufall sein.

Das sind ziemlich viele Konjunktive – und bei der zeitlichen Einordnung können wir weitere verwenden. Bibel und Koran sind da aber auch wenig hilfreich und verschweigen einfach den Namen des Exodus-Pharaos. Zu schade! Die Bibel gibt immerhin Hinweise auf die Orte, wo die Israeliten ihre Fronarbeit verrichten mussten, nämlich in Pitom und Ramses, das wir heute Pi-Ramesse nennen. Zumindest letzterer Ort spricht für den Pharao Ramses II. aus unserem österlichen Film, den der unvergleichliche Yul Brynner in Fantasiekostümen (aber wer schaut da schon auf die Kostüme …) verkörpert. Ärgerlicherweise widerspricht sich die Bibel ein paar Seiten weiter direkt wieder. In der 1. Könige 6 wird erwähnt, dass der Auszug unter Führung des 80-jährigen Moses stattgefunden habe, und zwar 480 Jahre vor dem Bau des Salomonischen Tempels. Das wäre dann also ca. 1430 v. Chr.; Ramses II. wurde aber erst 150 Jahre später geboren! Was für ein Dilemma!

In der Zwickmühle waren manche Bibelforscher auch, als die Archäologen im 19. Jahrhundert die Mumien von Ramses II. und seinem Nachfolger Merenptah fanden – sollte dieser Pharao doch nach der Bibelgeschichte im nicht lang genug geteilten Meer ertrunken sein. Im Film löst sich Cecille B. DeMilles dann auch konsequenterweise von der biblischen Geschichte und lässt Ramses, die Hände über dem Kopf zusammenschlagend, dabei zuschauen, wie seine Armee im Roten Meer versinkt. Die Teilung des Roten Meeres – eine der eindrucksvollsten Stellen in der Bibel wie auch im Film – könnten übrigens starke Ostwinde, die eine breite Furt in einen Nilarm schnitten, inspiriert haben, wie eine wissenschaftliche Abhandlung von 2010 tatsächlich ausführt.

Doch ob nun Nilarm oder Rotes Meer: Moses führte seine in der Bibel aufgeführten 600.000 Männer (Frauen und Kinder waren wohl noch nicht erfunden) weiter durch die Wüste Richtung Gelobtes Land. Im Film waren an diesen Szenen übrigens an die 2.500 Statisten und 3000 Tiere beteiligt! Knapp vier Filmstunden oder viele Bibelseiten später endet die Geschichte dann (fast) an der Stelle, an der Moses die Zehn Gebote erhalten haben soll. Im Sinai – dort, wo heute das weltberühmte Katharinenkloster steht.

Bleibt die letzte Frage, warum es auf ägyptischer Seite keine schriftlichen Belege gibt, die von solchen Mega-Ereignissen wie den zehn Plagen oder dem Auszug von über einer Million Sklaven berichten. Die Ägypter haben doch sonst alles auf Papyrus niedergeschrieben oder gleich in Stein gemeißelt. Gläubige kommen an der Stelle jedoch nicht in Bedrängnis: Die Ägypter hätten doch lieber großspurig von ihren Siegen berichtet und schmähliche Niederlagen ihrer Pharaonen lieber verschwiegen. Da haben sie zumindest nicht ganz unrecht. Warum so viele Menschen auf einer so langen Reise allerdings gar keine archäologischen Spuren hinterlassen haben, ist da schon schwerer zu erklären.

Aber wenn die Archäologen schon keine biblischen Beweise ausgraben können, freuen sie sich halt über filmische. In den 2010er-Jahren stießen sie auf ägyptische Tempel und Kolossalstatuen mitten in den Dünen südlich von San Francisco. Dort lagen die von der Filmcrew vergrabenen Requisiten von *Die Zehn Gebote*. Ein Stück Ägypten und ein Stück Filmgeschichte, das uns jedes Jahr wieder zu Ostern erst nach und dann wieder aus Ägypten herausführt.

109. Grund

Weil Totgesagte länger leben

Jahrtausendelang schlummerten die Toten in ihren Gräbern, ungestört von den Lebenden. Eingehüllt in ihren Mumienbinden, konserviert mit Bitumen und schön getrocknet in dem heißen ägyptischen Klima, fristeten sie ihr Dasein in der jenseitigen Welt. Ein Leben nach dem Tod für die Ewigkeit. Bis, ja bis die Europäer nach Ägypten kamen und die Mumien scharenweise aus ihren Gräbern holten. Die Mumienmanie überrannte Europa sogar schon vor Napoleons Einzug nach Ägypten im Jahr 1798 und der nachfolgenden Ägyptomanie. Man riss sich um menschliche und tierische Mumien – und das nicht nur als begehrtes Sammlerobjekt …

Wer bis Anfang der 1920er-Jahre an allerlei Zipperlein litt, ging in die Apotheke, um sich zerstoßene Mumie zu kaufen. Ja richtig, unter dem Namen »Mumia (vera aegyptica)« wurde schon seit dem 12. Jahrhundert Mumienpulver aus echten Mumien verkauft, die in Ägypten zerbröselt und in hiesigen Apotheken zu Arzneien weiterverarbeitet wurden. Das darin enthaltene Bitumen aus der Einbalsamierung sollte gegen alle möglichen Krankheiten helfen und war sogar als Aphrodisiakum heiß begehrt. In Deutschland vertrieb es jede Apotheke, und »Mumia« entwickelte sich zum echten Verkaufsschlager. Das Pulver wurde auf eine Wunde gerieben oder bei

Fieber und Erkältungen sogar geschluckt. Der Zweck heiligte alle Mittel, anders kann man wohl diese Form von Kannibalismus nicht erklären.

Komplett erhaltene Mumien waren aber mindestens genauso gefragt, und für Europas High Society wurden sie sogar zu attraktiven Sammelobjekten. In den Vitrinen standen neben Omas Porzellan und Silbergedeck die Mumienköpfe und starrten mit leeren Augen auf den Betrachter. Gruselig, oder? Im 19. Jahrhundert waren solche Mumien-Präsentationen jedoch nichts Ungewöhnliches. Manchmal reichten auch Körperteile von Mumien, wie Arme und Beine, oder eine Tiermumie, um Aufmerksamkeit zu erregen. Doch der Star der Szene war immer derjenige, der eine komplette Mumie sein Eigen nennen konnte.

Wer das Glück hatte, eine der beliebten Einladungen zu einer Mumienauswickelparty zu erhalten, durfte »live« dabei sein, wie eine Mumie ihre Hüllen fallen ließ. Der Mumienstriptease sorgte nicht nur für morbide Faszination, sondern für lebhafte Begeisterungsstürme, wenn zwischen den Mumienbinden ein Amulett nach dem anderen hervorgeholt werden konnte. Die Amulette, die doch eigentlich für den Schutz der Toten im Jenseits sorgen sollten, hatten ihren Zweck jahrtausendelang erfüllt – bis zu dem Moment, wenn ihr Besitzer auf dem Tisch einer illustren Gesellschaft landete. Eine Mumienauswickelparty war ein so beliebter Showact, dass eine solche sogar auf der Weltausstellung in Paris 1867 veranstaltet wurde.

In Deutschland können wir uns sogar damit »rühmen«, eine der ältesten erworbenen Mumien ausgestellt zu haben. Nur war sie leider in keinem Museum ausgestellt, sondern wurde im Schaufenster einer Apotheke präsentiert. Die Ratsapotheke der Hansestadt Lübeck erwarb 1696 eine Mumie mitsamt zwei ineinander geschachtelten Sarkophagen für ihre Auslage – vielleicht als Marketing-Gag für den Verkauf von »Mumia«, wer weiß. Was das trockene Klima in Ägypten 2000 Jahre nicht geschafft hatte, meisterte das typisch norddeutsche feuchte Wetter in Lübeck innerhalb weniger Jahre:

Die Mumie in der Apotheke wurde arg in Mitleidenschaft gezogen. Nach der Schließung der Apotheke wusste keiner so recht wohin mit ihr, bis sie schließlich ganz vergessen wurde. Erst 1992, fast 200 Jahre nach ihrem Werbedasein als Schaufenstermumie, wurde sie fachgerecht untersucht und in einer Ausstellung mit dem Namen *Thomas Mann und Altägypten* präsentiert.

Der Hype um die Mumien erreichte sogar die westfälische Provinz. Die Stadt Hamm wollte unbedingt auch eine Mumie besitzen. Also kamen sie auf die originelle Idee, einen Mumienverein zu gründen, der Mumienaktien im Wert von 20 Reichsmark das Stück verkaufte. Mit dem Erlös konnten sie am 14.12.1886 endlich ihre Mumie nach Hamm holen. Ihren Traum wahr machte der damalige Kurator des Ägyptischen Museums in Kairo, Emil Brugsch, der neben den ägyptischen Straßenhändlern, die ihre Mumien öffentlich reichen Europäern feilboten, ebenfalls ein großes Stück vom Mumien-Kuchen abhaben wollte. Die Mumie aus Hamm »überlebte« noch nicht einmal 60 Jahre in ihrer neuen Heimat. Sie wurde bei einem Bombenhagel im Zweiten Weltkrieg zerstört.

Was haben Mumien, die doch früher einmal Menschen wie wir gewesen sind, nicht alles durchgemacht. Sie wurden massenhaft nach Europa verschifft, dort als Showact und für Werbeaktionen eingesetzt, waren scheinbare medizinische Wunderwaffen, ihre Leiber wurden zerbröselt als Lasurfarbe für Ölmalereien verwendet oder als Brennstoff für Dampflokomotiven missbraucht. Wie viele Mumien in den vergangenen Jahrhunderten aus Sensations- und Profitgier zerstört wurden – darüber darf man heute gar nicht nachdenken …

Hat die Mumienmanie die Zeit überdauert? Nun, zumindest ersetzen CT-Scans heutzutage die Auswickelpartys, alle Mumien bleiben in Ägypten und werden bestmöglich konserviert.

Museen nutzen jedoch noch immer die Toten als wirksame Werbeträger, um die Besucher in Scharen in ihre Ausstellungen zu locken. Tutanchamuns Mumie liegt bis heute ungeschützt vor staunenden Blicken in seinem gläsernen Sarg im Tal der Könige und jeder Mumienfund wird immer noch mit großem Interesse von den Medien verfolgt. Die Mumienmanie ist noch lange nicht vorbei. Totgesagte leben wirklich länger.

Weil Isis ihre Fußspuren sogar in Europa hinterlassen hat

Als die einstige Großmacht Ägypten nur noch ein blasser Schatten seiner selbst war, ging der Stern einer ägyptischen Göttin über dem ganzen Römischen Reich auf. Isis war die beliebteste Göttin der antiken Welt, und das nicht nur in Ägypten. Ihre Heiligtümer wurden im gesamten europäischen Raum errichtet, und sogar in Indien finden sich Spuren ihrer Verehrung. Doch was ist das Geheimnis ihres Erfolges?

Es ist der berühmteste Mythos des alten Ägyptens: der Osiris-Mythos. Jeder Reisende entlang des Nils wird ihn schon einmal gehört oder in einem Reiseführer gelesen haben. Es ist eine tragische Geschichte über Brudermord, Überwindung des Todes und den Kampf gegen das Böse. Aber auch die Geschichte einer liebenden Gattin und Mutter, die niemals die Hoffnung aufgibt und sich allem Unbill widersetzt:

Vor vielen Tausend Jahren herrschte Osiris als weiser und gerechter König über das Land am Nil. Sein Bruder Seth war von so großer Eifersucht zerfressen, dass er einen schlimmen Plan ersann. Er ließ eine prächtige Lade genau nach den Maßen Osiris' zimmern und lud alle zu einem großen Fest ein. Die Gäste waren begeistert von dem schönen Kasten, den Seth zum Höhepunkt des Festes demjenigen zu schenken versprach, der genau hineinpasste. Als sich Osiris hineinlegte, versiegelten Seths Schergen die Lade schnell und warfen sie in den Nil. Osiris' Schwestergemahlin Isis machte sich auf die verzweifelte Suche nach ihm, bis sie in Byblos schließlich fündig wurde. Der Kasten war von einem Tamariskenbaum umschlossen, der so prächtig wuchs, dass man seinen Stamm als Holzpfeiler für den Palast des Königs nutzte. Isis konnte die Lade bergen, doch als Seth davon erfuhr, wurde er erst so richtig wütend. Er stahl den Sarg erneut, zerstückelte Osiris' Leichnam in mehrere Teile und verteilte diese im ganzen Land. Isis jedoch gab nicht auf und konnte alle Teile ihres Gatten einsammeln und mithilfe des schakalköpfigen Anubis wieder zusammensetzen. Mit ihren Flügeln hauchte sie Osiris neues Leben ein, gerade lange genug, um mit ihm den gemeinsamen Sohn Horus zu zeugen. Isis schützte ihren Sohn während seiner Kindheit vor den bösen Intrigen Seths, und als er erwachsen war, unterstützte sie ihn bei der Vergeltung an seinem Onkel. Während Osiris der Herrscher über das Totenreich wurde, wurde Horus nach einem langen Kampf gegen Seth schließlich König der diesseitigen Welt. Durch diese Geschichte sahen sich die Pharaonen zu Lebzeiten als Nachfolger des Horus, während sie nach ihrem Tod zu einem Osiris wurden. Unsere Göttin Isis spielte eine entscheidende Rolle in dem Mythos, der als Grundpfeiler des ägyptischen Königtums gesehen wurde.

Isis war nicht nur eine sorgende und liebende Gattin und Mutter, sondern eine starke Frau, die auch gerne mal ihren Dickkopf durchsetzte. Als ein Göttertribunal zwischen Horus und Seth abgehalten und ihr der Zugang verwehrt wurde, schlich sie sich verkleidet als alte Frau doch noch hinein. Sie scheute sich nicht, mit einer Harpune ihrem Sohn Horus bei dessen Kampf gegen Seth zu Hilfe zu kommen, und zeigte dann sogar noch Größe, als sie den Mörder ihres Mannes verschonte. In einem anderen Mythos stibitzte sie Res geheimen Namen. Der Sonnengott wurde von einer von Isis erschaffenen Schlange gebissen, und als er Isis um Heilung bat, schlug sie ihm einen Deal vor: sein geheimer Name gegen Heilung. Re knickte schließlich ein und verriet ihr seinen Namen, wodurch Isis nur noch mächtiger wurde. »Die Zauberreiche«, wie sie auch genannt wurde, hatte ihr Ziel wieder einmal erreicht.

Mit einer so fürsorglichen, aber gleichzeitig auch starken und gewitzten Göttin, konnten sich die Frauen damals leicht identifizieren. Sie war nicht der unfehlbare Gott, der mächtig und unnahbar im Götterhimmel thronte, sondern eine Frau wie jede andere. Nur eben ein bisschen mächtiger.

Die Römer hatten zuerst ein recht gespaltenes Verhältnis zu der orientalischen Göttin, bis der Isis-Kult unter Caligula (12 bis 41 n. Chr.) erstmals staatlich anerkannt und ein eigener Isis-Tempel in Rom erbaut wurde. Kaiser Domitian ließ sich nach einem verheerenden Brand und dem Wiederaufbau des Tempels sogar auf einem Obelisken als »geliebt von Isis« verewigen – in Hieroglyphen natürlich. Der Obelisk überragt heute den Vierströmebrunnen auf der Piazza Navona.

Zwei Mal im Jahr feierten die Römer sogar ein Fest zu Ehren der Göttin Isis.

Doch nicht nur in Rom war Isis beliebt. Seefahrer, als dessen Schutzgöttin sie angesehen wurde, und Reisende verbreiteten ihren Kult im gesamten Römischen Reich: in Griechenland, Spanien, Gallien und sogar in England, wo sie im heutigen London ein Heiligtum besaß. In Deutschland verbreitete sich ihr Kult Mitte des 2. Jahrhunderts n. Chr., unter anderem in Mainz, wo im Jahr 1999 während der Arbeiten an einer Tiefgarage ein der Isis und der römischen Göttin Magna Mater geweihter Tempel entdeckt wurde. Auch in Köln war die ägyptische Göttin populär. Ein Isis-Weihestein ist heute noch in den Mauern der St.-Gereon-Kirche zu bewundern.

Im 5. Jahrhundert erlosch mit der Verbreitung des Christentums schließlich auch der Stern der Isis. In Ägypten endete, was einst begann. Auf der Insel Philae schloss 537 n. Chr. der Isis-Tempel und der letzte Tempel Ägyptens für immer seine Pforten. Doch die Fußspuren, die einst die ägyptische Göttin hinterlassen hatte, finden sich bis heute in Europa.

Weil ägyptische »Bratspießchen« die ganze Welt erobert haben

Obelisken sind neben Pyramiden und Sphinx das steingewordene Sinnbild des alten Ägyptens. Welchen Sinn jedoch so eine über- dimensionierte »Nadel« hatte, ist bis heute nicht geklärt. Sicher hatten sie etwas mit dem Sonnengott zu tun, denn die ersten vier- kantigen und bis zu 32 Meter hohen Pfeiler mit – ursprünglich ver- goldeter – pyramidenförmiger Spitze, wurden in seiner Heimatstadt Heliopolis (dem heutigen Kairo) errichtet.

Die alten Ägypter nannten die steinernen Monolithen, die viel- leicht die Strahlen der Sonne versinnbildlichen sollten, klangvoll *techen* – aufgehen« oder »glänzen« – während die Griechen sie Obeliskoi – »Bratspießchen« – genannt haben. Ein lustiger Name, den die Römer gerne übernahmen. Wie barbarisch!

Zumindest erkannten schon die Römer, dass diese »Bratspieß- chen« ziemlich dekorativ sind. Ganze 13 Obelisken schifften sie von Ägypten aus über das Meer nach Rom. Immerhin acht davon haben Erdbeben, Bränden, Kriegen und weiteren Verwüstungen getrotzt und stehen dort bis heute. Es liegt auf der Hand, dass die Römer den ganzen Aufwand nicht nur betrieben, um ihre öffentlichen Plätze zu verschönern, sondern sie auch als Symbol ihrer Macht aufstellten, ganz nach dem Motto: »Seht her! Die Menschen, die solche Bau- werke erschufen, haben wir unterworfen!«. Und so ein »Bratspieß- chen« war zudem etwas handlicher für den Transport als eine ganze Pyramide.

Den berühmtesten Obelisken in Rom kennen wir alle aus der Ostermesse im Fernsehen: der »Vatikanische Obelisk«, direkt auf dem Petersplatz in Rom. Schon im Jahr 40 hatte Kaiser Caligula den ohne Hieroglyphen ungewöhnlich schmucklosen Obelisken aus Alexandria mitgehen und in seinem Zirkus aufstellen lassen. In seinem Schatten soll Petrus, Jünger Jesu und erster Bischof von Rom, gekreuzigt worden sein. Das erklärt dann auch die Tatsache, warum ein heidnischer Monolith im Zentrum des christlichen Abendlandes steht.

Es war das Jahr 1586, als Papst Sixtus V. den Befehl gab, den Obelisken am heutigen Standort aufzustellen. Doch hatte nach 1500 Jahren ärgerlicherweise niemand mehr auch nur den blassesten Schimmer, wie man so ein Ding nach dem Transport wieder aufstellt. Mit vereinten Kräften von mehreren Flaschenzügen und über 900 Arbeitern wurde der 25 Meter hohe und 320 Tonnen schwere Monolith schließlich dann doch noch aufgestellt. Tausende von Schaulustigen, die unter Todesstrafe schweigen mussten, damit die Arbeiter die Befehle des Architekten Domenico Fontana verstehen konnten, wohnten dem Schauspiel bei. So ein Spektakel hatte Rom lange nicht mehr gesehen.

Schon in der Antike war die Aufrichtung eines Obelisken nicht gerade ein Pappenstiel. Lange wurde gerätselt, wie die alten Ägypter so eine Meisterleistung erbringen konnten. Schon die Fertigung sorgt noch heute für einige Fragezeichen, denn so ein Obelisk war nicht im Baukastensystem aus mehreren Blöcken aufeinandergestapelt, sondern mit weichen Kupferwerkzeugen in einem einzigen Stück aus dem Felsen gehauen. Vermutlich wurden in den Felsen Holzpflöcke getrieben, die durch Wasser aufquollen und den Stein so zum Platzen brachten. Was für eine langwierige und mühselige Arbeit, weshalb diese These auch bis heute diskutiert wird. Da nützt auch ein Anschauungsstück an Ort und Stelle in einem Steinbruch in Assuan nix, um den Stein ins Rollen zu bringen. Assuans »unvollendeter Obelisk« brach während der Steinmetzarbeiten entzwei und blieb deshalb, wo er war. Pech für die damaligen Arbeiter, Glück für die heutigen Archäologen und Touristen, die den unter Königin Hatschepsut im Auftrag gegebenen 42 Meter langen und fast 1.200 Tonnen schweren Monolith nun bestaunen können. Er wäre der größte »Bratspieß« Ägyptens geworden …

Bei nur wenige Meter kleineren Obelisken hatten die Ägypter mehr Erfolg. Nach Fertigstellung wurde der Obelisk auf einem Kufenschlitten zu einem Schiff transportiert und dann über den Nil zu einem Tempel gebracht. Wie er dort aufgestellt wurde, ist ebenfalls ein Rätsel mit vielen Fragezeichen. Wahrscheinlich wurde der liegende Obelisk auf einen Sandhügel gezogen und der Sand auf der unteren Hälfte weggeschaufelt, sodass der untere Teil des Obelisken immer tiefer rutschte und er sich nach und nach aufrichtete.

In den letzten 200 Jahren half der technische Fortschritt, die Obelisken von ihrer alten Wirkungsstätte auf neue, repräsentative Plätze zu befördern. Auf der Place de la Concorde in Paris steht seit 1836 das Gegenstück von Ramses' II. Obelisk am Luxor-Tempel – eine Schenkung von Ägyptens Vizekönig Muhammad Ali Pascha an den französischen König Louis Philippe. Und die beiden im Volksmund »Nadeln der Kleopatra« genannten Obelisken – obwohl sie über 1000 Jahre älter als Kleopatra sind – wurden von Heliopolis über Rom bis nach London beziehungsweise New York gebracht.

In der Architektur sind die 5000 Jahre alten Obelisken bis heute nicht totzukriegen. Moderne Obelisken stehen fast überall auf der Welt. Sie sind Denkmäler für besondere Ereignisse oder Mahnmale für Kriegsopfer. Manche sind einfach nur Blickfang in Gärten oder auf schmucken Plätzen, wie das 1884 fertiggestellte und 170 Meter hohe »Washington Monument« – der höchste Obelisk und das größte Steinbauwerk der Welt. Den Freimaurern ist der Obelisk bis heute ein wichtiges Symbol, und selbst unser »ich-bin-nicht-dick«-Comic-Held Obelix wurde nach dem »Bratspießchen«, auf das viele Wildschweine gepasst hätten, benannt.

Ein altägyptisches »Bratspießchen« wurde ein architektonisches und kulturelles Glanzstück – so zeitlos, dass es von Ägypten aus die ganze Welt erobert hat.

CARINA FELSKE, geboren 1978 in Kamen, interessiert sich schon seit ihrer Kindheit für Ägypten. Infiziert vom Ägypten-Virus, bereist die gelernte Webdesignerin seitdem das Land am Nil. Seit 1999 betreibt sie mit *www.selket.de* die größte deutschsprachige Seite über das alte Ägypten und informiert in ihrem auch beim Fachpublikum geschätzten Blog über neue Funde und Erkenntnisse.

Carina Felske
111 GRÜNDE, ÄGYPTEN ZU LIEBEN
Eine Liebeserklärung an das schönste Land der Welt

ISBN 978-3-86265-774-2
© Schwarzkopf & Schwarzkopf Verlag GmbH, Berlin 2019

VERLAG
Schwarzkopf & Schwarzkopf Verlag GmbH
Kastanienallee 32, 10435 Berlin
Telefon: 030 – 44 33 63 00 | Fax: 030 – 44 33 63 044

INTERNET | E-MAIL
www.schwarzkopf-schwarzkopf.de
www.facebook.com/schwarzkopfverlag
info@schwarzkopf-schwarzkopf.de

BILDNACHWEIS
Titelfoto: © Pius Lee - stock.adobe.com, Bildleiste auf dem Cover: Alle Fotos © Carina Felske | Bilder im Innenteil des Buches: Kapitel 1: © DonyaNedomam, Kapitel 2: © swisshippo, Kapitel 3: © MidoSemsem, Kapitel 4: © merrydolla, Kapitel 5: © tomwyness67, Kapitel 6: © efesenko, Kapitel 7: © denis_cher.rambler.ru, Kapitel 8: © paulprescott, Kapitel 9: © JoScholten, Kapitel 10: © Hackman (alle Bilder: www. depositphotos. com) | Bildteil 1: (von oben nach unten): Seite I: © Patryk Kosmider - stock.adobe.com, S. II: © Antony McAulay - stock.adobe.com, © liukovmaksym - stock.adobe.com, S. III: beide Fotos © konoplizkaya - stock. adobe.com, S. IV-V: © Dan Breckwoldt - stock.adobe.com, S. VI: © markobe - stock.adobe.com, © dinasaeed - stock.adobe.com, S. VII: © merydolla - stock.adobe.com, © AIDAsign - stock.adobe.com, S. VIII-IX: © Leonid Andronov - stock.adobe.com, © AIDAsign - stock.adobe.com, S. X: © Andrea Izzotti - stock.adobe.com, © David Bleja - stock.adobe.com, S. XI: © Khaled El-Adawi - stock.adobe.com, © bodot - stock.adobe.com, S. XII-XIII: © PB - stock.adobe.com, S. XIV: © mauro - stock.adobe.com, © Mircea Dobre - stock.adobe.com, S. XV: © Adwo - stock.adobe.com, © rayints - stock.adobe.com, S. XVI: © Patryk Kosmider - stock.adobe.com | Bildteil 2: Alle Fotos © Carina Felske